改革開放後的中美貿易新格局

——平德成回憶錄

平德成——著

自序

中國貿易素來以其獨特的條件及要求，被業內人士奉為特殊業務，須以特殊知識及毅力經營。

一九七二年，美國尼克森總統訪華，打開對華禁運的枷鎖後，中美貿易成為正式可行，我作為中國貿易的先行者，順勢加入紐約一家大型企業任副總裁，致力開拓對華貿易，該公司有分支機構遍布美國、加拿大，是世界知名的日本巨型綜合商社公司在美的分公司。

公司業務繁多，於是我有機會在華進行廣泛業務，涉及之眾多重大項目，多有建樹，因此受中方外貿官員予以高度評價，讚為中美貿易之金橋。同時，我也經常與中國政府各部委首腦及高級官員，見面洽談，建立友誼。

中美貿易特點是必須有耐心、堅持、持久的要求，即所謂三P（Patience、Persistence、Perseverance），中方則常以「好事多磨」、「買賣不成友誼在」等來對待業務談判的過程，中方相關貿易官員常在閒談中，認同我的思路，並稱所涉及的項目，可著書紀念。

中國實行改革開放政策後，外貿業務迅猛發展，以致成為如今的世界第二大經濟體，回憶初期中美貿易的情境，值得敘述與讀者分享。撰寫時，由於所有檔案資料均留存公司，且已為時久遠，公司按例將陳舊檔案封存於外包倉庫，無法參考，所以除了「總裁訪華」篇，我存有「訪問日程」、「招待會請帖」及「招待會來賓簽到簿」等作為紀念可誌參照，其他內容全憑我的回憶，因而發現原來自己有驚人的記憶力！

本書稿件受到中國退休高官讚賞，中國首家日報副總編輯譽為「全是第一手資料，實打實的乾貨，非常難得，非常有價值」。

本書成稿後，蒙宋路霞女士大力打印成電子報，楊杰人先生將之彙編成冊並將圖片轉化成電子版，王成志先生、孔令偉先生鼎力聯繫出版，特此致以由衷謝忱！

目次

01
美國通用汽車公司進入中國

一九六〇年代，中國大陸如火如荼地進行文化大革命運動，英國駐北京使館亦遭衝擊，餘波波及香港，香港左派也開始造反，煽動罷工，澳門則迅速被左派占據上風。港英政府以其老道的殖民手法，沉著應付，但是市面交通不暢，大有左派將一舉把香港收回中國之勢。馬路上，到處都散置著「菠蘿」（土製炸彈），警察疲於奔命，有的就爆炸了，傷及人群，於是人心惶惶，開始了第一次離港潮（後一次是九七回歸之前），我亦在這時離港赴美國。

在美國通用汽車公司任職的家兄，介紹我進入通用的龐蒂克汽車廠任工程師，工作順利。龐蒂克公司協助將我的旅遊身分調整為永久居民身分，並按資歷及年齡，被移民局劃為第五級服兵役，即在國家進行戰爭總動員時，將被徵召到工程兵部隊服役，不參加戰鬥（那時美國仍是徵兵制）。

一九六九年，我決定返港經商，於是辭去在龐蒂克的工作，同時，我致函通用公司一把手、大老闆羅希先生，自我推薦，表示願意向中國大陸推銷通用的產品。

回港後不久，通用在澳洲分部的董事C先生與我聯繫，他說羅希先生告訴他，有我這個渠道，可推銷通用產品給中國。我對他說，因為目前是禁運時期，最好先推薦通用公司在澳洲的產品為好。C先生按照我的建議，帶了一大批通用產品的說明書來港，下榻文華酒店。我與其會面詳談並收下大堆資料。我將這些資料逐一「檢測」，將下面印有R.O.C.（中華民國）的字樣全部塗抹或者覆蓋掉（產品說明書都在背面印有各地代理商的名號及地址），然後分送一部分給華潤公司，其他的則到廣交會時帶去，分送給機械進出口公司車輛組的代表團。

最初，中方的反應是，中國是社會主義國家，絕對不會使用小轎車，小轎車是個人主義，個人占據一大塊馬路，不實際也不經濟，應當使用大的公交車[1]，方便群眾，小轎車在中國絕無前途等等。於是，我建議通用公司的代表前來參加廣交會，與中方直接接觸，以表誠意。通用公司總部羅希老闆派出戰略策劃部的主任C先生及助手擔任此行任務。於是，通用總部的C先生與夫人及助手，以及澳洲通用的C先生一起來港，入住文華酒店，我安排他們在中國旅行社取得前往廣交會的通行證，一行人經羅湖口岸到達廣州，入住東方賓館。

按當時的規定，每個外賓必須在接待處，自填入住證，並交出護照，以便由賓館送往公安局登記備案。通用總部的C主任，此時竟然記不起如何拼寫業務幹部（BUSINESS EXECUTIVE）於職稱欄內，因為他平時都是依賴祕書打理文件及書信來往的，他只管口授，所以把詞彙的拼法都忘了。我和在場的人都笑了，他只好詢問他夫人，該如何拼寫這兩個字。他們還對護照要離身頗感不安。我向他們保證，這是例行手續，在中國，每位外賓都是這樣的，第二天賓館就會交還的，他們才放下心來。

第二天，我們一行人前往廣交會，在機械公司進口貿易代表團的參展辦公室裡拜訪談判代表，介紹通用的產品。中方聽完介紹後，初步反應是，小轎車無中國市場；卡車最小噸位五噸也不適合，太大了；公交車也太大，也不適合中國；工程設備倒有可行性等等。通用公司的人非常掃興，我勸他們，對華貿易必須要有耐心，何況，至少已經有一輛凱迪拉克出售給中國了。通用人員遊覽了廣州市容及享受了粵菜

[1] 編按：即臺灣的公共汽車。

之後，第三天就回國了，我則繼續後續工作，不斷寄送通用的產品說明書給機械進口公司。

一九七二年，尼克森[2]訪華後，中美貿易之門打開了，美國貨可以賣到中國了。由於日本的四大商社之一，世界知名企業，素以中國貿易為重，在中國對外貿易上占領先地位，極想也在中美貿易中也取得領導地位，力邀我參加該公司美國分公司，開發中美之間的貿易，於是我將代理通用公司的業務，帶入公司，並於一九七五年開始，以美商的身分，參加廣交會，繼續推銷通用公司產品。後來通用總部決定「自力更生」，調派一位祖籍吉林，從臺灣赴美國的華裔王先生，專職推進對華的業務，至此，我司代理美國通用公司在華業務及我的開荒牛工作，就告一段落了。王先生是由臺赴美的留學生，畢業後任職通用公司為工程師，他與我經常在紐約會面，交換訊息和意見，彼

[2] 編按：理察・尼克森（Richard Nixon, 1913-1994），一九六九至一九七四年任美國總統。

①

②

①作者（左）與通用汽車公司代表團團長C先生（右）在廣州。
②通用汽車公司代表團在廣交會。團長C先生（中）、夫人（右二）、作者（右一）。

此以「同志」互相戲稱。

中國的外貿發展到合作生產階段時，他與中方談成了在瀋陽汽車廠設立一條生產線，生產通用的商用車（即金杯牌商用車）。

這時期，德國大眾汽車廠大膽進入中國，與中國上海汽車集團洽談合資建立一座年產三十萬輛小轎車的工廠，生產桑塔納牌小轎車，德方出資、出設備，條件優厚，負責生產，中方則負責銷售。當時德方認為，中方的轎車市場尚未成熟，又無外匯，故不想沾銷售這個燙手山芋，所以就以每輛車，德方拿六千美元買斷為底線，其他概由中方去負責。殊不知這個條件，又促成了美國通用汽車進入上海的機會。

當時，上海汽車工業集團（上汽）成立了上海大眾汽車公司，在嘉定建廠。桑塔納轎車問世後，我在上海乘坐，感覺後座狹小些，大腿須用手幫助，扳入後座。我向老友蔣濤先生（上汽集團董事長、前上海機電局局長、老交大的地下黨、江澤民的老上司）反映，該車型太小，只能是小家庭的私用車，不適合中國需要，因當時中國需要的是公司用車或公家車，應該是寬大、莊重、行李箱可放多件行李，才便於往返機場接送客人等。何況，桑塔納的「賣相」也不夠「上檯面」，小而不實用，而且是國際汽車行業均知道的、大眾的一款失敗的型號，在國外早就停產了。蔣濤先生對我說，此項目，基本是德國大眾說了算，全套設備及車型，均由大眾提供。我告訴他，德國大眾是趁此機會把淘汰的桑塔納車塞給中國，他們後期出產的車型比此寬大多了。

中方在接過負責銷售的任務後，即作出規定：所有購車單位必須以「外匯額度」兩萬七千美元結算，而不是後來的三十二萬元人民幣賣給私人用戶，於是大賺外匯。這時德方才發現，中方收入的全是外匯，而非人民幣，德方以每輛車六千美元的「買斷」價，大大失算了。

上汽通過桑塔納轎車的銷售，積累了大量資金，於是向中央申請獨立自主引進美國車，資金自籌，不需要中央調撥。由於不需要中央出錢，也不需要「婆婆給指示」，於是很快批准立項。上汽的目標是美國的通用或者福特。這時，福特在華已經做了很多工作，並已在重慶有生產了，所以談判初期階段，福特較被看好。通用有一時期，一把手S先生是財務人員背景，不是汽車工程師背景，所以產品品質下滑，銷售欠佳。S先生浪費了八百億美元，開發「土星」型號的經濟型小車，結果不成功，通用元氣大傷。後來通用恢復老傳統，任用有汽車工程背景的專家擔任一把手，情況就有所轉變。

還有一個原因是，在拓展中國市場時，通用破例聘用了有豐富市場經驗的楊雪蘭女士擔任公司副總裁。楊女士出生在上海，語言沒有障礙，由她帶隊前往上海談判，自然得天時、地利、人和之優勢，於是通用逐漸在談判中獲得領先。上海方面資金充足，而且是自籌，可謂財大氣粗，信心十足，也精於談判，但是關鍵因素還是在車型的選擇上，讓通用占了優勢。福特公司建議合作生產該廠的金牛型暢銷車，但這個型號偏於流線型，行李箱較小。而通用則建議合作生產別克牌轎車，別克車四方寬大，行李箱也大，適合中方的需要（不知是否受了我的建議的影響）。

最後通用成交，福特只能退守重慶。

楊雪蘭女士介紹我與通用該項目的上海總經理墨菲先生認識，那時通用上海辦事處在虹橋，與我的公司上海辦事處很近，而且，墨菲先生還是通用在日本五十鈴汽車（Isuzu Motors）的代表（通用在日本與五十鈴汽車廠有合作），故與我公司很熟悉，因為我公司是五十鈴汽車廠的股東。

通用在上海的工廠建成後，比其在美國的工廠先進很多，中方很滿意。蔣濤先生向我描述說：「完全像個醫院，整潔、漂亮。」別克轎車順利投產，銷售良好，後來又擴展到組裝凱迪拉克初級型CTS，應對市場對高檔轎車的需求。

02 林彪專車凱迪拉克的一波三折

林彪曾享有一輛從美國進口的凱迪拉克高級轎車，那是他九一三「自我爆炸」[1]之前一年的事情。我當時在香港經商，親手經辦了此車的進口事宜，但是不知為什麼，一直不順利，陰差陽錯，總是出問題，現在回想起來，仍感到非常奇怪。

我代理美國一些大公司的對華貿易，與香港華潤公司有業務往來，他們知道我與美國通用汽車公司的關係，就向我表示，有興趣訂購一輛凱迪拉克高級轎車，但要求裝甲（防彈）。我與通用公司聯繫了，通用回話說，裝甲之事，公司僅為美國總統特地訂製過，民間尚無此例。我即將凱迪拉克轎車的產品說明書交給華潤，並向他們說明可以選擇的設備和功能等等，至於裝甲（防彈）就不必提了，通用不提供這個產品。

我當時猜想，中國僅僅訂購一輛凱迪拉克，可能是想買一輛樣車，以便今後「消化吸收」其功能吧。不久，華潤公司同意我的建議，決定訂購一輛配足所有可選的最好設備的凱迪拉克轎車，通用方面由美國紐約的分銷商具體經辦。

很快，生意談妥了。這輛車由美國總統輪船公司的貨輪裝載上船，運往香港。提貨通知單也按例寄到我公司，並註明了集裝箱的號碼。數週後，該輪抵港，美國總統輪船公司香

1 編按：九一三事件（亦稱林彪事件），發生於一九七一年九月十三日，林彪等九人搭乘飛機飛越中蒙邊境，最終在蒙古人民共和國肯特省貝爾赫礦區南十公里處墜毀，無人生還，此事件爭議頗多。

港辦事處通知提貨，我即偕同通用汽車公司在港的技術人員前往北角碼頭提貨。到達後，我們遍尋貨場，竟然找不到該貨櫃。我當即打電話到美國總統輪船公司，該公司也感到奇怪，答應立即電告紐約方面查詢。我只得轉告華潤公司，貨沒有找到。第二天，總統輪船公司答覆，原來該貨櫃被漏裝了，現在仍然還躺在紐約的碼頭上呢。如此烏龍，實在難以想像。該輪船公司抱歉之餘，保證以最快的速度，盡快將該貨櫃啟運來香港，隨即還告知了新的載貨班船的名號及抵港日期。

數週後，該輪抵港，我又帶著通用公司分銷代理的技術人員去提貨（按照慣例，通用公司交車之前，必須由其分銷代理作最後的檢查及準備，即清洗、加油等，然後交給用戶）。說來簡直無人相信，我們居然再次找不到貨櫃！這次我學乖了，先不把事情告知華潤，而立即責問船公司，該公司也不信居然有如此離奇之怪事，立馬電詢他們在紐約的公司。原來，該輪船公司有一班臨時的加班船，比原定的那班要先啟程赴港。該公司由於上次的失誤，為了挽回影響，就將此貨櫃裝上了臨時加開的那班船，以期可以早一點到港。但是具體的操辦人員，並沒有更正原來的裝運計畫，以致提貨單上也沒有作任何修正，仍舊寫的是原來的班船。

更加奇怪的是，這一艘先行赴港的加班船，竟在巴拿馬運河裡出事，船體被撞了個大裂縫，必須停靠在那裡修補……輪船公司將此不幸通知他們的香港部門，然後轉告我，我聽到後真是厥倒！這真是欲速則不達啊！幸好我當初未通知華潤公司輪船應到的日期，只是泛泛地說「貨到即通知」，所以華潤公司不知道我們第二次撲空的插曲。

前後折騰了約六個月，我們的貨櫃總算到達了香港。

於是我們一行第三次去碼頭提貨，工作人員將貨櫃打開，赫然一輛嶄新的黑色凱迪拉克展現在我們眼前。我擔心這輛倒楣的車子被關閉在貨櫃裡六個月，會不會開動不了？只見技術人員進去，發動引擎，轟然一響，車子啟動了，我感慨，不愧是名牌車的品質。通用的代理也感慨，從來沒見過配備如此高檔而齊全的凱迪拉克。我這才通知華潤公司，不日可以交車了，並問是否在羅湖過境交車？對方說不是羅湖，而是在文錦渡。這時我才第一次知道，中港之間除了羅湖口岸，還有一個文錦渡關口。

接著，華潤公司派來的運輸公司的司機與我一起，將車子開往文錦渡，對方有人來接車，我的任務完成了，就返回辦公室。

誰知這寶貝車的麻煩還沒有完！

我們交了車走後，凱迪拉克一路前行，居然在過一座小橋的時候被卡住了。原來這是一座拱形（圓洞）的小橋，而凱迪拉克的車身很長，上橋時，居然被小橋的拱頂「擱淺」，四個輪子騰空，動彈不得了，真是哭笑不得。沒有辦法，只好請眾人來推，將車子推過拱橋的橋頂，讓車子後輪著地，這樣車子才重新開動。

這就是一九四九年後，第一輛美國轎車進口中國大陸的故事。

多年後（七〇年代末或是八〇年代初），我陪同中國種籽公司代表團，在美國訪問種子公司及農場，南至密蘇里州，北至北達科他州。有一天在路上見到一輛凱迪拉克禮車，我就指著這輛車告訴代表團的成員，我曾賣過一輛這個品牌的轎車給中國。該公司的總經理劉春先生（老八路）說，那是林彪的，因林彪出事後，在林彪的居所有個內部展覽（僅對高級幹部開放），其中就有一輛這樣的美國高級轎車。我這才恍然大悟，原來要裝甲是這個道理啊！

作者（左）與買方代表（右）及凱迪拉克（用戶林彪）在香港文錦渡。

03 北京飯店五〇二五室

早期，北京的涉外賓館並不富餘，外賓來訪，為接待單位帶來頭疼問題。接待單位必須在來賓到達前一天，或者當天，才能獲得旅遊局的配房通知。也就是說，接待單位必須去機場迎接來賓，以便能將來賓送往分配到的賓館。而當時，除了外貿公司用車問題不大，其他單位用車及車的車況都較差，去機場接客、送客，都是一項「大任務」，半路拋錨時有發生。我起初不懂，為何中方必須要求通知到達航班及日期，以便接機。我說不必客氣，可自理，自行去賓館即可。中方見面後，解釋旅遊局根本不可能事先分配客房，必須客人到達當天才配給。所以主方必須去機場接機，事不得已，並非單純禮貌原因。

當時北京對外開放的賓館有：北京飯店、和平飯店、新僑飯店、前門飯店、民族飯店、北緯賓館、友誼賓館。後來在二里溝加蓋了一座西苑飯店，頂樓有旋轉餐廳。

北京飯店檔次最高，開始時只有中樓與西樓，中樓是北京飯店的原始部分，由法國人設計建造。西樓是蘇聯專家設計，後來中方自主設計了東樓。北京飯店是中國政府邀請的各國政府貴賓下榻之處，所有工作人員都是關係戶，有來頭的。

那時，外賓到達賓館接待處，必定上演一幕爭吵劇。主方將旅遊局的分房通知遞給接待員，接待員在紙堆裡翻找旅遊局的通知，往往說沒有，主方立即「抗議」，明明有通知，為何說沒有等等。順利的話，賓館找到了紀錄，於是辦入住手續。有時賓館找不到紀錄，就是不給房，於是爭吵不休，要上告等等。有一次，是我抓過賓館的「紙堆」複查，竟然找到了紀錄！因賓館客名都是英文，接待員可能不習慣看而錯過。

賓館中，北緯最差，凡住過的，均當一笑話。它是坐落在人民大會堂旁邊的一座賓館，幾乎就是一座宿舍樓，沒有私人衛生間。和平賓館在金魚胡同，是中共建國後，為召開第一屆國際和平會議所新建的，故名和平賓館。其客房分三個檔次：第一檔次是套房，第二檔次是單房帶衛生間，第三檔次是單房，只有洗臉池。

我住過和平飯店的套房，我那時多次到訪北京，每次均派住在不同的賓館。有一次，被派住北京飯店東樓，感覺非常好，雖然房費貴，是五十元一天，比其他賓館高出許多（其他賓館均在二十元至三十元一天，北緯只有十二元），但物有所值。所以我後來就要求中方訂北京飯店。但中方總是回覆，無法肯定，須看旅遊局怎麼分派。如此情況，我在北京住過友誼、新僑、和平、民族、北京、前門、竹園等賓館。

最後，有一次碰巧接待單位分到北京飯店，我想出一個妙招，即離開時不退房，而是去財會處預付一個月的房費，這樣足夠維持到我下一次再訪北京。這樣，從此以後，我就不須中方為我訂房間而去跟旅遊局打交道了，也不須來機場接我了，因而中方能很輕易地發邀請給我，反正我業務多。所以紐約中領館，在

北京飯店東樓。

每次我申請旅行證時（我尚未入美國籍），總是問我祕書，誰是接待單位？因為他們手上有好幾個單位邀請我。我請祕書回答「隨便哪一個」。

就這樣，北京飯店五〇二五室變成我在北京的基地，每次到北京，入住北京飯店，都不需辦理登記入住手續，以致前臺並無我的紀錄。有時有人來找我，到前臺查問我的房間號，前臺找不到。

五〇二五室亦成為多宗交易的成交室，因為與中方談判必定困難，中方稱「好事多磨」，必須加班加點，有時中方會議室已下班，不讓加班，而外方又離京在即，雙方必須成交，所以五〇二五室成為必選之處。好在房間寬大，我也配備了多把折椅供開會用，成交後，次日就開慶祝成交的宴會。

五〇二五室也有很多高官來訪，來過幾位部長或部級官員，與我交換意見。有的客人會突然開大電視機的聲量，然後繼續交談。

北京飯店的人員稱我是「農克」，開始我並不知道，後來我的司機小吳（退役軍人，坦克駕駛員）告訴我，因我長得很像柬埔寨西哈努克親王[1]，而北京人稱西哈努克為「農克」。所以每次小吳來機場接我到北京飯店，大家都說「農克」到了。

有一次北京飯店車隊老隊長（車隊屬「首汽」，即首都汽車公司），需去友誼商店買冰箱，須用外匯兌換券（外匯券），他找小吳說，可否請「農克」幫忙，交換兌換券。其實，當時自從有兌換券後，我就一直按規矩，使用外匯券，從不使用人民幣，所以我的司機在這上面賺了不少，因他向公司交我的車費是人民幣，而將我付給他的外匯券收下。每月的包車費不少，小吳為我服務幾年後調走，介紹了小張給我，小張為我服務直到我退休。這兩位司機均忠實可靠，幫助我不少後勤工作，諸

1 編按：柬埔寨的西哈努克親王（Norodom Sihanouk, 1922-2012），臺灣翻譯為施亞努親王。

如送信、送文件，過節時送禮等等。

五〇二五室面對長安大街，陽臺上可以看到天安門廣場。一九八九年五月我回美國，去機場途中我對小張說，這裡情況不好，可能要出事。果然，六月四日發生事件。我的很多美國客戶均打電話到五〇二五室，想問我實況，因從我房間的陽臺可看到天安門廣場。其實，我在紐約。他們都說，開始北京飯店仍把長話接到五〇二五，但是無人接聽，後來再打，就乾脆掛斷不接。

北京飯店被老外稱為中國獨一無二的飯店，它的優點是附有銀行、郵局，不像一般賓館只是在前臺設有服務，所以兌換旅行支票特別方便。理髮室更是大間，師傅手藝好。我理髮時，有時候會聽到崔師傅宣稱「西屋來人了，某某前去」。西屋是一間西邊的理髮室，專為大領導服務的。東樓我們用的理髮室供部級或部以下的官員用，他們均支付理髮券而非現金。

人民大會堂建成前，國家重要慶典都在北京飯店舉行。西樓的宮殿式大宴會廳曾是國宴的地方。

中樓是最原始的建築，後來，將以前名人住過的房間都冠以「某某某套間」，以招攬客人。

西樓是蘇聯專家設計的，後來在其旁邊加建了貴賓樓，由香港富商霍英東出資修建，是為了在兩會期間，供香港、澳門代表團居住用。

大領導來北京飯店，都不經過大門，而是在大門側邊有一鐵皮車庫門，大領導諸如毛、周、鄧的車，直接駛入庫門，進入地庫，然後大領導用專門電梯升入上層，進入飯店。

如今大量五星、六星級賓館出現，設施遠較北京飯店優越，但北京飯店的地位始終未變，仍是國家接待重要外賓的地方。

一九九〇年，北京飯店開始裝修，每兩層一次，從頂層開始，逐步下推。裝修後的房價升至一百五十元一天，與合資賓館相差不多，而且訂房困難之時期已過。當裝修接近五層時，我司駐京辦總務電傳我，是否需要繼續包住？我回覆：一百五十元一天長包不划算，因空關一半時間，請他安排退房，將房內什物出清到辦公室。

在我想出不退房、預付房租的辦法後，有些美國顧問公司也照樣占住房間不退，而且慢慢積累了不少房間。於是，以擁有北京飯店房間招攬顧客，並出廣告如委託服務，可保證住北京飯店。他們對我空關房間不滿，云房間如此緊張，為何自己不在時，不讓別人借住？這樣既方便別人，又有房費收，何樂而不為？

我說不感興趣，太麻煩。後來這種事態發展到北京飯店自己沒有房間，很多房間都在這些「二房東」手上。於是，北京飯店一怒之下，收回所有這類房間，並將房內所有什物清出去倉庫。這些公司紛紛打電話問我有無被清出，我說：「安然無恙。」

「六四事件」時，日本政府包兩架波音七四七飛機撤僑，由我司日本總公司負責組織工作，順便帶走幾家美國朋友。美國政府則採取「自理」。後來我在東京機場聯航休息室時，聽工作人員稱那幾天，從北京來的美國客人均狼狽不堪，什麼都沒有，都是光身一家大小。

那時中國大飯店已建成，尚未開業，其玻璃幕牆被戒嚴部隊掃射，打破了很多玻璃，不久整修後開業。我就每次去北京時住在那裡。

改革開放後，北京飯店將每層的大會議室出租給外國公司為辦公室。我司日本總公司租住五樓大會議室，剛好在五〇二五室的對面，非常方便我工作。五〇二五室是緊鄰服務員的工作室，大概是隨蘇聯設計，中國設計的賓館，每層有服務臺，配有服務員。五〇二五緊鄰服務臺及服務員工作室，使我能享受即時服務，而且每次開會，茶水供應很及時周到。

二〇〇六年我全家訪問北京，我要回味五〇二五，指定北京辦事處預定北京飯店五〇二五室。我司北京辦事處介紹了原因並獲得了同意。我們到達後，發現經過裝修，服務臺及服務員的工作室已取消，改成了客房。五〇二五室的浴室也改成美製潔具，但不及以前寬大，臥床及寫字臺也不及以前寬大，只是較現代化而已。

我住五〇二五時，常去理髮室理髮，常碰到中方熟識的官員，而我亦固定了兩位理髮師為我理髮及頭部按摩，其中一位是崔師傅，他是過去專為毛主席理髮的理髮師。另一位年輕的，後來被李鵬包起，在他家專為他一人服務，並分到一套房子。崔師傅是一等勞模，十六歲開始在法國人辦的北京飯店服務，所以會說法語、英語及俄語。

這是我住北京飯店五〇二五室的故事。

04 釣魚臺國賓館

一九八〇年代初，我司日本總部T會長（他亦是我司總裁，後來回東京升任總部社長，再升任會長）訪問北京，正值釣魚臺國賓館開始對外，於是包住六號樓。我那時已長住北京飯店五〇二五室，而我司日本總部的北京事務所占用北京飯店五樓大會議廳（北京飯店每層樓正中是一大間大會議室，出來就是電梯大廳）。

一個週末，我從我的房間去辦公室（五〇二五與辦公室斜對面，中間是電梯大廳），見到總務小西先生在用報紙包裝現金，現金都是十元大鈔捆裝，由銀行取來（那時，十元是最大票額），包成一塊塊像磚頭似的。我問幹什麼？他說去釣魚臺付房費，六千元一天。問我去不去？我當然高興參加。車至釣魚臺正門，警衛查對證件放入。我們參觀了六號樓，是一棟兩層建築，主臥室在二樓，有大樓梯通上，一樓是會客廳及餐廳以及一些客房。T會長入住後，我去了幾次，因我與他熟，他比較西化，英語流利，夫人是日裔美僑。

室社長訪問北京，拜會國家計委曾培炎主任及郝建秀副主任時，計委安排在釣魚臺見面，我是代表團成員，表示我司除了中日貿易外，亦著眼中美貿易，所以再次有機會進入釣魚臺。計委可能不便使用其三里河辦公樓，所以就近使用釣魚臺。因為拜會國家經委時，會見王忠禹主任及李榮融副主任時，就是在經委的辦公樓。

有一次，中方須進口快速安檢機，將在人民大會堂二會期間使用，要求一秒鐘就能完成安檢，免得代表排隊。我與公安部有關劉司長晚宴交談，他順便提起其他安檢工作，包括如何從德國進口純種警犬，每頭五千美元。但該種警犬很嬌嫩，由德國運到中國，在加沙[1]中轉停下喝水，放出散步，到北京後，存活率只有百分之五十。所以中方試驗將其與藏獒雜交，以便培養新品種。

一次釣魚臺新建一賓館，迎接英女皇，因按英國規定，英女皇不能住別人住過的地方，所以中國新建一座賓館，落成後，劉司長帶著德國警犬前往檢查有無炸彈。釣魚臺人員見狀不讓狗進臥室，因是全新地毯，劉司長保證該警犬訓練有素，不會出狀況，而且臥室特別重要，不能有炸彈。結果，他說那條狗不爭氣，竟然繞到床腳處開始撒尿。釣魚臺人員說這下可好，整個地毯必須重新換新。後來美國總統雷根總統訪華，中方安排住該座賓館，但雷根總統寧願自費住長城飯店（按外交慣例，國賓是由主方付費接待），因為怕在釣魚臺被監聽。

我後來有一次全家訪問北京，在釣魚臺江青住的那座樓（似乎是九號樓），宴請中共中央外辦主任劉華秋及其夫人，王海容及唐聞生作陪。

國家計委曾培炎主任（右三）在釣魚臺招待室社長，是長桌西點，我方人多，曾主任請作者坐到主方一邊（右一）。

[1] 編按：即Gaza，臺灣翻譯為加薩。

後期，我的友人，香港美心集團創辦人伍舜德先生夫婦應邀訪問北京，他與家屬被安排入住釣魚臺。他展示所攝照片給我看。他的弟弟伍沾德先生及女兒伍淑清則一早就進入北京投資餐飲，開設「世界之窗」餐廳於榮毅仁的辦公大樓頂樓，是當時北京最受歡迎的酒家，供應粵菜，並開設航空食品公司，為班機供應空中飲食，又在北京國際俱樂部開設日本餐廳，供應鐵板燒。我常在該日本餐廳與伍淑清談天，如果她訪問北京的話。伍舜德夫婦均已作古，伍夫人捐設中小學於廣東故鄉，以百歲仙逝。兩人與我極為友好。

05 中國駐美機構的發展

一九七二年尼克森訪中，與毛澤東打開了美中關係。

中方在華盛頓買下了一座舊旅館作為駐美聯絡處，黃鎮大使為代表（黃鎮回國任文化部長時，我曾去拜訪），韓敘大使為副代表，下設商務參贊及商務祕書。商務參贊是張建華，後來回國任中糧（中國糧油食品進出口公司）總經理，後又調至香港任華潤公司總經理。商務祕書有任志傑（中技）、佟志廣（中糧及機械）、巴靜宜（土畜）、余仁泉（科委）等。

余仁泉曾要求我安排介紹美國知名工程設計企業，向中方解釋或傳授現代高樓設計中有關電梯、空調、暖氣、通風等設計要點。我與紐約一家頂尖工程設計行的頭牌合夥人B先生一同前往北京「開課」，並提供了一套紐約世貿中心（即後來在九一一事件中遭到炸毀的兩棟大樓）的工程圖紙。圖紙由余運回北京。B先生的講解，為中國人員大開眼界，聽到很多知識，小如大樓或賓館的房間內電線插座與隔壁房間不能在同一點，必須錯開，保證隔音，否則兩點在一起，則牆體有一洞傳音等等。

中國駐美聯絡處是當時中方在美國唯一的機構。我們做中國貿易的，也就不時造訪，聯絡感情，介紹美國產品，同時打探中方的需求。

卡特總統[1]任內，中美正式建交，駐美聯絡處改為中國駐美大使館。黃華任大使，韓敘為副大使，後來韓敘轉為大使，再由柴澤民接任大使，然後由李道豫任大使，李肇星接棒，

1 編按：吉米・卡特（Jimmy Carter, 1924-），一九七七至一九八一年任美國總統。

再由楊潔篪接手。楊潔篪在美動過心臟手術，之後我就沒有再多來往。

每逢聖誕，我總是寄送一盒巧克力。最地道的是李道豫，必定有信致謝。其他只是見面時口頭致謝。柴澤民任內時，武官是賀平，他妻子蕭榕是三祕。蕭榕頗使柴大使頭大，因她常外出活動。我有一次在北京機場接客，已是晚間，門外停了兩輛紅旗牌轎車，均是「白牌」（軍用）。我猜必有大人物到達。這時接機大廳內有一幫人，有軍裝的，有普通裝的，其中一位坐輪椅，有一位老婦人推著。我並不認識這些人，只是從旁觀察。

不久，一位時髦女士著高跟皮靴蹬蹬地跑出，擁抱坐輪椅者，說：「大哥您也來了，真謝謝！」後面跟著出來的是一位高個子，穿軍服的接機人員均敬禮，稱「首長好」。接著大堆行李推出，高個子說：「有一半被擱在舊金山未趕上轉機。」行李上全是蕭榕及駐美大使館的標誌。我還以為是蕭華或蕭克兩位老將的親戚。第二天，在北京飯店大廳，我又見到坐輪椅的人及推車的老婦人，以及同一在機場接機的男士。北京飯店的人告訴我，坐輪椅的是鄧樸方，我才恍然大悟，蕭榕就是鄧榕，高個子是賀平，因他是駐美武官，應該按外交慣例是少將級。所以接機的穿軍裝者稱他「首長」。鄧榕後來任職友聯（中國人民對外友好協會），與我司日本總部多有來往。她來紐約促銷其所著《我的父親鄧小平》（鄧毛毛著）一書，舉辦簽名會，我前往捧場，並購買十本，請她簽名。

紐約設總領館時，當初幫華盛頓中國聯絡處購買物業的房產經紀人，一早在紐約事先登記執照。總領館須買大樓時，他就可駕輕就熟地再次提供服務。結果以七百多萬元買下一座有七百套房間、已經停業的旅館，坐落在紐約曼哈頓西四十二街盡頭，處於紅燈區。總領館開設時，只開放了一、兩百間房間，其他均閒置。於是中國各機構紛紛開設駐美機構，地址就在總領館內。八大外貿公司也設立駐美辦事處或分公司，於總領館內。有些代表團與外交部熟，或與總領館熟，就可下榻總領館，房費二十美元每人，一天三餐十美元，為代表團的微弱經費幫補不少。代表團成員可省下美元，回國時購買必需品。這樣的趨勢漸漸發展成「買賣」，總領館租出很多房間，給各機構開公司，又接待眾多代表團。最後，李先念訪美時，美方提出，總領館是外交機關，享有免稅待遇，不能介入商業活動賺錢，於是各公司外撤，在紐約或紐澤西州，另租辦公地點。很多租用世貿中心，上海公司、五礦等選在紐澤西州。尤其是五礦公司，代表是趙紅玉女士，我與她有過鎢礦石交易，她調任駐美公司經理即找我參謀如何選址。

中紡公司派黃建謨（我與他在駐美大使館認識）來紐約，與僑商合資建立中紡美國公司，更是在西四十街買下整棟四層樓的連排屋，底層用作展廳。

中資公司在紐約的工作人員，一般在十點以後上班，所以「九一一事件」，世貿中心被毀，中方人員沒有什麼損失，因為都未上班。

上海公司由沈被章先生主理，他兼任中國駐美商會主席，接待黃菊訪美，及協助黃菊之女在舊金山結婚，嫁給臺灣方姓報人之子。

中國駐聯合國代表團是在紐約曼哈頓西六十街買了一座旅館。我認識的有米國均大使（精通日語）、李鹿野大使、金永健大使及崔天凱公使等。崔是現任駐美大使[2]。周北方介紹我喬石之子蔣小明，在聯合國任基金管理工作。

中資機構在美的工資最高是大使級，每月五百美元，其他人員為三百美元。中資公司在報稅時出洋相，因所有人員在申請簽證時都是經理級人員，而報稅時，稅務局認為為何收入只是三百元等等，是否偷稅？還是根本不是經理級人員？於是中方為了報稅，將收入改為每月兩千美元以上，以便符合經理級別（實際上

---

2 編按：崔天凱為中華人民共和國第十任駐美大使，任期自二〇一三年四月二日至二〇二一年六月二十三日。

仍低），形成表面收入及實際收入的制度。

當中國公司還都在總領館時，我去拜訪，會客室內茶几前放一暖水瓶，完全與國內一樣，主人還須去「打熱水」、泡茶。

總領事有來往的計有張偉超、曹桂生、梅平、邱勝雲、張宏喜等等。張偉超更曾設宴招待辛亥革命先烈黃興家屬及我岳母與我全家。

中化公司（中國化工進出口公司）在世貿中心設辦事處，就近在炮臺公園（紐約曼哈頓的一個填海計畫所形成的地塊）新建的第一個公寓項目，有兩棟公寓樓中，購買四套公寓，供來美任職人員居住。來美任職的有陳范慶高工（磷肥進口，他介入）、范博（橡膠類進口業務），總經理是朱達志，他是中化的副總經理。石小元退下之後亦曾來美任頭頭，她亦曾被派往哈佛大學進修三個月。

中石化公司（中國石油化工公司）亦在世貿中心設辦事處，人員則住在皇后區大學點的獨立屋。有劉烈陽總經理及夫人（她是高幹子女），韓大軍經理及王景躍夫婦。韓大軍是地質部韓勃司長之子。韓勃與我在採購二手貨海洋鑽探平臺交易中成為老友。他託我照顧韓大軍。韓大軍與中國銀行經理王雪冰是北大荒的知青戰友，兩人很熟。王景躍在北京與我初次見面時是擔任翻譯，身穿退役軍服，挎一個軍用帆布包，不像一般中方人員穿西服，我猜想他可能是毛思想正統的人。「六四事件」發生，王景躍及其夫人首先反對，並脫離中石化。韓大軍說，王在送報紙，太太開了一家美甲店，頗為二人不值。劉烈陽倒也沒有追究，後來劉及夫人也脫離中石化，聽說在美國南部開飯店。韓大軍也獨自成立公司，經營塑膠回收，對我說，他的舉動獲得中石化首肯，且有五十萬美元資助等。我在北京中石化總部開會時，他們的解釋是，中石化在美人員全散夥了，另派人員（那是兩年後，美方人員可以訪問中國，我去北京聽到的）。那時候，人們對因「六四」而有行動的人均不表示意見，頗有心照不宣的意思。接班的戴姓總經理也改住在炮臺公園內的公寓樓，就近上班。

中糧公司（中國糧油食品進出口公司）在紐澤西州設公司，袁湘忠主理，他回北京後，繼續與我交易小麥。

駐美大使館武官張武堂是我一要好的教友，在北京育才中學的髮小[3]，加入八路軍，經好友介紹認識他，多有來往。他突然回國，美國報載，美國破獲華裔間諜案，與中方使館武官有關。這可能是張武堂突然回國的原因。

中技公司（中國技術進口公司）的老友歐陽利美女士，奉調紐約任總經理，有敘舊機會。

機械公司的羅凱富，先在使館任商務祕書，後調任機械公司（中國機械進出口公司）駐美代表，回國後，最後升任機械公司總經理。

中紡公司黃建謨在駐美大使館任職時，回國前，請我組織購買十四臺日立彩電，以便帶回國。我問土蓄的袁煥新，是否也要？他表示不感興趣。幾年後，輪到他回國，他也請我安排購買日立彩電，原來，他以前尚未存足積蓄，無力購買，所以說無興趣。由此可見，當時各官員及外貿人員都是奉公守法，廉潔辦事，作風正派。

曾培炎任駐美大使館商務參贊時，多有來往，特別關於技術轉讓類的項目，後來，江澤民以電子工業部長身分訪美，曾培炎為他組織參觀項目，我也提供了一些對象。江對曾的能力有很好印象，所以調他回國，任電子工業部辦公室主任。以後他升任副總理，我還以為是同名同姓的另一人，沒有想到他升得像火箭。後來聽說他在駐美使館工作過，我才知道是同一個人。直到有一次，我司日本總部代表團訪華，我是代表團成員之一，在釣魚臺與他會面時，才有機會重提在華府之交往。

那時，使領館的國慶招待酒會或新春招待酒會，形式比較土，略欠風格，總是一大桌中式菜式，由來賓自取，僑領們更是爭先恐後地挾取食物。

中國使領館的物業價值，均數倍升值。

3 編按：即幼時好友。

06 定陵文物複製件

一九五〇年代，國家決定修建十三陵水庫，所有中央領導人，包括毛澤東、周恩來，都參加挖土方。偶然挖出一塊石板，上面刻有「定陵大門由此向前一百尺」的字樣。於是決定組織挖掘定陵。由當時文化部副部長鄭振鐸主辦。後來鄭振鐸去世，有說是由於挖定陵遭天怒。定陵大批出土文物及屍骨運去蘇聯，因蘇聯宣稱有技術可把骷髏頭復原死者原貌等等。

後來中方覺得不可靠，堅持所有原物運回北京。中方將所有文物複製兩套，一套在定陵地下宮殿展出，所以定陵展覽的是複製品，不是原件。另一套後來出售給一位日本大阪的富商，條件是必須公開展覽，不能私藏不宣，以後轉售時，必須整體出售，不得拆散分件出售。該紡織富商按合同條款，新建一專門展館，展出所有複製品。一九七三年，第一次世界金融危機（石油輸出國組織的行動引起）時，該富商受到衝擊，無力支持展館，於是委託我司日本總部，向全世界尋求買家，承接這批文物複製品。我司日本總部中國室室長帶了全部資料及相片到紐約，請我設法在美國找買家。

我即向哥倫比亞大學退休教授蔣彝教授諮詢，打聽潛在的可能客戶。蔣教授是我舅父羅長海的好友，我舅父考取當時的官費留學英國第一名，前往倫敦學經濟，師從著名經濟學權威凱因斯（John Maynard Keynes, 1883-1946），是凱因斯的得意門生。蔣彝在江西九江任市長，但不得志，不滿官場，我舅父就力勸他，放棄官場來倫敦留學。蔣因不懂得英文，到倫敦後埋頭苦研，成為著名作家，英文造詣很深厚。可口可樂之名就是他譯出，獲獎金二十四英鎊。我舅父則被陳銘樞（我姨父的表哥，幼時家貧，在我姨父家中長大）強行邀至福州，出任陳銘樞與蔡廷鍇以十九路軍為基礎，成立的福建人民政府的財政委員會主任，不久因盲腸炎去世。蔣彝有詩〈哭長海〉以志紀念。詩云：「如此奇才死亦奇，十年孤憤一燈知。傾河倒海都成淚，未抵清宵哭汝詩。」該詩錄於蔣彝的詩集《重啞絕句百首》，賈訥夫題簽，並由張充和女士題封面。

蔣彝在紐約上流文化沙龍頗負盛名，經常參加上流社會的私人文化晚會。他帶我參加了幾次。有一次，吳健雄教授（美籍華裔物理學家，曾為楊振寧、李政道獲諾貝爾獎的宇稱不守恆定律實驗證明）也在，她要早退，所以蔣請我駕車送她回家。

蔣彝介紹了許多對象給我，包括著名博物館，有紐約大都會博物館、華盛頓斯密松年國家博物館[1]及波士頓美術館，中國古董代理、收藏家等等。我一一造訪。尤其是著名收藏家賽克勒醫師，他財力雄厚，眾多博物館都有以他命名的藏館。我想此人熱衷中國古董，而且有錢，可能可辦成。蔣彝告知我，賽克勒的住址，是在聯合國總部旁邊的一對高層公寓中的一座。我去登門，那時候完全沒有「安檢」這回事，所以盡可進入，留名然後進入電梯，直達目的地。可惜開門的傭人說，主人在外國。

紐約大都會博物館則認為，不是真品，是複製品，不能收藏。我強調這批複製品是政府監造，只有兩套，一套在定陵，而這一套是唯一存在民間的，等於是真品。對方說，萬一中國政府改變主意，另外再複製，豈不是頓時失去價值。我說服他們，中國政府有承諾則不會變。他們開始心動，考慮收購，但須與其中國

1 編按：Smithsonian Institution，另譯史密森尼學會，類似於國家博物館系統。

文化顧問諮詢，因他們與此顧問有約，凡是與中國文化有關，必須諮詢。這位顧問是著名華裔中文教授。可惜這位顧問打破嘴，堅持不同意買複製品。我告訴蔣彝，他說此人是文霸，任何不經其渠道之事，均沒門。如果此舉成功，定陵複製品可成為紐約大都會博物館的重要珍藏之一。

那段時間，我訪問的對象都是博物館及有名古董商，包括著名的中國古董畫廊羅氏畫廊，反應都是以複製品為由。最後，我放棄。此事如果是現在，必然會被國內的億萬富翁輕而易舉地拿下。

07 廣交會

周恩來總理倡建的中國出口商品交易會，將中國所有出口商品集中到一個窗口，對外貿易，賺取外匯，這樣可集中管理，爭取效益。廣州地處香港附近，自然成為對外窗口，成為中國出口商品交易會的基地。交易會定為每年舉行兩次，即每年四月十五日至五月五日，以及十月十五日至十一月五日。每屆二十天。這時期正值春季及秋季，所以又簡稱春交會及秋交會。中國出口商品交易會也簡稱廣交會，舉世聞名。

中國出口商品交易會最開始時，是在廣州珠海廣場周圍的幾座大廈裡舉行，後來在東方賓館對面的空地，建成一座獨立的大樓，專用於廣交會，正面牆上有中國出口商品交易會的金色大字。

大會由中國國際貿易促進會與中國對外貿易部及有關部門組織管理。每屆交易會，中國對外貿易部（簡稱外貿部，後來成為經貿部，最後改為現在的商業部），下屬八大外貿公司派出貿易代表團，與外商進行業務洽談。貿促會也設立辦事處，進行協調及促銷工作。有關部門進行接待和聯絡工作。

廣交會大樓外景。

八大外貿公司是：

- ●中國技術進口公司（簡稱中技）
- ●中國機械進出口公司（簡稱機械公司）
- ●中國五金礦產進出口公司（簡稱五礦）
- ●中國化工進出口公司（簡稱中化）
- ●中國紡織品進出口公司（簡稱中紡）
- ●中國糧油食品進出口公司（簡稱糧油）
- ●中國輕工業品進出口公司（簡稱輕工）
- ●中國土畜產進出口公司（簡稱土畜）

每屆交易會前一個月，會寄發請帖給受邀的客商，屆時客商憑請帖到香港九龍尖沙咀的中國旅行社（簡稱中旅）購買由港去廣州的火車票及入境證，所以春交會及秋交會期間，香港獲得不少「旅遊」業務，因每位客商必須經港停留辦手續，入境中國。秋交會期間，香港餐館之大閘蟹生意特好，因日商及華商都會大快朵頤地享用。

廣交會將世界各地的客商分成三個部分：

- ●第一聯絡辦公室（簡稱一辦）負責歐美客戶
- ●第二聯絡辦公室（簡稱二辦）負責日本客戶
- ●第三聯絡辦公室（簡稱三辦）負責港澳及東南亞、非洲等客戶

一辦在東方賓館，檔次最高；二辦在廣州賓館，檔次較差；三辦在流花賓館，檔次最差。

客商抵達廣州後，即去相應的聯絡辦公室，憑請帖辦理入住手續，獲得住房分配後，由賓館將證件或護照交當地公安派出所登記，客戶則前往大會祕書處辦公室，憑請帖報到，取得「來賓」的絲質胸條，帶有別針。此胸條別在身上，可作為進出大會及在廣州到處旅遊的「通行證」，同時領取一份會刊，工作人員會在請帖上蓋上「書已領取」的圖章，以免被多拿，可見沒有浪費現象。這份會刊印有大會組織情況，即本屆大會主任、副主任、祕書長等名字以及八大外貿公司的交易團代表名單，所以，這是參加交易會所必須有的訊息根據。

客戶雲集賓館接待處登記住宿時，都是爭先恐後的，因為客房總是不夠用，以致有的要睡走廊或分住偏僻的小旅館，有的客戶憤怒不已，當場離去，返回香港。這時，聯絡辦公室的人員就會前來勸說、調解。有的客商睡了一夜走廊，等次日有人退房後，才能分到住房。日商的住宿則是以床位計算的，單間根本不夠分配。我的日本總部同事，均羨慕我在東方賓館的單間享受。

我任職我司的中國貿易部主任後，即通知廣交會，將我由港商改為美商，所以廣交會的請帖也按時寄到紐約。一九七五年春交會，我首次以美商身分來東方賓館接待處，辦理入住手續時，看到搶住客房之亂象。幸好有一位劉姓的一辦祕書，前來跟我打招呼，邀我坐下敘談。交談下來，原來他也是上海人，而且住在上海湖南路二六二號大宅旁邊的一座小公寓樓裡，是我上海老家的鄰居，於是甚感親切。他出面，向賓館要了一間房間給我（似乎是所謂「走後門」的待遇吧）。事後他對我說，因見我「相貌不凡」，所以找我聊天。

從此，我每次參加廣交會，一辦均特別為我保留一間客房，不用擔心參與爭吵要房之苦，後來，則是我每次到達，都有「大奔」[1]來機場迎接、並送往賓館了（已是中外合資的新式賓館）。劉祕書後來把我介紹給他的接班人朱祕書。以後多屆廣交會，朱祕書都熱誠接待，並介紹我與大會領導見面。

廣交會招待作者遊從化溫泉。作者（右），廣交會聯絡祕書（左）。

1 編按：Benz，中譯為奔馳，臺譯為賓士。

東方賓館在新建部分之頂樓，設一「酒吧」，供賓客休息，這是晚間唯一可以消遣的地方，我等外賓將之稱為「夜總會」，每晚在那裡品嘗酒水，交談，消磨時間。

尼克森訪華後，美國成立美中貿易全國委員會（US-China Business Council，縮寫為USCBC），專司促進美中貿易，我司也是創始會員之一。該委員會首任兼職副主席是華盛頓著名T大律師，他是季辛吉[2]訪華及尼克森訪華的隨員。他為委員會義務服務，在東方賓館有一間套房，設立美中貿易全國委員會廣交會辦事處，為美國客商提供諮詢服務。可口可樂贊助大批飲料，堆在其房內。我與他是老朋友，他讓我搬一些可樂到我房間，以減輕他的「負擔」。我請服務員幫忙，搬了幾箱可樂到我的房間用來招待賓客，或拿到交易會，招待外貿代表。這是一九四九年以後，首批美國可口可樂進入中國。

2 編按：亨利・季辛吉（Henry Kissinger, 1923-2023），一九七三至一九七七年任美國國務卿。

這時我發現，賓館的服務員會不時地進入我房間清理廢紙簍，我好奇地問他們，為何這麼勤快？他們說，可以撿取這裡的空可樂罐。我問，這空可樂罐有什麼用？他們說，用途可大了，可以作花瓶，還可以作自行車後面的裝飾。後來我在馬路上，果然看到有的自行車的後車輪擋泥板尾部，包有可樂罐身（將可樂罐剪成兩半，剛好包住擋泥板）。

廣交會期間，廣州的各大餐廳、酒樓生意大好，南園、北園、泮溪、大同、大三元及西餐太平館，均賓客滿座，有交易成交後，外商宴請外貿公司交易團代表的，有外商自樂的，總之為國家爭取了不少外匯，我們外商稱之為「促進出口貿易」。

老布希[3]當時任美國駐華聯絡處主任，兩

3 編按：老布希，即喬治・H・W・布希（George H. W. Bush, 1924-2018），一九七四年九月二十六日至一九七五年十二月七日為第二任美國駐華聯絡處主任；一九八九至一九九三年任美國總統。

夫婦也來廣交會，在東方賓館設酒會，宴請美商，所以我有機會與他們相識，保持聯繫。

由於廣交會時客房緊張，造成客商不滿，當局就新建了一座二十層的白雲賓館，以舒解客房壓力，這是中共建國後第一座由中方自行設計的高樓。由於缺乏高樓設計經驗及知識，建造時務求堅固牢靠。殊不知，高樓的結構應該是「柔性」的「軟結構」，以便應對強風吹襲，以致於在一些著名高樓的頂樓上，有時可以感到有一些搖晃。白雲賓館是「硬結構」，建成後，經過強颱風襲擊，整體竟被吹「彎」了，導致電梯上下被卡住，因電梯井內的導軌，隨著大廈的「彎曲」也彎曲了，以致電梯卡住，不得不進行大調整。這是我的好友印尼僑領、愛國商人許東亮老先生（香港北角華豐國貨公司董事長）與我在白雲賓館餐敘時，說起的故事。他是人大代表，而且是「毛夾雞」，即被毛主席請吃過飯，並被毛主席夾雞夾菜的貴客。

有一位美商是舊金山的著名律師，與我熟識。他發現香港中旅社超高價賣火車票，大吵不合法。我勸他，這是獨門的生意，只能認了，但他反對，以後每次去廣交會都是「自理」。他說，錢雖不多，但原則不能放棄。

廣交會期間，廣州市民間可能組織有民間的保安組織（後來所謂小腳偵緝隊、大媽糾察員等），跟蹤監視外商行動。

那時中國無出租車，交通全仗賓館的車隊。外賓去餐館就餐或宴會，均由賓館代為訂座，並由賓館叫車隊出車送外賓到就餐的飯店，而飯店的服務員在上甜點的時候，就會詢問各賓客，住在哪家賓館，然後逐一向賓館要求派車。車到後，服務員會來宣布，某賓館之車到了，該賓館的住客即可起身外出，登車離去。這亦是早期廣交會的一個特色風景線。上海牌國產轎車當時算是頂級車了，其他還有波蘭的「華沙」型、蘇聯的「伏爾加」等小車。

電傳紙帶

廣交會雖然是出口商品交易會，但並非只是出口，因當時，這是全國唯一的對外交易窗口，所以也兼營一些進口。各外貿公司的交易代表團也分成出口、進口兩大塊。

中技公司是專營引進技術業務的，因當時根本不可能有技術輸出，所以只是引進技術，中技公司的全稱是中國技術進口公司。

廣交會集中了中國最好的對外通訊手段。廣州電報局在東方賓館餐廳旁邊，設立一臨時通訊點，為一辦的歐美客商服務。那時還是電報時代，傳真尚未問世，更遑論電郵。中國自主開發了電傳字帶打洞機，它是一臺酷似一九三、四〇年代的UNDERWOOD打字機，客商可以自己利用該電傳打字機，打出電傳紙帶，忙時，使用該電傳機打紙帶須排隊，然後向電報局服務員掛號等候接通。這時，各客商就坐在電報局的服務點旁邊，等候並相互交談。接通後，服務員會高聲喊叫某某人至某號機，客商就可將電傳紙帶（上有各式洞孔），輸入電傳機，於是電傳訊息即送達海外。這種設備的遺憾是只能發訊息，不能收訊息，僅僅是「單程」通訊。客商要取得海外的反饋，只能等次日或更長時間的電報。所以，儘管是中國一流的通訊設備，但時效性仍差。

後來，我與我司同事琢磨出一種「獨家特有」的方法，可獲得雙向的訊息，效果很不錯。那就是，我與我司紐約辦事處約好時間，他們將我所需或所應知的訊息，預先打好電傳紙帶，等候我的「來電」。我在廣交會每天辦完事，就去用電報局的電傳打字機打電傳帶，然後掛號等候接通。一旦接通，我就將我的電傳紙帶輸入，紐約辦事處那裡有專人守在電傳機旁。一旦我的紙帶輸入完畢時，我立即在電傳機上打字云「已完，有無訊息給我？」因這時電傳機仍是通的，所以紐約方面立馬回應「稍後」，緊接著就將紐約本部的訊息輸入電傳帶。我候在廣交會這邊的電傳機邊，眼看著機器上打出了我需要的全部訊息……其他客商總感到奇怪，為什麼我從電傳機房出來，手裡能有大卷的傳真紙帶訊息？

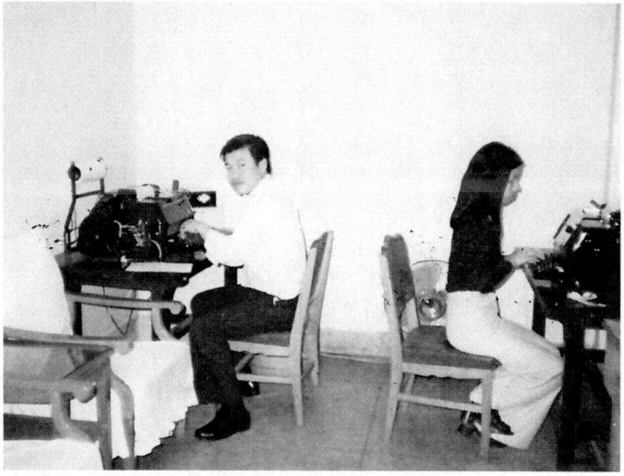
作者（左）在廣交會打製電傳字孔帶。

有一次，有一個重要交易訊息必須立即傳回美國，但電報局費盡所能，就是接不通，直到下班，仍無反應，服務員將我的掛號轉到電報總局，請我去電報總局繼續等候。廣州電報局在廣州火車站對面，我只好去那裡等候，一直等到清晨三點，總算接通。電報局宣稱是通過北京轉接的。辦完事後，我只能安步當車，走回東方賓館，好在路不算太遠。由此可見，初期美中貿易工作的困難程度。

廣交會外貿公司的交易代表團的成員，都是中方的外貿菁英，談吐嚴肅，不拘言笑，非常死板。可是「四人幫」倒臺後的那年的秋交會，馬路上熱鬧非凡，發爆竹慶祝。交易代表們也一反常態，變得談笑自如，輕鬆不少，這就是人性。

改革開放前的美中貿易

自尼克森訪華後，美中貿易打開了。但中方仍以出口為主，爭取外匯。可是中方的出口是以自身現有的產品為主，不是根據出口對象的市場需求來提供相應產品。所以開拓中國向美國出口的業務，就非常困難及沮喪，笑話也多。

我司繼堅固呢牛仔褲（JEAN）及燈芯絨褲之訂單後，又陸續向中紡公司在廣交會訂購布製成衣及針織成衣，但每項交易需時很長，很難湊上市場的季節性要求。例如成衣的覆樣，須在下屆交易會提出。中方工廠的生產制度，無法立馬做出覆樣給客商確認，不像臺港的廠家，當場幾小時內，就可做出覆樣，供客商確認或修改。所以中方的時裝業務，根本免談，只能選一些不受季節影響的、基本款式之類，萬一錯過季節，下年還可以銷售的等等。

覆樣貨不對辦是正常現象，必須經過數度修改，顏色不對亦是常事。中方總認為「差不多」、「應無問題」，這種不專業的思路，令人啼笑皆非。加上業務由外貿公司洽談，然後分配給工廠生產，廠方並無直接與外商接觸，對於要求不明就裡，這也是經常出錯的原因之一。

外貿公司在報價時，並無精細測算成本之能力，因其並非生產廠家，往往又以美國市面售價作參考，所以經常出現「天價」。比如折疊傘之事。我司提出樣品後，只能等下屆交易會（六個月）才能看到覆樣及洽談業務。中方報價十美元一把，並稱無利可圖。他們「了解」到美國商店銷售價是三十至五十美元一把。我方自然反應價格離譜了。我順便告訴中方，紐約馬路邊的小販售五美元一把，下大雨時可以漲到十美元，晴天時，則三美元左右。臺灣廠家之出廠價是不到一美元。中方知難而退了。但是現在美國的雨傘，全是中國生產（除了高檔、特殊品牌）。足見改革開放後，臺廠及港廠進入中國大陸設廠生產，帶來了設備、管理及原料等，將出口業務全面改觀了。

同理，自行車初期全是鋼質，厚重結實，只適合亞非市場，用來作交通及運輸，不像美國市場，自行車是用來休閒、運動的，要求美觀、質輕。中方無法生產鋁合金車身等，所以業務也談不成。但我提供的兩輛樣車及包裝，肯定成了中方開發新產品的參考資料。

我司進口中國呢絨毛料及羊絨毛料，雖然原材料很好，織機也過關（上海章華毛紡廠是老資格的廠，還有北京清河毛紡廠等）但是後處理不先進，造成賣不出價。須知全世界的羊絨，極大部分產自中國內蒙，但國外購入中國羊絨原料後，製出產品，優美柔軟，手感舒服，因而成為高價奢侈品。可是中方的羊絨製品，手感就差。那時我在友誼商店（各地為外賓設立的專門商店，專為外賓服務）可以十二至十五元人民幣，買到一件女式羊絨衫，式樣雖老式些，但是是百分之百的真羊絨，質地也厚實，是我當時向所有美國朋友強力推薦的訪華紀念品（另一樣是天津中藥廠的銀翹解毒片，另有故事在後文中介紹）。國產的呢絨織物亦是進口上好的澳毛（澳洲羊毛）為原料，但是織出後，缺乏後處理過程，因而使產品遜色不少。

關於工作靴的業務，廣交會分配給大連輕工業代表團洽談。覆樣製出後（六個月），報價三十美元一雙，並說，美國市場零售價六十美元左右，這個報價，可讓我方有「可觀的利潤」。這真是笑掉大牙！我司的鞋類代表認為這個報價不可思議。我接著向中方解釋，美國市場價與進口價是天差地別，起碼市價是進口價的三倍，這只是對基本大路的商品而言，有牌子的或是特色的，市價則是進口價的十倍以上，我建議中方應只考慮自身的合理利潤，不應試圖占他人便宜，否則買賣不成，零回報。當我拿出我司從羅馬尼亞進口工作靴的發票，顯示進口價八美元左右一雙，中方自嘆不如，立即放棄。

08
美中貿易的首期進口業務

一九七五年春交會，我帶著大量美製產品的資料向中方推銷，因我司業務廣泛，與美國大廠都有來往，加上我本人原有的關係戶，可謂覆蓋各行各業，有石油工業、化工工業、儀表工業、食品工業、製藥工業等等。廣交會中方的進口貿易代表只是泛泛地、禮貌性地表示，會向用戶推薦。我看到，一時不會有下文，而中方的出口是廣交會的主力，大會交易量均是出口。

一九七五年秋交會，我說服我司旗下的成衣進口公司（美國最大的成衣進口公司）參加交易會，於是該公司一把手及一位買手與我，在香港會齊。他們兩位都是猶太裔，對於世界旅遊經驗獨到，馬上備上對華旅行的另份護照，其上無「中華民國」的出入境蓋章，也無以色列的蓋章（那時這兩種蓋章是中國拒絕的）。我提醒他們，在深圳入境時，務必使用對華旅行的護照辦理入境，千萬不要拿錯。可是買手M先生不小心還是拿出了常用的護照交給進關檢查人員。他立即發現不對，想要拿回，檢查人員不放手，於是兩人展開拉鋸。最後檢查人員拿到，查看護照後交還給他，他就把另一本護照交給檢查人員（美國國務院按照特殊情況，可以加發一護照給申請人，以適合旅行要求。多數是配合旅行以色列及阿拉伯國家，因為兩者互不承認。尼克森總統訪華後，美國人可以前往中國了。常去以色列及臺灣的人可申領對中國旅行的護照）。

在廣交會與中紡公司的貿易代表洽談業務時，我方提出定購堅固呢牛仔褲，於是被分配給廣州口岸分公司代表洽談（因堅固呢在廣州生產）。中方代表姓蕭，業務精通，英文也基本可行。可是中方的堅固呢面料樣板是老式的，市面已不流行，那時流行的是「水洗」、「石洗」面料，即堅固呢被染成又舊又爛的色樣。中方做不出那種面料，只有原始的堅固呢的樣色，是全棉，品質不錯。我方為了促進貿易，同意試訂一萬打（如果賣不掉就當損失）。接著列下包裝要求。中方對我們要求的細緻包裝感到麻煩，例如，我方要求外包裝箱要四面印刷箱內內容及「向上」的標誌，而中方認為印兩面就夠了，四面是浪費。我方解釋說，這是為避免貨倉堆放時露出「白面」，不知是什麼貨，而四面都印，任何一面都能被工作人員看出其內容；還有內包裝，每條褲子要裝進塑膠袋，袋上要印上「不是玩具，兒童謹防」字樣等等。中方佩服我方的專業、老到，說是學到不少美國市場的要求。我方並提出要求，採用我方的標牌，中方同意了。但是中方對延遲交貨要罰款的標準規矩拒不接受，雙方爭執不下。我說，既然您不會遲交的，此條件多條款呢？中方則說：「不會遲交的，此條件多餘的」，最後甚至說到：「罰款有損國家形象」等等，變成上綱上線了。最後，我跟兩位同事說：「反正不是真正買賣，馬虎點算了。」好在一把手在場，可以當場拍板。同時，我千叮萬囑他們，貨不能遲交，因為在美國，遲交了會錯過市場機會，是要退貨並罰款的（後來，果真遲交）。

合同簽訂後，兩位老美建議出去看看中國零售市場情況。我們叫了東方賓館的小車，去南方大廈百貨公司「調研」。進入南方大廈時，有幾位大媽坐在大圓柱的底座，其中一位見到我們立即跳起，佯裝左顧右盼。我注意到其怪樣，然後發現她在跟蹤我們。兩位老美看到所有貨品均放在貨櫃內，不是開放式，成衣也是疊放在櫃內，而不是掛放。他們要買解放軍的綠軍帽（一種時髦品，美國人喜歡戴）。

我們一路查問，結果來到帽子部門櫃檯，我們還未開口，突然一個青年搶著告訴售貨員：「他們要買解放軍式的帽子」，顯然，此人也是跟蹤者。這些「業餘保安」連外行也能認出，但「全民皆兵」之下，作用不小。

這就是美中貿易中，首批中國製造的堅固呢面料的牛仔褲進入美國市場的故事。後來的結果是，由於交貨期延誤，錯失了市場旺銷的季節，加上面料式樣老舊，最後淪於「處理」。

但是我沒有罷休，而是挾那一萬打堅固呢牛仔褲之「餘威」，於下一屆廣州春季交會，再次「發力」。我方要訂購十萬打全棉燈芯絨褲子，因為中製燈芯絨面料品質很好，且無像堅固呢那樣有諸多新式加工程序，造成「奇裝異服」之感（中方對把滿好的牛仔褲製成破爛狀態，高價銷售，實感不可思議）。由於燈芯絨面料是上海生產，所以洽談對象為中紡上海口岸代表主持。其洽談態度相當高傲（標準一個上海魁兄），一派滿不在乎的樣子，且認為數量不大，沒啥了不起的（後來中方解說，上海受「四人幫」深重影響，思想僵化嚴重，這是後話）。這筆生意談妥後，我方提出釘牌要求，遭到斷然拒絕。我說，上屆交易會已經同意釘我方的牌子，中方竟說，那是別的口岸，不是上海，又稱，「本屆政策有變」等等。工廠代表莊女士很想接這筆生意，態度誠懇積極，但她無發言權。中方拿出所有中方之品牌的標牌供我方選擇，我方認為，那些品牌不適合美國市場，並向他們解釋，「雙馬牌」（DOUBLE HORSE）在美國人心目中不解，為何馬可以加倍？「白象牌」（WHITE ELEPHANT）是英文中不吉利的事務的代稱。「KOOL」牌則更是美國香煙的牌名，將被侵權告狀，等等。中方則堅持別無他法，就此談崩。好在我當時已經認識中紡公司的副總經理韓芳宇老太（她率中國紡織代表團訪美時，我在紐約參加接待），成為老友，她是中紡代表團的團長，又有上屆交易會牛仔褲訂單釘牌要求的批准者齊一光經理（中紡公司綜合司經理），也來到本屆交易會，我就去找他們反映情況。他們均表示請我放心，下午再回去談。午餐後，我們再去洽談，該代表一臉悻悻然，不愉快，總算同意了採用我方的標牌，釘在產品上。

這時，工廠代表莊女士提出擔心拉鍊配不上。我問她從哪裡找貨源？她說：「中百公司。」我大笑，問：「為何工廠生產的需求要去『大新公司』？豈不是又貴又不多？」她說：「體制如此，小商品由百貨公司供應，工廠需求也找它。」我說：「開始您面料的色卡只有有限的大路色，與我方的色卡天差地別，勉強選了貴方的顏色面料，現在輔料又有問題了。」她說：「盡力、盡力。」後來在合同執行期間，她通知交貨期有困難（美中貿易初期，中方出口合同「貨不對辦」、「交貨期延誤」是必然而且是正常現象）。我提醒她，如果趕不上，就必須空運，空運費是由中方負責的，這是例規。由於數量大，我司運輸部門估計，須由四架波音七四七貨機載運。當時七四七只飛香港，不到中國內地，於是我與莊女士以電傳商量，由她將貨盡快運到香港，再轉空運至紐約，否則我方將受巨大遲交罰款，因我方客戶是美國百貨公司及商店，對遲交影響銷售特別敏感，無商量餘地的。看來如此巨大的費用，中方無法承擔。不知如何，最後莊女士竟然把貨趕出來了，海運紐約。我司還訂了針織衫，但中方很難滿足我司的色卡要求，覆樣總是色不對辦，我方勉強接受。劃給天津口岸的訂單，後因唐山大地震，天津的工廠受損無法生產，訂單按人力不可抗拒因素取消。

接著，我想試探進口中製自行車，因我司在美市場銷售我司品牌的自行車，知名度高，是臺灣製造的。於是我帶了兩輛包裝在盒子裡的自行車，前往廣交會。在羅湖入境時，海關堅持要打開看，我說不行，因中方交易團要學習、查看如何將一輛自行車裝在一扁盒子內。但海關堅持並保證不弄亂包裝，原因是好奇而非真檢查不法內容。打開後，他們又無膠布之類封還，只能將繩索綁妥，我埋怨不少。好在另一盒原封未動。輕工交易團（自行車專業歸輕工）收到我的樣車後，將包裝打開研究如何包裝，並將散件組裝成整車。該團經理試騎後，對我說：「這種車，騎時屁股撅得這麼高，有啥好？」我說：「這是運動用的，不是運輸用的。」中方無輕型材質，只有鋼質的，很重。我的樣車，用手指即可提起，中方只得知難而退了。交易不成，樣車及包裝倒成了中方學習的資料了。

我司一客戶是雨傘進口商，願意嘗試從中國進口折疊雨傘，與我同往廣交會洽談。輕工廣州交易團接待洽談，表示很感興趣，答應下屆交易會提出報價及覆樣。那時談交易週期很長，因為只有每六個月碰頭一次。下屆交易會時，中方的報價，嚇人一跳，高得出奇。中方解釋，如此數量，須要動員大批街道工廠以及郊區工廠生產，報出之價乃最低，同時還需進口尼龍布等等。聽上去就不對路，就此作罷。

接著，我又嘗試鞋類業務。我司有鞋類部門從東歐、南美等地進口各種鞋。我選了運動鞋及工作靴兩種作為「敲門磚」。先由我帶了樣品去廣交會與輕工洽談。首先，反應是為何運動鞋的鞋底如此複雜？我說：「這就是商品銷售的特色。」中方按我方樣品寄來覆樣，並說明下屆交易會可談商務。但是覆樣完全不對辦。下屆交易會，我司鞋務專家與我一同前往交易會洽談，向中方詳細介紹了美國市場及要求。中方報出的價格又是天價，不可想像。我將我司從羅馬尼亞進口工作靴的發票給他們看，證明來價是八點五美元一雙，中方的三十美元毫無競爭性。中方說明，運動鞋的複雜鞋底須新開模具，而且原料須進口，所以成本高；工作靴則用牛皮，牛皮是從美國進口的，每張牛皮只能切割多少雙，因為要避開牛皮上的瑕疵，而且膠底須用多少橡膠等等測算。我方專家（亦是猶太裔）教導中方，牛皮上的瑕疵不必避開，正可因這瑕疵證明，是天然牛皮，而非人造；膠底無理由用全部天然膠，而應加入添加劑，既可降低成本，又可提高品質等等。輕工大連口岸嘗試多次，成本還是下不來，因而作罷。

隨著中方開放政策的不斷進步，後來發展出補償貿易、來料加工等形式，促使外貿大有進步。所謂「三來一補」的外貿新式，推動外貿大步前進。（三來即來料、來樣、來設備；一補即補償不收加工費。）隨著臺商及港商來華設廠生產，將以往的國營加工廠全面改觀，中方的出口能力及競爭性不可同日而語了。

後來，中國大陸繼續開放，廣交會已不是唯一的對外貿易窗口，客商可進入各地洽談交易了，廣交會的獨家角色逐漸式微。

我亦開發了全毛呢絨業務，試圖將中方北京清河呢紡廠等廠的產品進口美國。下了訂單，可惜如前所述，後因唐山大地震，工廠停工，而訂單以人力不可抗拒原因取消。

作者（左），成衣買手M先生（中），中紡公司服裝經理鍾泉盛（右）。

09 第一批美製輪胎進入中國

初期參加廣交會，與各進口貿易代表團只是作廣泛的介紹性交談，很少有具體業務。但就此結下良好友誼，商機來時，這些友誼就變成重要助力。

化工進出口總公司的輪胎業務代表范博，就是這樣向我提出進口巨型特殊輪胎。我將所需規格轉給我司A城市事務所所長H先生，H先生立即查出該規格是F輪胎廠的產品，中方不能具體透露用途，我方就只能按規格報價，經過洽談，順利成交這批巨型輪胎的訂單。這是中共建國以來第一批美製輪胎進口中國。

成交慶功宴在北京同和居舉行。酒菜之後，賓主散坐在沙發上吃水果。化工公司鞠經理與我同坐，他一邊削蘋果一邊跟我說：輪胎成交了，再來一筆人造橡膠如何？我當即請我司北京事務所主管化工原料業務的石先生，過來參加交談。石先生說：「可以，請問所需數量？」鞠經理輕鬆地說了一句：「四百噸怎麼樣？」石先生聽了大吃一驚。我問：「為什麼？」他說一般訂單都是二十噸左右。於是他激動非凡，保證努力辦到。他隨即將此訊息電傳我司A市的H先生，他立即請F輪胎公司報價人造橡膠，不久，這批大數量的人造橡膠，也起運至中國。

接著，中國開始生產子午線輪胎（Radial tire），這就需要子午線簾子布[1]來生產輪胎，同時需要設備。我司又向中紡進出口總公司出售了美製的子午線簾子布。

---

1 編按：cord fabric，又稱縱凸條織物、輪胎布。

這時，美國G輪胎公司在美國印第安納州邁阿密，有一座巨型輪胎製造廠關閉停產，中方北京輪胎廠打算進口二手設備，希望考察該廠，挑選設備。化工部橡膠司司長吳愛琴親自過問。我向吳司長介紹，這是一座日產一百萬個轎車輪胎的巨型工廠，廠方願以一美元之代價出讓，只要買方承諾繼續開工生產，或者特價，把全廠一股腦全部買下。我建議吳司長牽頭將其以低價買下，然後拆散分售給中方各輪胎廠。因為G輪胎廠又是聚氯乙烯材料的發明廠，我將其聚氯乙烯的人造木材向中國建材公司推銷，故此關係密切，可促成此交易。吳司長說沒有立項，無法辦。

北京輪胎廠派了代表團考察，大家滿懷高興，可到訪邁阿密海灘。殊不知，這個工廠所在的邁阿密是在印第安納州，與佛羅里達著名的邁阿密海灘勝地，完全兩碼事。代表團選購了一些子午線輪胎製造設備，並駐廠參加拆卸。這是中國子午線輪胎的起步。

多年後，中國化工部立項引進工程輪胎製造技術，外貿窗口是中國化工建設設備進出口公司（化工部自身的外貿公司），參加競爭的是美國通用輪胎公司以及義大利的P公司。中方用戶是貴州輪胎廠。美國通用輪胎公司由我司代理，通用輪胎的工程輪胎是行業中的王牌，我以這一優點，向中方大力說服，如買下這個技術，等於中國的工程輪胎具有王牌身價。義大利P廠的工程輪胎，市占率很小，但是它的要價非常低，只有我方的四分之一。我說，這是最顯然的手法，在技術上要價低，但在設備上大砍一刀，因為義大利廠還提供設備，且規定設備必須是用該廠的。而我方的條件是只售技術，設備由中方自由選購。通用輪胎公司總裁、兩位專家及我，以及中國化建進出口公司的伏寶忠（商務主談），一同飛往貴陽，訪問貴州輪胎廠。原來貴州輪胎廠是從前的上海大中華輪胎廠，支援「三線建設」時由上海遷往貴州新建的，所以廠區內很多上海口音。

貴州輪胎廠的馬廠長、馮副廠長及孫忠珍總工程師熱情接待。貴州省姚繼元副省長、貴州經委副主任吳榮啟、楊謹華等設宴款待，表示對此項目重視。技術交流下來，貴州輪胎廠對通用的技術表示滿意，並同意我的分析，義大利廠是通過賤價出售技術（技術不靈），然後在設備上賺回。最終，中化建公司與通用簽訂了購買技術合同。從此，貴州輪胎廠成為生產著名通用工程輪胎的工廠。

馬廠長亦特地親自前往茅台酒廠，向該廠廠長領取數瓶特製茅台酒，分贈我們每人一瓶。我至今仍珍藏著該瓶茅台酒。

①作者與中化鞠經理。
②美國通用輪胎公司總裁（中）向貴州輪胎廠總工程師孫忠珍（右）贈送紀念品。作者（左）。

10 中國首批日本轎車及美製叉車[1]進口

隨著外賓增多，各地賓館車隊的車輛壓力加大。早先車隊的用車，以國產上海牌轎車為頭牌，另外配有其他國家的車，如蘇聯的伏爾加、波蘭的華沙、捷克的斯哥達及羅馬尼亞的大洽[2]等，性能及舒適度均較差，於是機械公司向全世界各客商發出進口六百輛轎車之詢價，各車廠競相報價，並到廣交會洽談業務。

機械公司車輛進口業務代表付大魁，頓時成為熱門人物，其談判室外門庭若市，各外商排隊輪候，進入洽談。

中方照例殺價厲害，各客商均不敢擅自決定，表示須上報總部，研究對策，唯獨日本豐田，拿出殺手鐧，向付大魁表示：「敬聽吩咐，任何價都接受。」於是一下子氣走了所有競爭者，爭得此第一個批量進口轎車的訂單。

我因為通用車的標準規格與詢價要求相差太遠，即馬力太大、裝備太多等「貨不對辦」，沒有參加競爭。豐田後來根據合同，提供了所謂「中國規格」的車輛（忘記型號，後來我常乘坐），即除去安全帶、白金尾氣排放控制器、空調等等。只有冷風，沒有冷氣。中方那時對環保還不重視，所以不需要白金催化劑的尾氣排放控制。於是我向通用建議，是否可以學豐田那樣取巧，也搞一個「中國規格」的車。通用說，將這些設備從生產線上去除，成本反而貴了，因為工序手續複雜。

鑑於這種情況，我就集中精力爭取叉車訂單。上屆廣交會我司代理的美製ＥＹ叉車，有

1 編按：即臺灣的堆高機。
2 編按：Dacia，臺譯達契亞。

澳洲的工程師參加廣交會，介紹性能、特點等，後來收到詢價，我就組織該公司高層來參加廣交會洽談，以便可以當場拍板成交。於是該公司總經理、澳洲工程師及駐日代表都參加了廣交會。駐日代表是日本一位著名貴族家族的成員，被分配在廣州賓館，按床位入住，沒有單間享受。他看到我們都住東方賓館，羨慕不已，頻呼下次參加廣交會，必定請我安排他美商身分。

洽談開始後，知悉競爭方是日本豐田及小松。付大魁對我方叉車品質、性能均認為優越，幾輪討價還價後，付大魁開出了「最終價」。我建議總經理接受，他說：「那是虧本價，不可能的。」我則請他到室外交談，同時我對付大魁說：「由我來做工作。」出來後，總經理不解我的策略，我請他注意，「最終價」的清單中，雖然單機價殺得太厲害，但是每臺叉車附帶兩年的備件的價格，是按照廠方的報價，未變，如此算起來，可以補償單機的虧本，還略有微利。他恍然發覺這個「奧妙」，很高興，所以我們回到談判室，向付大魁宣布：為了促進業務，這筆開門生意我方努力奉獻了！

結果，首批二十一臺美製叉車成交。

①作者（左）與EY叉車公司東京分公司社長H先生（右），在廣州火車站廣深列車前。
②叉車合同簽訂慶功宴，至廣州北園酒家享用冬瓜盅。作者（左），EY叉車公司總經理E先生（中），澳洲銷售工程師Q先生（右）。

11 日產三千套西服及其他

一九七五年秋交會，我接到我公司通知，有重要客戶自行參加廣交會，要我在廣交會招待並協助。我找到這位客戶S夫婦，剛入住東方賓館一個大套間。S夫婦和善親熱。夫人說，洗澡缸裡放出來的水全是黃水。我說，那是蓄水塔的水將用光了，底部的積水放出。可盡量在早上用。

二人參訪了廣交會，與紡織代表團洽談，尋找貨源。S先生是一家大型布匹零售連鎖店東主，旗下擁有兩百家連鎖店，銷售絲綢布匹，當時中方沒有對路的現成產品，必須大批量訂購，再由工廠生產，貨期遠。結果，S先生發現中方的全棉毛巾布浴衣，品質不錯，訂了三千件試試。另外，他又包買下所有展品中的竹編工藝品以及陶瓷花瓶、花罐等等，就是把工藝展館的所有展品買下，等廣交會結束後，全部運美。後來知道，這些物品到了美國後，存放在S夫婦在紐約上州的有三百年歷史的農莊穀倉裡，睡大覺。

三千件浴袍，由青島口岸負責生產出口，主辦是一位女士，很誠懇。我交代的包裝要求，她都不熟悉，但保證努力辦到。貨到時，每件的塑膠包裝袋的印刷及字樣均土得很，所有這些——就是S先生的中國貿易的結果——全都打水漂。但是在此過程中，S先生全家與我全家卻結成至交，非常投緣，幾乎每個週末都在其農莊度假或避暑。

勞奇先生是一名著名男士西服設計師，從小熟讀馬可波羅（Marco Polo）寫的有關中國的故事，義大利村中的同鄉給他起個小名叫

「中國」。經客戶介紹，我帶他參加一九七六年春季廣交會，他感激不已。同行者有H先生，是我司的一位呢絨客戶。由於廣交會房源緊張，勞奇與H合住一間東方賓館的客房。這種情況對一般來講，住旅店都是單住很不同，所以我請兩位包涵，我帶兩位與中紡代表團洽談。H是專營呢絨匹頭，而勞奇是西服設計專家，兩人就有共同語言。

作者（中）與呢絨進口商H先生（左）、著名男士西服設計師勞奇先生（右）在廣交會。

勞奇拿出一件34號的男士西服上衣為樣板，向中方介紹，並問中方需要多少時間可以製成。中方說大約三天。勞奇說，他可以一天做成三件，不信可以請中方當場比試。勞奇說，他深信中國人的手非常靈巧，可做出細活。就像一個交響樂團，有很好的樂手，但缺乏好的指揮，所以奏不出很好的樂曲。他就是一位指揮，並建議中方建一座日產三千套西服的工廠，由他組建。日本在大阪郊外一座製衣中心的多家西服工廠，就是他的成績。中方詢問他，為何只有一件34號的樣板？他說，34號是基礎，其他尺寸如36、38、40、42及32、30號均以它為基礎，分級放大或縮小，並當場畫出草圖，如何在各種部位諸如肩膀、腰圍、腋下、胸圍等等修改。中方問為何下擺（長度）不變？我作為外行也能馬上指出，如果長度要不斷放長，豈不成了袍子！當然是不變的，可見中方成衣專家的水平。當然，日產三千套西服的設想，根本不合中方的思路，就此打住。

H先生訂了一些「軋別丁」料子。勞奇也認為，中國的「軋別丁」不錯。勞奇變成我的至交。在成本計算方面，勞奇當場舉出明細分析，中方啞口無言，但亦無法辦到。

他認為我的西服不行（都是香港裁縫量身訂製的），請我去高島屋百貨公司的勞奇西服樣品間挑選，他按我的手的長短，在袖上劃線，又按腿的長短在褲管上劃線，讓我找乾洗店的裁縫修改。他能一眼看出一個人應穿的尺寸，所以他請我在36號尺寸中挑選。我挑了四套，按樣品價支付高島屋。高島屋是日本在東京的一家高檔百貨公司，在紐約第五大道有分店。

我與我司紡織部商談，是否可介入這個日產三千套西服的設想？紡織部主管說，勞奇的西服在美國屬五至四級檔次，是最高檔，零售價一千兩百美元以上。我司經營的西服是二至三級別的大路貨，兩、三百美元而已（男士西服等級，按一至四級分，四級是最高級），一般須有兩至三個月的製成品應付市場需求，日產三千件，等於二十萬套左右的準備金，數目太大，不值得冒險。

一九七七年我準備結婚，勞奇要送我倆的結婚禮服，特請我倆去他在波士頓郊外的家小住，以便前往他的工廠，量身訂做禮服，所以我倆結婚禮服是勞奇設計製作的。我的是一套男裝禮服，帶黑綢鑲邊。我太太的是一套白色婚紗及一件紅色連衫長裙。勞奇全家及前文所提的S夫婦，均前來參加了我的婚禮。

於是我一直穿勞奇的西服，得到眾口交讚，也就是機械公司吳小蘭稱讚我的西服的原因。我所穿的尺寸也由36號逐步提升，證明我的體重不斷攀升，直到40號。

高島屋停辦紐約分店後，我亦失去前往樣品店挑選勞奇西服的機會。高島屋東京總店仍有勞奇西服出售。

有一天，勞奇通知我，他將隨一投資集團應中紡總經理王明俊邀請，前往中國洽談合作，該團成員中，有一位是好萊塢米高梅電影公司的老闆M先生。勞奇告訴我，代表團到達北京，中紡安排入住和平飯店，包括了一間C級房間，即客房內只帶洗臉池，沒有浴室。所有成員均令團長住此C房，因為是他安排這次行程的，以示「懲罰」。M先生則分到一間套房，可是他由於到達北京機場（老機場沒有行李輸送帶），自取行李時扭了腰，不能睡在床上，只能躺在地板上，蟑螂在他身上亂爬。勞奇說，M在好萊塢的家是出名的大宅，如今在北京躺在地板上，動彈不得，讓蟑螂在身上亂爬。王明俊總經理急忙找北京名醫為M先生治療。

會後，王總安排代表團去上海洽談，因中紡考慮，上海工業基礎強，見過世面，有資格洽談。結果完全南轅北轍，不對路。後來中紡的吳曙東和我談起此事，他說，當初時機未到，勞奇的日產三千套西服設想太超前。那時，我在上海，所以剛好可以請勞奇晚宴，家母及家姊全家以及舍妹均參加，因而有機會認識。

我帶勞奇遊玩城隍廟，他在商店買了一頂綠色軍帽，希望再配上「八一」軍徽，店員稱那是非賣品。於是他發現兒童軍帽上有紅星別針，所以他又買了一頂童帽，將紅星取下，別在他的軍帽上，戴上頭後再壓低一下，很時髦，頓時引來圍觀。

勞奇將其波士頓郊外的工廠出售給著名的羅夫羅蘭公司，在法國地中海名勝地區購置一公寓頂層，面對地中海，作為度假屋，請我全家去度假。該地在義大利邊境及摩納哥賭國之間，所以去摩納哥或義大利十分方便。

後來，勞奇為三菱公司下屬的紡織部門在北京順美製衣廠，開了一條生產線，總算圓了他在中國製西服之夢。

之後，我有機會遇見雅戈爾製衣廠老闆李汝成，他見我的西服很好，而我說他的西服（挽在手上）袖子襯裡不對，應該是條狀，不應該與衣服的襯裡一樣，否則不夠檔次，於是談出勞奇協助雅戈爾的思路。勞奇與我訪問雅戈爾，李說他花了一百萬，派一個小組前往義大利學習如何做西服，五個人回來後仍面臨問題。勞奇建議花兩年時間將其全廠訓練完畢，每年來兩次。李說每年兩次太少，勞奇說他有經驗，保證能成。他對日本也是這樣。在車間裡，雅戈爾的師傅拿出產品請問勞奇，產品為何不平整？勞奇一眼就看出缺點。雅戈爾去義大利培訓之人很信服，追問如何改？勞奇說，以後訓練時會教，但是中方追問不捨，後來勞奇想反正雙方已達成協議，於是教他們如何改。他們對勞奇的熟練手勢，及折線的扯拉迅速，都嘆為觀止。

雅戈爾的辦公室主任陪同我們遊覽溪口，參觀蔣介石故居豐鎬房及蔣母之墓。臨別晚宴，勞奇與李汝成達成協議，雅戈爾聘勞奇當兩年顧問，每年來培訓兩次，顧問費六萬美元一年，來往機票、食宿由雅戈爾負責。這與雅戈爾花一百萬去義大利學習有天壤之別。勞奇說，回去請律師起草合同寄給李老闆。李要求一件樣品。那時勞奇已退休不幹，無現成樣品，於是我答應，會將我自己的西服寄一件給雅戈爾。

不久，李汝成打電話告訴我說，合同收到，但其中有一條云，萬一勞奇去世，則合同取消。他說可能勞奇先生年齡大了等等。我說，這肯定是律師的例行條款，不必當回事。

勞奇（右）、雅戈爾老闆李汝成（中）、作者（左）。

我立即問勞奇，他亦奇怪，同意通知律師取消這條款。其實這是標準合同條款，一旦牽涉個人，都會列入死亡、病痛之類的條款，作為合同應對措施。但是李汝成似乎已被此條款「嚇」著了，以為勞奇真會有萬一。我說，你親眼看到他精神抖擻，雖然年紀大了，但精力充沛。李老闆還是堅持「算了」，不簽，致使勞奇與雅戈爾的合作告吹，否則，雅戈爾會生產出上好的一流西服的。

分手時，李老闆分送我與勞奇一本他的傳記，由一軍方作家寫作，詳述雅戈爾的成長史。我們參觀雅戈爾時看到所有設備全是德國產，不似一般製衣廠都用日本設備。李老闆說，他要高起點發展，德國設備堅固耐用，可是零部件貴得像黃金。勞奇對廠房及設備均感滿意。

也有可能，雅戈爾的師傅已經從與勞奇的接觸中領悟到訣竅了，加上收到了我寄去的西服，可依樣製出紙板，捉摸出裁剪尺寸等等，而不需要再學習了。勞奇之名是李老闆用寧波口音叫出來的。

美國名牌「倫敦霧」（London Fog）風雨衣製造廠有意開發中國業務，其國際部副總裁找我幫忙。中紡公司王明俊總經理訪美之際，我與使館商務祕書吳曙東（中紡派出的）聯繫，安排參觀「倫敦霧」在費城的工廠。吳陪王總等人由華府乘火車來費城，「倫敦霧」創辦人、兒子（總裁）、女婿（副總裁）、國際部副總裁等接待，全廠參觀並介紹其專利的生產技術。「倫敦霧」的產品質上乘，但價格普通，與英國同類產品「波百麗」（Burberry）價格相差很遠，所以在美國有大市場。卡特總統就穿其風雨衣到處出行；我的兩個女兒亦是一直穿其童裝，直到入中學。

「倫敦霧」的女婿（副總裁）與國際部副總裁訪問北京時，中紡公司副總經理韓芳宇接待，我與家屬剛好在北京，於是參加活動。韓老太特別安排張路群女士帶我太太及女兒Mary遊覽長城、十三陵。我們三人洽談業務。中方認為可去上海與上海的KDK雨衣廠進一步洽談。於是我們又去上海，入住靜安賓館。上海的洽談也可說是「無疾而終」。上海的KDK等人，思想仍僵化，只願來料加工等等，簡單交易。正如吳曙東（後來任港澳投資公司負責人）所說：「談得太早」，不合時機。韓老太在仿膳飯莊宴請，並贈我太太一塊上好衣料，我女兒Mary一件精緻女童裝。

在S先生的農莊睡大覺的中國工藝品，後來有幾件到了我家中，包括幾個宜興的刻字紫砂花盆，一個粉彩金魚缸，其他大量宜興刻花刻字花盆，則都排在農莊平臺前種花，大部分繼續睡覺。

如今，S夫婦及勞奇均已謝世。他們對與中國貿易，初期就感興趣，但沒有成績。可喜的是，我有了兩家有深厚友誼的外國朋友，友誼還被及家人。S先生與家母最為友好，對家母晨起在其農莊掃落葉不斷讚賞。農莊占地三百英畝（即一千八百市畝[1]），農莊石屋有三百年歷史，改裝成現代化。該農莊面積廣大，有瀑布式的游泳池，風景美麗，可遠眺山峰、樹林，入秋更是楓葉滿紅、滿黃，家母很喜歡。

從勞奇那裡，我學到很多關於西服的知識，例如高檔西服的袖子襯裡必須是條狀料子，衣服襯裡必是與面料顏色相配的綢料，只有低檔的是袖子與衣服的襯裡一樣。

我仍擁有一本勞奇一生的相冊，是勞奇自有的，唯一的一本。

1 編按：約六十一個台北小巨蛋大小。

①中紡公司總經理王明俊（右四）參訪倫敦霧製衣廠。東主女婿副總裁L先生（右五）、作者（左一）、國際部副總裁（右二）。

②中國紡織品進出口總公司韓芳宇副總經理在北京仿膳飯莊宴請倫敦霧代表及作者。韓芳宇及作者女兒（中）、倫敦霧兩位副總裁（右二、三）、張路群（右一）、作者夫婦（左一、二）、作者公司駐京紡織業務代表（右四）。

③中國紡織品進出口總公司服裝業務主管張路群與作者女兒，攝於十三陵神道。

12 訪問大連及旅順

初訪大連

我一貿易上的好朋友是外貿界前輩，與船王董浩雲年輕時同桌辦公。解放後，他教授貿易幹部外貿知識，所以有忻教授之稱。

他在港經商時告訴我，他的髮小，參加新四軍，時任大連市市府祕書長（忘了姓名），於是介紹我前往拜訪，聯絡關係。祕書長盛情接待，安排入住大連賓館。大連賓館是大連市人民政府的招待所，該建築是日本占領時所建的大和飯店，所以條件不錯。祕書長安排接風宴，有副市長姜培祿出席。賓主洽談興高采烈。姜副市長是工商聯全國協會的負責人之一，後來成為老朋友。

我在大連賓館早餐時，餐廳經理不斷注視我，我感覺奇怪，同時又覺得此人面熟，但我是初次訪問大連，不可能有熟人。最後，該經理走到我面前問我，是否去過華盛頓？這下我才猛然想起，他是我在中國駐美國聯絡處用餐時的服務人員，原來他是聯絡處的廚師，任期滿了調回國，出任大連賓館的餐廳經理，可見世界之小。

大連市副市長姜培祿（左二）、大連市祕書長（右）、作者（右二）在祕書長安排的宴會。

時逢週末，我請祕書長在家休息，他年長，我會自由活動，因他已帶我周遊了大連。午餐時，我向賓館車隊訂一小車前往旅順。司機來我餐桌前問我持有何種證件？我出示中國駐美國聯絡處發放的歸國證書，他說可以，只要不是外國人，說罷離開了。我吃完午餐，回房間準備出發，這時祕書長來電話問我，是否要去旅順？他可以陪我同行，比較方便。我奇怪，問他怎麼知道我要去旅順？他說，車隊的司機都是眼睛，司機通報了公安部門，公安部門上報祕書長。於是，我讓司機開去祕書長的家，接上祕書長同行。我並不知道祕書長的住址，但賓館司機卻瞭如指掌，直駛祕書長的家。由於有祕書長陪同，一路通行無阻。

到達旅順後，更有旅順特派的有關官員導遊。從山上可俯瞰旅順軍港，停有一排潛水艇。再遊日俄戰爭的遺跡。導遊是一位旅順的旅遊主任。他說當時戰況激烈，俄軍非常勇敢，拼死抵抗，日軍猛攻。俄方派出波羅的海艦隊馳援，路途之遠可想而知，真是用遠水救近火。

俄方炮臺非常堅固，遺跡可看出，同時設有環形軌道，巨炮可以在上面移動，環射港灣。日軍前仆後繼，不斷猛攻，死傷無數。最後，日軍準備放棄。也就在此節骨眼上，俄軍眼看援軍（波羅的海艦隊）仍未到達，只好投降。如果不投降，則日軍也就退卻了，真是陰差陽錯！

日軍進入旅順城後，大肆燒殺，俄軍的將校俱樂部只燒剩一塊地基，留給後人憑弔。日軍將所有旅順人殺光。當時只有三十六名旅順人外出大連，得以倖免這場災難。後來的旅順人，就是這三十六個人的後代。聽完介紹，不勝感觸。中國的地界，外國交戰，中國生靈塗炭！

第二次訪問大連時，前往金縣，作皮革鞣製技術示範表演，就是薄熙來進入官場的地方。

二訪大連

前文提到我司希望進口膠鞋及工作靴，但廣交會上，大連口岸無力競爭，苦於原料問題。大連輕工邀請我安排相關美國廠商來華作技術交流，供應相關鞣革原料。

我有一多年老朋友，經營一家祖傳的化工原料製造廠Q公司，位於波士頓，專門為高檔皮鞋廠供應所需化工原料，已傳到第三代。

於是Q公司的東主及其弟弟，還有總工程師與我，我們四人前往大連。大連輕工安排我們入住友誼賓館，四個人分住在三樓和四樓的各兩間房間，同樣的房間只是不同的樓層。我與東主住四樓兩間，他的弟弟及總工住在三樓兩間。

接下來中方安排我方前往金縣製革廠，現場示範交流技術。金縣製革廠的總工程師是一位留美的老技術員，思想很時髦，四位兒女，一半隨父姓，一半隨母姓。他的英語能力仍不錯，雖然長久不用，但仍能溝通，這樣省了我的翻譯「勞動」。Q公司介紹了如何使用化學劑料，使皮革柔軟、光亮，以及皮鞋製成後如何上最後的塗料等等。金縣縣委書記及縣長設午宴款待，午宴即採用白酒及葡萄酒。一般中國的宴會，每個座位前均放有小杯、中杯、大杯，小杯為白酒用，中杯為葡萄酒用，大杯為飲料用。而金縣的招待午宴，小杯不見蹤影，用中杯喝白酒，用大杯喝葡萄酒。縣委書記還宣稱，如果去東北，酒量要求會更大，東北人喝酒更厲害，大連人遠不及東北，於是敬酒不斷，盡歡而散。

下午工作完畢，返回大連。大連輕工設晚宴款待，又是茅台酒不斷。由於中午我們已喝了白酒，晚宴再次暢飲，結果我方全都喝得醉意不勝，但未出洋相。幸好宴會是在賓館內進行，我等收下主方的工藝品禮物後，都能有禮拜別，自行走上樓梯（不知為何不用電梯），回自己房間，倒頭就睡。第二天醒來才發現，我們四人全是和衣而睡，而且，都沒有走入自己的房間，我與東主進入的是三樓的房間，而其弟弟與總工則入住四樓，四人相顧，大笑不已。

離開大連，返回北京，我們繼續造訪中化進出口公司及北京輕工，介紹Q公司的產品。正值美國駐中國大使館開館及升旗，於是我們亦前往躬逢其勝。開館由美國財政部長布隆姆薩先生（Werner Michael Blumenthal, 1926-）主持。我知道他是猶太裔，二戰時期，逃難到上海，在虹口長大，所以我與他全程用上海話交談。

後來，薄熙來到金縣當幹部，為其以後當大連市長打基礎，我是比薄熙來更早到金縣「蹲點」的。

Q公司東主的弟弟，後來繼續作促進工作，但都是「義務推銷」，成效不大。中方則缺外匯，無力購買他們的產品，只是「消化吸收」，可能為以後製鞋能力的提升，作了貢獻。

①大連輕工總經理（左）在宴請完畢後贈送作者禮品，其時作者已大醉。
②Q公司東主Q先生（左）與美國財政部長布隆姆薩（右）在美駐華使館開館升旗禮。

13 中國建築材料工業的現代化

（上）

我司匹茲堡辦事處日籍總經理M先生向我推薦該市四大巨頭企業作為中國貿易的對象。於是我與他走訪四大企業，遊說開拓中國市場的好處。憑我對華貿易的知識及深遠觀點，我司獲得了此四大企業授權，獨家代理對華業務。

這四大企業是：W公司，產品主要是電站與核電站以及鐵路訊號設備；U公司，是美國鋼聯，美國的鋼鐵霸主，但鋼鐵產品遠銷中國，運費就競爭不過日本，只能推銷技術或設備；R公司，多為軍方產品，只有一種著名農用飛機，可能進入中國市場；最後是PG公司，主要產品是玻璃、玻璃纖維及塗料，這三樣均可進入中國市場。

我在廣交會向中方進口代表團介紹這四家企業產品及對華友好態度。其中PG公司的開發主任C先生最積極認真，他組織了十多項建議，包括玻璃、鋼化玻璃、汽車玻璃、飛機玻璃、垂直引上玻璃製造技術、玻璃纖維、各種塗料等等，並請有關專家向我詳細介紹各建議之內容及優點。我就在廣交會上照搬，向中方宣傳。中方介紹，有關玻璃及塗料均屬建築材料，由建築材料工業部管。

在廣交會，我向中國技術進口公司代表介紹PG公司的垂直引上玻璃製造技術，這是PG公司的專利技術，是過去世界上典型的玻璃生產技術，現在PG公司已不用，該技術已封存，但是可以出售給中國。中技公司代表建議我去北京向中技總公司及用戶作技術交流，因他們認為我是專家。於是他們為我安排了去北京的許可證。這是我出國後第一次訪問北京。中技公司通知用戶參加與「美國玻璃專家」技術交流，聽取介紹「垂直引上法」（此名稱是中方定的，美方只是叫P法，當時我向中方介紹P法時，中方用戶即說，這是「垂直引上法」）。中技公司主談是胡家珍女士，非常好的人。用戶中有一位面容姣好的女士，經介紹是中國建材部（中國建築材料工業部）科教司的沈憶蘭女士。那時，我還不懂什麼叫科教司。我的皮毛介紹竟頗能勝任這次的初步交流。建材部表示要進一步研究及接觸。

中技公司胡女士招待我遊覽北京，這時，「四人幫」已經倒臺。我問她「四人幫」情況，她說「都已控制住」，這也是我第一次學到「控制住」之涵義。剛好那時毛主席紀念堂落成，全國各地群眾前來排隊參觀，每天大排長龍。我向胡女士表示要送花及前往紀念堂弔念。第二天，中技公司的麵包車載我前往天安門廣場，在毛主席紀念堂前、遠處警衛的值班點停下。這時排隊參觀的人龍已經長長地站滿廣場。過了一會兒，只見人龍在紀念堂前斷開了，那邊警衛向我們這邊揮手，我們這邊的警衛頭頭，立即關照我，趕快前往插入人龍。於是我一個人跑去（只有我是外賓，中技公司的人不能去），所以，我是在毛主席紀念堂剛開放時，得以進去參觀的。後來建材部的人向我介紹，如何用八個月的時間建成這座紀念堂，並從全國各地徵調所需要的特殊石料（後來我接待中方代表團遊覽華盛頓時，中方團長指著林肯紀念堂稱，毛主席紀念堂的設計者就是參考了林肯紀念堂的照片）。

這次訪京，為後來與建材部發展緊密聯繫打下了基礎。

原來中方的玻璃製造技術是耀華玻璃廠由比利時引進的福克法（平拉法），耀華在上海及秦皇島設有製造廠，將近解放時，耀華新訂的兩套設備尚在運往上海途中，改運臺灣，後來在新竹建廠。因這兩套設備是上海耀華的資產，所以臺灣耀華的財務報表中，一直列有上海耀華的股權及收益，這是ＰＧ公司的代表告訴我的。因為臺灣耀華是ＰＧ公司的老主顧。

中方發現垂直引上法比福克法好，但都是過時的技術，希望引進浮法（ＬＢ法），並向我描述該法是將玻璃液倒到熔化的錫的表面，這個熱熔的錫在巨大的錫槽內，熾熱的玻璃液，浮流在錫上面，形成光滑平整的玻璃。我向ＰＧ公司報告，中方有興趣浮法而非Ｐ法（「垂直引上法」）。ＰＧ公司說這是先進的，不願出售。

這時，我與建材部下屬的建築材料進出口公司亢祝純總經理有了良好關係，而建材部在百萬莊有一座新的展覽館，亢總建議我安排一個ＰＧ公司的產品展覽，以吸引用戶。於是我向ＰＧ公司建議，組織展覽。ＰＧ公司安排了一應產品：有汽車風擋玻璃（其中夾有天線）、汽車後窗玻璃（夾有發熱線）、美國克萊斯勒廠出產的著名的平托車（福斯的PINTO車款）的後窗玻璃（雙弧度，轉角包彎），這是ＰＧ公司克服技術難關，終於製成的，使得平托車能從設計變成真實產品，以及浮法玻璃板材等等。我與M先生深入ＰＧ公司庫房，將所有展品貼上我手寫的中文名稱以及英文標識，並監視妥善裝釘，放入木箱。由於展品體積大，木箱也大，只有波音七四七貨機可以載運，於是所有展品先空運香港，再由陸路火車運往北京。

百萬莊與二里溝鄰近，所以中技公司等外貿單位亦來參觀。這個美國ＰＧ公司的展覽非常成功，所有展品，也都成為研究、消化吸收的對象。這期間，科教司起了推廣作用，作為科學普及的高教的參考。沈憶蘭女士亦成為好友。她是一位蘇州美女，她丈夫的父親是一位名中醫，後來我因為玉米種籽試種而不幸食物中毒，差點送命，事後又未妥善休息，即赴大連洽談業務，以致落下後遺症。沈憶蘭女士請其公公開出調理藥方給我服用，才漸漸病癒。

ＰＧ公司有幾位「積極分子」，主張開拓中國業務。展覽會後，他們看到中方的興趣及市場，說服公司開放浮法技術給中國。其中最積極的是R先生，他是負責技術轉讓部門的人員，精通浮法技術，開始與中方進行無數次的技術交流。後來遼寧省建材總工程師林亢邀請我參觀其新建的瀋陽浮法玻璃廠。我參觀時，不斷地說：「不錯，不錯，你們是如何建成的？」林總說：「平總，這是我們參加了無數次您的技術交流會的成果啊！」

這期間，建材部的白向銀副部長、祁峻副部長及亢總成為我北京飯店五〇二五室之常客。有一天，亢總向我建議，由我司邀請建材部宋養初部長帶隊訪美，主要參觀ＰＧ公司。我回美後與我司法律部相商，法律部認為不能邀請官方，只能邀請公司。我回北京，在北京飯店五〇二五室與宋部長及亢總討論此事，我建議宋部長以建材公司董事長名義出訪，則我司可以作為邀請公司人員而非官員。宋養初是中央委員，出訪須當時的總書記趙紫陽批准。趙對宋說：「你就是部長，怎麼冒出公司董事長？不行，只能以部長名義出訪。」於是，「董事長」的「空子」路不通。

我只好請我司法律部另聘大律師研究，並出「清潔函」，其中要詳細規定接待範圍、宴

中國建材部祁峻副部長（左）、建材及設備進出口總公司亢祝純總經理（右）至作者的和平賓館套房會議。桌上是作者的著名活頁筆記本。

請須知、送禮須知等等全部法律允許的條件，作為邀請宋部長代表團的法律依據。一切準備妥當，該大律師亦保證，萬一有事，他可以出庭「包打」官司。在這過程中，中方取得美國商業部邀請，這樣官對官的邀請，就無問題了。

然而美國商業部並無預算承擔這次邀請，所以它將具體任務轉交給我。我司接下此「任務」後，即安排行程。

代表團首訪紐約，來我司座談。我司總裁H先生接待，與宋部長暢談，並提及他小時候在中國大連長大。宋養初的兒子是中國駐聯合國代表團的祕書，其妻子也在聯合國任職，所以代表團及我們能有機會被安排內部參觀。宋部長及我等均站上聯合國的演講臺，作演講姿態。

紐約遊覽完畢，即往匹茲堡ＰＧ總部訪問。ＰＧ公司Ｓ總裁親自接待。代表團要求參觀浮法生產線，ＰＧ公司按慣例，要求每人簽一保密信，代表公司同時亦代表本人，絕不洩密或盜用所見所聞。宋部長基於規定，不能簽任何文件，也就命令所有代表團員不簽。祁副部長認為，好不容易來美參訪，機會難得，應該簽。他與亢總及我商量對策。ＰＧ公司的「積極分子」們亦都建議，可以讓部分人員簽署，進入生產線參觀。宋部長堅持不可以簽，參觀生產線就此告吹，只參觀了ＰＧ公司的研究中心。祁峻副部長為此不斷嘆息，失去了機會。接下來，代表團去了ＰＧ公司在美國南部的玻璃纖維生產廠參觀，又去了在佛羅里達州一家我司代理的預製板生產廠。該種預製板是金屬表面，夾有蜂窩結構。該公司東主親自接待，並演示如何用預製板快速建屋。在廠房一處，劃了一塊地方，代表團看了後繼續參觀生產線及庫房等。轉完之後，來到原先參觀的地方，一座簡單的房子已拼裝完成，連屋頂也是預製板的，水電管線都預先埋在預製板中。代表團對之印象很深，只是擔心，不如鋼筋混凝土結構扎實耐久。主方說，這方法得到銀行貸款三十年的認可。主方是當地富戶，在邁阿密

①宋養初部長訪問參觀PG公司研究中心。宋養初部長（右二）、作者（右三）、建材公司副總經理劉公誠（右四）（前左一）、美國商務部中國事務主任（後左一）。

②建材部宋養初部長參訪PG公司研究中心。宋養初部長（前左五）、祁峻副部長（前左四）、美國商務部中國事務主任（前左三）、建材設備進出口總公司亢祝純總經理（右二）、作者（後左一）。

招待代表團遊船，一覽海灣美景。

後來，我聽說中方有意建一旅館，要快速，因當時北京賓館緊缺，於是建議用此預製板。我請清華大學建築系教授、旅加華人彭培根教授組織學生精心製作了一個模型，供華陽考慮。華陽公司稱，這是陳元（陳雲之子）在西城區蹲點時的點子，他們會給陳元看，事後不了了之。

代表團在佛羅里達州還參觀了石膏板生產及石膏礦場。美國最大的石棉製造廠J公司也是我司代理。所以參觀了它在科羅拉多州的總部（那時石棉尚未被發現為危毒產品）。後來亢總安排J公司專家參訪中國青海芒芽石棉礦。據稱，芒芽石棉礦的纖維長度舉世罕見。那次參觀很費時，我沒有參加，據兩位專家回北京後向我介紹，路途遙遠，火車坐到盡頭，轉坐卡車，須兩天才能抵達，可見路途之遠。礦上有很多民間小礦家，紛紛找易開採的地方挖掘，將優礦挖成了劣礦，必須進行規模機械挖掘，才能保證取得優質石棉。後來，石棉成為人人都怕的產品，此事也就無前途了。代之而起的是礦棉。中方在北京迴龍觀新建了礦棉板廠，生產線由歐洲引進。祁副部長及中國新型建築材料公司總經理田澤民陪我參觀了新廠。

我順便請代表團參觀大型五金商品連鎖店。那時，國內像「家得寶」（Home Depot）那樣的全能建築材料超市尚未出現。五金店則銷售大小五金及木材等。小五金包括廚房、衛生間等設備、家用水電器具等一應俱全。我建議祁副部長在中國開設像美國這樣規模的大型五金商店，全面供應各種建築材料。

新建材代表團在美國。祁峻副部長（左）、作者（中）、田澤民總經理（右）。

代表團順利完成訪美後，宋部長邀請我司代表團訪華，他可盡地主之誼。於是，我司代表團以Ｈ總裁為團長，於一九八一年訪華。

浮法玻璃生產技術交流開始後，中方組織中國所有的玻璃專業技術人員參加，陣容強大，其中主力是秦皇島玻璃研究院及蚌埠玻璃設計院（蚌埠玻璃設計院後來獲得聯合國資助，成立聯合國玻璃開發中心，院長陳未遠兼任中心主任，這是多年後的事）。ＰＧ公司的Ｈ主任及Ｒ經理為主講人，我從旁協助，當中方翻譯有困難，後來由我的同事李先生擔任此項工作。李先生是地道美國人，但會一口中文且研究中文，是我的得力助手。

技術交流中，出現一個問題。中方想了解ＰＧ公司的ＬＢ法與英國知名玻璃公司ＰＫ

公司的ＰＫ法，如何區別及相互關係。ＰＧ公司詳細作了介紹及分析。有些敏感問題，我建議ＰＧ公司不必在技術交流中詳談，因為這不屬技術問題。事後，ＰＧ公司向我詳細說明了ＰＧ公司與英國ＰＫ公司的關係及ＬＢ法與ＰＫ法之區別等等知識。

祁部長、亢總也來北京飯店五〇二五室，問我究竟。數月後，建材部祕書長張振也來問ＰＫ公司與ＰＧ公司之事。因他剛從英國訪問回來，在英國，他所帶領的代表團，希望參觀ＰＫ公司，結果碰了釘子。

原來，浮法生產的概念最先是由ＰＧ公司的專家在一九二五年想出來的，但無法商業化，後來英國的ＰＫ公司率先將此概念商業化，於是全世界大玻璃廠，包括ＰＧ公司均向ＰＫ公司購買專利，投產平板玻璃。

祁部長告訴我，中方也曾想向ＰＫ公司購買專利，但ＰＫ公司傲慢不賣。祁部長一怒之下，下令中方自行研製。於是所謂中國的洛陽法問世。因為中方在洛陽建立了洛陽玻璃廠，用中方自行根據各種有關ＰＫ法的報導及資料，摸索、製造出一條中國的浮法玻璃生產線。這個訊息不知如何被ＰＫ公司掌握，聲稱要告中方侵權及偷技術，可是無證據。

ＰＧ公司買了ＰＫ公司的ＰＫ法技術，立即投產，使得浮法玻璃產品能及時投放市場，與此同時，它繼續研發其自身的浮法技術，最後開發出ＬＢ法（意思是LOW AND BETTER，即成本低又好），也就是在技術交流中被中方命名的「寬流槽法」。ＰＫ的ＰＫ法是玻璃液由熔窯流入錫槽有如廚師烙餅，一攤一堆，然後讓它攤開，像一洋蔥狀，然後利用拉邊機將玻璃液拉到所需寬度，繼續在錫槽裡流動，直到冷成平板玻璃。由洋蔥狀拉成寬帶很難控制。ＰＧ公司則發明了寬流槽，即耐火磚口是專利特製的寬口，這樣玻璃液流入錫槽時已是寬帶狀，這就使以後拉邊機控制寬度及厚度「變得」很容易了。

這次技術交流很成功，我亦將ＰＧ公司的ＬＢ法及ＰＫ公司的ＰＫ法之關係，詳細告訴了祁部長及張振（張振後來調到全國政協任服務局局長）。不久ＰＫ公司的代理，以色列的ＥＢ公司老闆ＥＢ先生電傳ＰＧ公司，請他不要採取任何行動，要等他趕到紐約面談。顯然，他聽到中方傾向ＬＢ法的消息。他與夫人入住紐約華爾道夫大酒店，住一大套房間擺威風。ＰＧ公司的Ｈ主任、Ｒ經理及我前往會談。ＥＢ先生想換馬，代理ＰＧ公司並大吹其能力及在中國的關係。我們會談期間，ＥＢ先生的夫人不時進來打岔，說要去蒂芙尼珠寶店，或又是其他名店等等。Ｈ主任以熟練的外交口吻與ＥＢ先生對壘，聲稱ＥＢ所言了無新意，我們全知道且清楚，ＰＧ公司非常滿意我的作用，不須另外的人幫助。我們告辭出來，Ｈ主任笑說ＥＢ所玩場面，他見多了，就是擺闊，太太不時進來說要去一些貴重的名店採購等等。ＥＢ先生碰了一鼻子灰，回去又投回ＰＫ公司懷抱，繼續擔任ＰＫ公司的代理。

接下來，英國首相柴契爾夫人（Margaret Thatcher, 1925-2013）訪華，ＰＫ公司東主P爵士隨行。ＰＫ公司處心積慮要取得中方洛陽法的證據，於是P爵士請柴契爾夫人向趙紫陽提出要參觀洛陽玻璃廠。趙不知就裡，爽快答應了，通知建材部安排。祁部長大怒，趕到北京飯店五〇二五室，告訴我，他會躺在洛陽廠大門口，英方車隊要想進廠，就必須從他身上碾過！趙紫陽知道情況後，馬上向柴契爾夫人謝絕了。

後來，我與ＥＢ先生經常在北京飯店餐廳遇見，彼此不打招呼，後來在鋼棉項目上，我又將他擊敗。他是一位世界知名的猶太商人，為以色列與中方的祕密交易牽線搭橋，例如火炮、戰鬥機等等。

（中）

浮法生產線的引進過程很長。建材部宋養初部長退下後，由林漢雄接任。建材部改名為建設部。林漢雄是林彪的侄子，其夫人項蘇雲是項英的女兒（項英是新四軍的領導，皖南事變中犧牲）。兩人均是四八小組成員（一九四八年中共將一批已故將領之子女由延安經東北送往蘇聯學習，其中包括李鵬、鄒家驊等）。

林住在車公莊部長小樓群裡，李鵬的住宅與其相同，只是同排小樓的靠邊一座，陽臺上裝有「鍋蓋」天線。我於週末去他家小坐，他陪我出來時，指給我看李鵬的住宅。當時剛發布李鵬為總理。我說那您可沾光不少，同是莫斯科的同學，他不置可否。

亢祝純總經理與美國洛杉磯的一些僑領有聯繫，主要是伍廷芳的後人，以及一些美方投資家，聯繫安排在洛杉磯舉辦一個中國建材展覽會，林帶隊訪美並主持展覽會開幕。他的代表團先抵紐約，我安排接待、遊覽。我特別包了一艘帆船遊艇暢遊紐約港，林則坐在駕駛位雙手握駕駛輪拍照，之後訪問PG公司。PG公司S總裁接待並參觀其辦公室。那時剛開始有電腦管理，S總裁向林部長演示了如何從電腦屏幕上了解公司運行。代表團也參觀了PG公司玻璃纖維的生產廠。PG公司派公司私用專機，灣流型客機，送林部長一行前往大峽谷遊覽。由於專機只能載十一至十二人，所以我等另外乘航班前往會合。

①林漢雄部長在紐約港遊艇上掌舵。作者（右）、林漢雄（中）。
②建設部林漢雄部長（左）與作者（右）在紐約自由女神像前。

代表團成員之一劉寶林，在大峽谷大膽踏上突出的懸崖高歌一曲，時值清晨，歌聲迴盪於山谷間，頗為動聽。劉寶林此人很左，往往滿口教條。一次技術交流時，他與R先生爆發口角，雙方動怒，這是在H主任、R經理與我三人在祁部長特別安排下，前往洛陽參觀洛陽玻璃廠之前，劉亦陪同。火車上，劉向我透露：「『洋瘋子』（R經理自製的中文外號）不夠意思，我就安排有關單位，趁你們遊覽長城時，進入賓館房間，查看資料。」我聽後暗自吃驚，原來每次中方安排外賓遊覽名勝時，很可能還有另外目的。我將此事在臥鋪車道上，輕聲告知R，他笑著說，每次入住賓館，他逢外出時，總將記事本藏到天花板吊頂上。參觀洛陽法後，我們結論，它是PK公司的PK法，但不是偷來的，而是中方自創的。我們三人是唯一能看到洛陽法的外賓。

大峽谷參觀活動完畢後，代表團前往洛杉磯為中國建材展銷會開幕。晚宴是在伍廷芳兒子開的中餐館舉行。林部長致詞，感謝各方支持。亢祝純要我挑選喜歡的展品，以便在展會閉幕後送給我，作為林部長的謝意。展品當然都是精品，我選了一對瓷鼓凳（藍白花，仿明朝）、一扇玉屏風及一只花瓶。事後運來時，包裝公司未能將玉屏風妥善包好，以致屏風的所有的「腳」齊根壓斷。運輸公司將其退回。我只收下一對瓷鼓凳，很精緻，至今仍在舍下客廳中。

林部長邀請PG公司回訪北京，於是S總裁、C主任（H主任調任他職）、R經理、玻纖部M主任、P經理及我，啟程前往。林部長在四川飯店設宴招待，美國駐華大使洛特[1]亦參加。後又在政協禮堂晚宴，因張振是服務局局長，又是建材部老人，宴會後去林部長家，繼續喝酒、交談。我方駐京事務所所長亦應邀出席。一九八四年，宋養初前部長去世，所住

1 編按：溫斯頓・洛特（Winston Lord, 1937-），臺灣翻譯為羅德，一九八五至一九八九年任美國駐華大使。

的四合院交由林部長住，林即從車公莊部長小樓群搬入此座靠近政協禮堂的四合院。林在車公莊時，曾邀請我與洛特大使去其家午餐（「六四」後林受批鬥，其中一罪名是：私自在家招待外賓，違反外事紀律）。

其實林漢雄為人頗為豪爽仗義，由於背景純正，父親是早期革命烈士，與叔父林彪並無關聯，所以林彪出事後，他未受影響。他本人在官場上多次起落，在水利部任職時，鬧意見，賭氣不幹，多次分配新工作，都拒絕。後來唐山大地震，水利部長錢正英親自登門，指派他為救災總指揮。他說那是人命關天之事，而且老部長親自登門，他不能再拒絕。他對錢正英頗為敬重，不時去木樨地部長樓拜候這位老部長。

項蘇雲時任中國青少年活動中心主任，出訪美國《讀者文摘》（*Reader's Digest*）本部，建設部玻陶司司長李濤平請我關照一下。因《讀者文摘》本部在紐約郊外，於是我安排接

①PG公司H先生（左三）與作者（右三）參訪洛陽浮法玻璃廠，廠長（左四）接待。

②建設部林漢雄部長在家中招待PG公司及作者公司。林漢雄（左二）、PG公司一把手（左三）、作者（右站立）、PG公司二把手（右二）、作者助手李先生（右三）、亢祝純（右五）、林夫人項蘇雲（左四）、PG公司律師（左一）。

機，訂旅館，並安排禮車送她們前往《讀者文摘》本部開會。林漢雄至今仍有通過高球球友向我問候。中國工程院成立，本來內定林為院長，因他沒有博士學位而取消，他又發脾氣。

ＰＧ公司Ｓ總裁是玻纖出身，所以中方安排參觀常州玻璃鋼廠，又稱常州建材廠（三一二工廠），亢祝純總經理親自陪同。當時常州是全國聞名的改革開放第一模範城市，市容繁榮，街道整潔。我們入住常州賓館，是專門接待國家領導的、一座中國傳統園林式的賓館，環境優雅。晚宴時，有一道菜叫「炸活魚」（我最初在北京享用過，北京只有頤和園的聽鸝館餐廳及日壇公園的餃子樓，能供應這道名菜）。我即向Ｓ總裁等介紹這條魚，雖經烹炸，但仍舊活著，於是我用筷子觸動其嘴唇，它就不斷地張口，眾人稱奇。宴會後，Ｓ總裁要向廚師表示謝意，主方將廚師請出，是一位一級廚師。他介紹「炸活魚」這道菜的製作，是很辛苦的，如果沒有特殊原因，他是不做這道菜的。首先，必須有游水鮮活的鯉魚，因鯉魚的神經很強，從水中將魚撈出放到砧板上去鱗、剖肚、取內臟以及割劃魚身，都必須在一至兩分鐘內完成，接著要徒手抓住魚頭，將魚身往油鍋裡炸，手及手腕均被燙紅。我問他，為何不用手套？他說膠手套抓不住魚，萬一魚頭滑落滾油中，則前功盡棄，所以做這道菜很受罪。我們與他合影留念。

一班人參觀常州玻璃鋼廠，它是國家重點工廠，廠門前有一座巨大的（中國最大）毛澤東招手全身立像，是用玻璃鋼（玻纖與環氧樹酯混合）塑造的。廠內生產線是採用蘇聯技術即「坩鍋法」，每一個坩鍋下面有一塊一百孔的白金漏板，熔化的玻璃液由坩鍋流入白金漏板拉成絲，即是玻纖，規模小，技術落後。廠方聽到ＰＧ公司介紹的規模及拉絲速度均咋舌不已。廠方及常州地方領導均希望ＰＧ公司參加合作。

浮法玻璃技術引進進入商務談判階段時，

建設部因為林漢雄是支持趙紫陽派，及「六四」後命令建設部不表態，以致去職。建設部降級為中國建材工業總局，局長王燕謀，副局長張人為。祁部長則想整林漢雄，來五〇二五室，問我有無林犯錯誤的資料。

建材局邀請PG公司及PK公司前來談判合同，談判地址在建材局。兩個談判室安排在同一樓層的相鄰的兩間會議室（似乎是心理戰的安排）。建材局分成兩隊人馬，分別對付兩家公司。PK公司談判隊伍由一著名律師帶隊，這位律師PG公司的人員都認識，因為PG公司與PK公司由於浮法的問題，曾大打國際官司。PG公司更安排一批精幹工程人員，完全不懂浮法，將他們關在一室內，不許與外界接觸，告知他們基本參數及資料，要他們思考如何生產玻璃，結果他們想出浮法。PG公司以此反駁PK公司的浮法獨家專有發明。此位律師就是代表PK公司與PG公司鬥法的人。此人面相陰險，兩眼如蛇，一派不是好人相。

與我方談判的都是已有多年交往的老朋友，包括中技公司來幫忙的朋友，所以談判順利。接近簽約時，那是午前，突然張人為副局長進來宣布：中方決定與PK公司簽約，詳細情況晚宴時再說，並請我們在西苑飯店義大利餐廳晚宴。中方談判代表很感意外，完全意想不到此結果。我們離開會議室後，我吩咐我的司機佯裝不在意地，向PK公司的司機透露，我方要退出的「訊息」。因為我們開會時，那些司機等候在外，他們彼此聊天。我總是提醒我的司機，注意打探消息。這時候，這套「法則」又可用上了。

晚宴時，張人為一開始就抱怨PK公司反覆不定，上午都已談妥，口氣亦軟，但下午不知何故，突然態度轉硬，要求將洛陽法一起併入提成計算。顯然，我的司機小張透露給PK公司的司機，關於我方退出、下午不來的消息。這個訊息傳到了PK公司的律師耳朵裡，既然競爭對手已消失，那他盡可以獅子大開口了。

張人為副局長向我方解釋，ＰＫ之法如何好等等，我立即點破他，是怕ＰＫ公司上法庭告中方，所以他選ＰＫ公司。他仍嘴硬，說套話，說中國是主權國家，不怕告等等。他提出，由於ＰＧ公司多方努力，誠意亦高，故此特別優待，可讓ＰＧ公司簽約，在中國大連設廠使用ＬＢ法，不受中方與ＰＫ公司簽約在中國只能使用ＰＫ法的限制。但是建材局的這個額外優待，還附加了一個條件，就是：ＰＧ公司在大連設廠生產，須付提成給建材局。

翻譯朱長安（原是宋養初的翻譯，現已升任建材局外事處處長）聽了脫口而出：這不是攔路搶劫嗎！於是，中方終於與ＰＫ公司達成協議，購買ＰＫ公司的ＰＫ法，並保證只在中國使用該法，絕不「外銷」。ＰＫ公司與上海耀華玻璃廠合資，建立新玻璃公司，ＥＢ公司參股百分之五。

ＰＧ公司則前往大連，探討合資建廠。大

①中國建材設備進出口總公司與PG公司簽訂合作意向書。亢祝純總經理（左）、PG公司二把手（右）、祁峻副部長（中）、PG公司一把手（右三）、田澤民（右一）、王燕謀（右四）、張人為（左五）。
②PG公司訪問常州建築材料廠（生產玻纖）。PG公司總裁（前左四）、中國建料進出口總公司亢祝純總經理（前左五）、作者（前左六）。

連玻璃廠廠長蘇昭佩女士、總工程師唐寶牲（蘇的丈夫）、工會主席姜勇均是優秀人物。大連市人民政府魏富海市長、汪師嘉副市長、宮明程副市長、李振榮副市長兼外經委主任、外資處處長張素英，都積極支持ＰＧ公司來大連設廠，尤其是汪師嘉副市長及張素英處長兩位，全力相助，排除障礙。

與此同時，ＰＧ公司玻璃纖維部也積極向中方介紹玻璃纖維生產技術。中方由建材公司分割出一部成立了中國新型建築材料工業公司，由田澤民任總經理，吳德懋任副總經理，祁峻副部長為顧問。玻纖屬新型建材，田總帶隊詳細參訪ＰＧ公司的玻纖廠。那時中方的玻纖生產是從蘇聯學來的「坩鍋法」，規模很小。中方代表團看到ＰＧ公司的大窯熔化大量玻璃，下面兩排白金漏板，每板三千漏孔，拉出玻璃絲，規模驚人，中國的漏板最多只有三百孔。

中方指派上海耀華玻璃廠作為合作對象，於是ＰＧ公司玻纖部技術轉讓Ｍ主任及Ｐ經理與我，去上海進行技術交流。那時，上海正發生毛蚶中毒事件[2]，我買了一包一次性衛生筷子帶上備用。到達上海虹橋機場，耀華玻璃廠廠長石宏藏等前來接機，盛讚我們三位勇士，不怕毛蚶，前來上海。我請老友李儲文安排上海市市長朱鎔基接見。朱從國家經委主任調任上海市長，在北京臨行前告訴我，他在上海有五千萬美元的特批權（上海的自主權是三千萬美元），請將好項目介紹到上海。我們在耀華廠進行技術交流。耀華廠的食堂是毛蚶重災區，更讓我們提心吊膽。石廠長保證午餐絕對澈底消毒。我拿出所帶的衛生筷，大家大笑。

會議進程中，朱市長接見的日程排定，我們去南京西路中蘇友好大廈附近的上海市外

2 編按：即一九八八年上海市A型肝炎大流行事件，發生於一九八八年春季的上海市，是因市民食用受到A型肝炎病毒汙染的毛蚶引起，導致三十餘萬人受到感染，數十人死亡。

事辦公室會客室，拜見朱市長。朱市長開門見山，向PG公司代表介紹說：「平先生是老朋友，會見又是李儲文先生安排，基於此兩個原因，我必須與你們見面。」頓時氣氛良好。我們也大膽飲用茶，並說，市府的茶杯必定是安全的。M主任向朱市長贈送一康寧公司所出品的精緻水晶玻璃青蛙。朱市長很欣賞，而且說：「青蛙是好兆頭，躍進。」並問我是否知道蝸牛的故事？我說不知。於是朱市長向大家介紹：一九六〇年代，中國就開發彩色電視機，派了一個代表團輾轉訪美參觀康寧公司「玻殼」（電視顯像管）製造。康寧公司向每位代表贈送了一個水晶玻璃的蝸牛作紀念品。代表團回國寫報告，並上繳所有玻璃蝸牛。江青見到蝸牛大怒，說這家美國公司動機不良，用蝸牛嘲笑中國發展緩慢，下令封存所有訪問報告，列康寧公司入黑名單，不得來往。此舉導致中國彩電發展滯後二十年。今天你們送我青蛙是好事云云。

上海外經委對我直接安排見面朱市長很有意見，問我，為何不按程序，由外經委安排？我說，如果請你們安排，答案肯定是市長不方便。所以會見時，外經委主任王祖康一臉不高興。會見結束，我請朱市長參加晚宴，他客套地說免了，可請沙副市長代表。而王祖康則有欠風度，直接說沒有事先通知，不能出席。晚宴在錦江飯店，我們入住時，錦江飯店保證所有碗筷均兩次澈底蒸煮，絕對消毒。

作者（右）與上海耀華玻璃廠石宏藏廠長（左）攝於錦江飯店北樓前。

（下）

PG公司回報玻纖頭頭G先生，技交成功。G先生是PG公司高層最有決斷力的一員，決定親自出馬，到上海考察並選址，結果閔行特區的地塊都不夠大，上海建材局陳局長及耀華廠的人員，帶我們去磚瓦廠及其周圍農地察看，G先生詢問地質條件，因為玻纖廠的玻璃熔窯非常重大，必須有扎實的地基。事後朱市長詢問選址結果，G先生說，閔行特區有經濟特區政策，但地塊不大；廢棄的磚瓦廠及其周圍農地，地方夠大，但不是開發特區，沒有經濟特惠。朱市長說：「那好辦，只要您選到哪裡，我就將經濟特惠批到哪裡。」真是皆大歡喜。散會出來，陳局長不斷向我致謝，磚瓦廠的爛地變成經濟特區寶地了。

玻璃纖維是一種新型材料，其用途廣泛，舉凡各種玻璃鋼的用途，即玻璃纖維與環氧樹酯等化工原料組合成不同用途。

玻纖有不同形式，如：切碎式、編織式、纏繞式等。切碎式，可將其噴灑在模具表面，然後塗上環氧樹酯，可製造船艇或容器，例如加油站埋於地下的儲油罐。編織式的編成布，然後與樹酯多層黏合，做成板材，用於汽車工業，質輕又防鏽。纏繞式則能繞成管狀，塗以樹酯，成為耐腐蝕的管材。PG公司在滬訪問時，參觀了上海客車製造廠，了解了中國客車製造的需求。那時中國客車的載人數量，讓PG公司吃驚不小。客車廠廠長介紹，上下班高峰時段，上海客車擠滿人，鋼踏板可踩彎，車身底座會壓彎等等。如改用玻璃鋼，還須精確測算，但板材用於車身，則可防鏽耐用。

中方知道PG公司與上海耀華有可能合作新建巨型玻纖廠，很為重視。國家新成立的巨型中央直屬公司，國家原材料投資公司總裁酈業梅女士（副部級）親自率團考察PG公司。我陪她及代表團去美國南方參觀PG公司的玻纖工廠，其規模之大，酈總讚嘆不已。她是教授級的高級工程師。

代表團成員中，有一位上海久事公司負責人趙某，他告訴我，久事公司剛成立，所以他還沒有頭銜。久事公司是為了執行朱鎔基市長在九月四日頒布的新的投資優惠政策而設立的，久事是九月四日的諧音。可見當時中方非常重視ＰＧ公司在上海與耀華合建玻纖廠。

現代通信工業的光纖就是玻纖的一種，所以玻纖是一種很重要的原材料。可惜因「六四事件」，將此項目劃下了句號。

PG公司玻纖代表團訪問上海客車製造廠。G副總裁（右三）、P經理（右四）、作者（左三）。

「六四」事件發生，美國對華採取制裁，美商不得與華來往兩年。此大型項目不幸告吹，否則，上海將會建成舉世一流的玻纖廠。如今，中國已能大量生產玻纖，可能與當初多次與ＰＧ公司技術交流及參觀ＰＧ工廠有關。

建材界所結交的眾多好友，後來仍有聯繫，雖無業務，但友誼仍在，所謂中方的習慣用語「買賣不成，情誼在」。尤其是蘇昭佩女士及沈憶蘭女士，每次我到北京，都會抽空與她們餐敘。而蘇昭佩總是悉心介紹新開的上好餐廳嘗鮮。傳統的涉外餐廳已過時，新開張的裝修豪華，服務好，菜色上佳。蘇昭佩患胃癌時，我曾去北京人民醫院探視。他丈夫唐寶甡在旁，主治醫師來說手術成功，所有癌細胞已清除等等。可能是吹牛，因不久，蘇就去世了。蘇在世時，已向我提到福耀玻璃公司的曹德旺雄心很大，唐工不時去福建幫他改進生產。曹現在是汽車玻璃大王，在美買下ＰＧ公司的廢停工廠，重新上馬，聘用美國工人生產汽車玻璃。這是一典型的「河東、河西」例子。

大連的浮法玻璃工廠項目，亦因「六四」事件而洽談停擺，但雙方都希望積極推進，於是採取一種折衷的方案，談判地點改在蛇口，該地是中方的自由口岸，不在制裁範圍之內，而中方亦可申請許可證前往。蘇昭佩帶領一隊人馬包括唐寶甡、姜勇，經貿部外資司的馬秀紅處長，以國家政策加入支持。PG公司C主任、R經理及L律師與我，參加談判。我們住在涉外賓館（蛇口最大的），中方住在一家內賓賓館。有一天中方遲遲未來開會，原來安全部突然有上百人進駐蛇口，包下中方代表所住的賓館，中方人員被迫遷往另一家賓館，以致開會遲到。一時間蛇口的街道可看出布防情況。更有傳說，捉到了柴玲。其實那是當地一家企業的會計，長得像柴玲，安全人員不分皂白，抓起再說，經過企業證明，幾天後才放人。

談判基本結束，草簽協議前，PG公司上報結果，PG公司的法律顧問、著名律師N先生在香港，表示願來蛇口，並有信心可爭取更好條件。N先生是中國外貿部特聘的兩位美國著名國際法律師之一，教授了很多中國外貿幹部，我常在北京飯店與他們聊天，並開玩笑關於他們所教的「學生」，只將有利的條款搬出，而對相應的保護對方的條款避而不談，增加我很多談判的困難。

N先生由香港趕到蛇口，重開談判。我提醒他，不必浪費時間。一個上午下來，他甘拜下風，承認無能為力，於是合資建廠基本達成協議。兩年制裁過去後，美商可以回中國。

接下來，PG公司人事有變動，積極分子R先生（「洋瘋子」）調離，接班主談是M先生，要表現，又提出些新的想法，外方由PG公司單方再另加投資者等等。蘇昭佩及唐寶甡調入北京建材局任職，但繼續談判大連項目。大連祕書長兼外經委主任鍾祖華介入談判。他與副市長汪師嘉及外資處張素英處長，不斷說服M先生少「自作聰明」。最後，M先生還是把日本一家大玻璃公司拉入作股東，分擔PG公司的風險。我司日本總部亦加入。於是，百分之五十的外方由三家公司組成，PG公司牽頭，中方由大玻（大連玻璃廠）及建材公司出面，是一家三國、五企業的合資企業，投資額兩億五千萬美元，是「六四」事件之後，中國最大的中外合資企業項目。

奠基典禮時，PG公司派出公司私有專機，載著PG公司人員從美國直飛北京，我司中國公司總代表Y先生在北京。如此盛大事件，我要求建材局安排會見朱鎔基總理。建材局反應無力辦到，並表示歉意。於是我請王海容幫助聯繫朱總理。王海容答覆，已獲朱總理首肯。建材局大喜，張人為局長連聲說：「還是平總有辦法。」屆時，朱總理接見了五方代表並表示祝賀。

原來計畫是，用PG公司的專機載所有人員去大連參加奠基典禮，結果因不熟悉民航局

①作者與朱鎔基總理交談某項目要點。
②朱鎔基總理（中）接見中外合資大連浮法玻璃廠外方投資代表。Y總代表（左）、PG公司總裁（左二）、作者（左三）、PG公司副總裁（右二）、日本A公司社長（右一）。

有關專機的條例，沒有申請在中國國內亦可載客，所以專機只能載客進入中國或離開中國，在中國境內不得載客。我們就向中國民航包了一架麥道客機，載所有賓客一起飛往大連。ＰＧ公司的專機則以空機隨後飛行。大連市政府所有人員在當地參加典禮。大連浮法玻璃廠就此創建。英文名是ＤＦＧ（Dalian Float Glass）。

開幕典禮由薄熙來剪綵，他當時是大連市市長。在我們談判項目時，大連市就告訴我，薄熙來調任金縣幹部，為將來出任大連市市長打基礎。

大玻投產後，由ＰＧ公司十名幹部管理經營，開支浩大，產品按合資企業規定，必須外銷，而中國原材料供應都有問題。大玻的生產要求，又提升了國內原材料供應廠的現代化。廣州玻璃集團與大玻合作，在蛇口建了一座浮法玻璃廠，中方內銷的分量卻經由廣州轉銷香港，擾亂了市場。接下來，各地紛紛上馬浮法，包括蘭州平板玻璃廠等等。

中國水泥生產也落後，採用溼法，小直窯。亢祝純希望引進乾法，水平轉窯改進。玻陶司李濤平是水泥專家，當時中國水泥設計能力主要是天津水泥設計院、南京水泥設計院及合肥水泥設計院。臺灣水泥公司在江西開礦，生產水泥（臺灣水泥是辜振甫家族的產業，可能借「汪辜會談」之便，進入大陸）。歐洲的法國集團也進入中國，最後中國成為世界最大的水泥生產國。我司代理美國K公司的機械手，用於水泥廠或鋼鐵廠，它可趁熱進入水泥轉窯，拆卸耐火磚以便重新砌新磚。

ＰＧ公司的C主任，退休後被中方福耀玻璃公司曹德旺聘請，指導如何生產汽車玻璃。福耀公司後來進軍美國，設廠供應汽車玻璃。中方大量出口玻璃至美加市場，一度與ＰＧ公司為了加拿大市場打官司。ＰＧ公司在大玻項目上投資五千萬美元現金作為建廠投產的流動資金，最後以註銷這筆投資退出收場。中方接手後，薄熙來下令所有大連市場只准用大玻產品，其他地方不准進入，大玻一下轉虧為盈。

中國缺少木材及鋼材，建築用門窗受限制。大連商人徐明，本是一名挖土方的包工頭，但很聰明、靈活，由薄熙來帶他到陳元（國家開發銀行董事長）處取得五億元人民幣的政策性貸款（意即不用還）。徐明引進四十條德國的塑膠門窗生產線建立實德集團，向全國供應塑膠門窗。他將大連所有退休官員拉進實德集團，如魏富海市長成為董事長、鍾祖華為副董事長等等。他遵循臺灣王永慶的指導，由建材擴大到石化及鋼鐵。我曾參觀其工廠，規模宏大，井井有條。外傳他是溫家寶的女婿，所以發展很快。其實他妻子姓張。薄熙來倒臺後，暴露出他是幕後金主，提供錢財為薄家族花費。

汪師嘉副市長上調經貿部外資司司長，外傳她是汪道涵之女。有一次我笑問她，可否問一私人問題？她馬上笑問：「是否關於汪道涵？」並鄭重地說，全是謠言。她退休前，任中國駐丹麥大使館商務參贊，為此，我全家去丹麥旅遊時，她派使館專車（一輛大奔）送我們去各地遊玩。

亢祝純前往深圳經營建材局的外圍公司。九七香港回歸後，建材局在香港成立中成建材公司，請我出席成立典禮。蘇昭佩、張素英等一班老朋友在港歡聚。港方合作對象是盛毓鳳（晚清洋務大員盛宣懷的孫子、盛恩頤的兒子）。蘇昭佩後來患胃癌不治，其女移民加拿大。

大玻廠的故事，有人寫成一本小說《藍城的故事》，但是描寫得不太正確。蘇昭佩說那是新任廠長張國安託人寫的。

另一故事是宋養初部長帶隊訪美時，PG公司人員指出，高樓玻璃幕牆[3]的反射影像為何不像一面鏡子，全部平面反射。因為貝

3 編按：即玻璃帷幕。

聿銘建築大師事務所設計的漢考克大廈（John Hancock Tower，位於波士頓），其玻璃幕牆於建成後大部分爆裂，引為舉世轟動的大事[4]。PG公司承包所有玻璃，於是與業主及貝聿銘事務所詳細分析研究，最終得出結論是，所有玻璃在裝嵌前，必須預先彎曲一些，然後強硬裝嵌到框架上，這樣使玻璃有一股應力伸直，使得其裝在框內的應力很強，不致被風力或其他外力損壞。這樣就解決了漢考克大廈玻璃幕牆爆裂的問題，也為世界上玻璃幕牆的安裝提供了標準方法。

唐寶甡在建材局退下後，忙於為各地玻璃廠當顧問。

在浮法生產項目之前，建材局決定引進PG公司的垂直引上法，並指定武漢玻璃廠為用戶。PG公司認為中國貿易太勞神費力，怕又無結果，不願前來洽談，於是我一個人與武漢玻璃廠洽談。由於我經歷了眾多玻璃專業的座談，所以頗能對付，結果順利簽約了，於是PG公司亦高興地執行合同，將垂直引上法教授給武漢玻璃廠。

劉寶林後來盡量討好我。那時，《河殤》電視片熱播，我認為很精彩。他馬上說，他與撰稿人蘇曉康熟，問我有無興趣與之見面？我敷衍一下，不作反應。他後來在訪美時脫隊留下，建材局請我設法勸說他回國，但是我與他無聯繫。後來他似乎走投無路了，竟然找「洋瘋子」幫忙，「洋瘋子」倒也不計前嫌，請他去匹茲堡，但劉不願去。據說劉在飯店洗碗碟時抱怨：我堂堂司局級幹部，怎麼洗碗碟？最後，他吃不了苦，又回到北京，建材局卻對他不錯，仍有一張桌子給他，但無任何工作，據說他在辦公室仍然空發號令。

現在中國的玻璃工業及水泥工業已是世界

4 編按：一九七三年，正在施工中的漢考克大廈因強風而有玻璃碎裂，其後五年間，玻璃帷幕爆裂的問題還持續發生。

頭牌。回顧其現代化過程所經歷之事，如何能想像到，福耀公司的曹德旺可財大氣粗地來美設廠，打入「師父」的地盤，猛銷汽車玻璃。中方的建築玻璃及普通玻璃也普遍出現在美國市場。

蚌埠玻璃設計院更進一步向印尼出口全套浮法玻璃生產廠，導致英國PK公司控告違反購買PK技術的協議，不得出口至中國以外的地區。建材局陳傳望通過我司北京事務所，找到我，探聽PK公司與PG公司的官司結果。我說雙方已和解。他告訴我，陳未遠出口了浮法到印尼，是「交鑰匙工程」，我說，這是犯規之事。

中國建築材料工業的發展，由開始的中國建材部，後改為建設部，再改為建材工業總局，其中所有官員及幹部均努力工作，律己甚嚴，將建材工業發展完善，為鄧小平提出的康居工程打下務實可行的基礎，更為後來大規模基礎建設及房地產開發提供大量建材，在這其中，我能有幸介入，略盡棉力，甚感欣慰。

康居工程的開發，我有幸結識最近辭世的一百零二歲老翁貝聿銘建築大師的長子貝定中先生，他是哈佛大學高材生，主修規劃，是一位卓越的城市規劃師（他的兩位弟弟都是優秀建築師）。他與紐約著名地產商聯合組織向康居工程提出建議，他們慕名前來探訪我，尋求合作機會。我們一拍即合。可能是計畫超前了，沒有實現。

這些就是我經歷的關於中國建材工業的故事。

14 薄熙來兩次訪美

薄熙來在金縣當幹部，經過鍛鍊，按安排，升任大連市長。他獲得了華爾街邀請，率領大連代表團來美招商引資。全團一百人，大連駐美辦事處人員，無法在紐約找到能夠接受代表團住宿費的旅館，於是向大連祕書長鍾祖華請示，怎麼辦？鍾立即請他來找我，說是一定會有辦法。

辦事處的孫和立即打電話給我，說代表團的住宿費是每人每天九十美元。按說，這對國人來說，是一個相當高的標準了（一般中國用戶代表團訪美的標準是：每天住宿四十五至五十美元，膳食十五美元，零花五毛錢。外貿公司的代表團則較寬裕，可以實報實銷），但在紐約完全行不通。在紐約，比較像樣及安全的旅館，都是每天起碼兩百美元以上。我接到請求後，立即設法聯繫，努力殺價，但是沒有一家接受，最後與一家夠檔次的旅館談妥，該旅館在紐約曼哈頓有兩家，一家在東邊，一家在西邊，西邊的較老舊，但近火車站，房間寬大，是整座樓，有氣派；東邊的也是整座樓，但較貴。最終條件是，訂一百間房，每間一百美元一天，另加稅。我要求包括稅收一百美元，對方不能再讓步了，而且必須是一百間房間。中方代表團大多是兩個人合住一間房間，以節省預算，但在此情況下，就只好一人一間了。我對孫和說，這是唯一選擇了，而且旅館設施、名氣也不失代表團的顏面，如果稅金仍負擔不起，則可由我司來承擔。孫和將情況報告鍾祖華，認可了。大連方面也鬆了一口氣，可以按計畫來紐約了。

代表團抵達後入住旅館，認為氣派很大，均感滿意。在頂樓宴會廳休息時，有酒水招待。孫和特別向薄市長報告，多虧平總才找到這個地方。薄笑容滿面，向我致謝。

第二天，主方在華爾街舉行招待會。薄的英語能力不錯。我事先提醒他，紐約的記者出名地厲害，什麼問題都會提出。果然，有記者提出「六四」的問題，薄輕描淡寫地說：「我們是來招商引資，談經濟的，這類政治問題，去問政治家吧。」

第二次他訪美，在俄亥俄州訪問B公司。B公司是由我司代理在華業務，我將其產品——90網絡成功銷售給中國各大鋼廠及其他化工企業。B公司的經理打電話給我，說薄訪問該公司，在會議室開會時，其一助手進來向薄報告，代表團的護照給丟了，薄隨即怒摑助手一巴掌。我聽了不敢相信，反問果真？不可能。他說的的確確，所有老美都驚訝不已。後來王立軍事發，我才明白，薄有發怒打巴掌之習慣。

我與薄熙來有數度交往，感到他笑容可掬，談吐不凡，不知他有掌摑人的壞習慣。

15 先進塗料

前文提到美國ＰＧ公司有三大類產品：玻璃、玻璃纖維（玻纖）及塗料。塗料又分為汽車塗料及建築及工業塗料。

ＰＧ公司的塗料以優質聞名。汽車用塗料則廣為美製汽車採用，占有大部分市場，其中底漆（即在車身塗上底漆防腐，然後再噴各色外層漆）更是獨霸市場。它發明「陰極電泳」法，將底漆牢固地塗在車身上，沒有任何漏隙，防腐效果極佳。方法是一個巨大的電泳槽，整個車身吊裝在輸送線上，輸送線運行到電泳槽時，將車身降下浸入電泳槽，其中充滿底漆，利用電解原理，車身是陰極，底漆就全部吸附到車身上，如此，底漆能塗上車身的任何部分，包括死角。

我訪問ＰＧ公司塗料部的技術轉讓經理Ｂ先生，向他促銷對華貿易，他已聽說玻璃部及玻纖部在積極促進對華貿易，但他認為中國沒有轎車工業等，對華貿易有何利益？我說服他制定出他認為有利的條件，我來說服中方接受，開拓市場。他最後同意。我向建材部推銷各種ＰＧ公司的塗料，其中有一種透明塗料，用來保護建築或物品，同時可顯示其原來的色彩。我向中方建議，可使用這種塗料，在故宮建築的表面塗上，可保持其色彩而不須每隔一段時間就要重新油漆。但中方很保守，認為故宮是古建築，寧可隔三差五地重新刷漆，不願造次塗上透明「外包層」。

車用塗料在中國屬化工企業，我與北京化工局接觸，安排技術交流，Ｂ先生出席講座。Ｂ先生向中方介紹，如何在美國佛羅里達州海岸邊，測試新塗料樣板，在強烈陽光及潮溼海風下，五年不變。北京化工局廖慧中總工程師主談。廖知識豐富，風度也佳，交談很順利，中方提問商務條件，B先生提出技術轉讓的大約入門費及提成，廖及中方認為非常合理，出乎他們想像。廖慧中向我說，如此條件就不用再談判壓價，並將努力爭取立項，以便進行正式商務洽談，並說，當時只有上海有一上規模的汽車生產線在建設，就是上海大眾汽車廠，可拜訪參觀推銷陰極電泳。

我和B先生前往上海參觀，上海大眾是年產三十萬輛轎車之工廠，廠方熱情接待、座談，有兩位大眾汽車的德藉工程師參加。原來世上只有兩種陰極電泳，一種是PG公司的，一種是大眾汽車公司的。PG有價廉物美的特點，大眾的則是昂貴而不見得「物有所值」。德藉工程師當然熟悉PG公司的產品，但他們只用自身產品，中方表示合資企業技術設備等均德方說了算，中方無權干預。

後來PG公司的陰極電泳，都是通過外資汽車公司與中方合資建廠，而由外資汽車公司帶入中國。

B先生很滿意中國之行，希望不久能與中方進行實質性質的商務談判，可是久無下文。廖慧中說一直立項不批。

北京化工局倒是積極支持北京輪胎廠，購買美國二手子午線輪胎製造設備。宋局長帶隊北京輪胎廠人員前往美國拆運設備回國。

據說目前在中國市場上有PG公司的塗料出售。

PG公司B先生（右）與作者（左）參觀上海大眾汽車廠。

16 玻璃纖維

二〇一九年十月二十日，看CGTN（中國環球電視網，前身是央視海外網）庫恩[1]的「七十週年」慶典節目，他訪談三位學者，其中一位不知為何提到，中國已是玻璃纖維的世界第三大家。

回想當初與PG公司玻纖專家如何開發中國市場及眾多中國代表團參觀PG公司在南卡州的巨大玻纖廠之情景，歷歷在目。當初PG公司總裁及兩位玻纖專家與我訪華，建材部安排參觀常州玻纖廠（三一二廠），入住常州賓館。常州當時是改革開放的模範城市，各地都來取經，市容也特別整潔，常州賓館也就成為政要入住之處。

常州玻纖廠是國家定點玻纖廠，採用由蘇聯老大哥引進的坩堝法，產量低，大門口有一座「玻璃鋼」的毛澤東全身塑像（玻璃鋼即玻纖與樹酯混合）。中方開始研究瓷窯拉絲法，但規模很小，拉絲的白金漏板只有一百孔，正在研究三百孔，而PG公司的漏板已是三百孔。一座大熔窯下面有上百個口，每口一個漏板，可以相像產力之大。所以後來選中上海耀華廠為合作對象。廠長石宏藏欣喜萬分，積極洽談，合作成功，準備動手，結果遇上八九風波，就此泡湯。

PG公司總裁S先生亦讓林漢雄（建材部長。建材部後改為建設部，現又變成住建部）參觀其辦公室，並演示如何從電腦可知全公司

1 庫恩（Robert Lawrence Kuhn, 1944-），江澤民傳記《他改變了中國：江澤民傳》（*The Man Who Changed China: The Life and Legacy of Jiang Zemin*）英文版的作者。

狀況。那時候，電腦剛流行。

現在中國是世界第三大玻纖生產國，可見消化吸收之能力。

17 銀翹解毒片

一九六九年我在美期間，結識了底特律的一家老牌製藥廠ＰＤ公司，該廠開發了流感疫苗。

一九七五年我加入我公司後，該廠合併入美國（也是世界上）最大的製藥集團，於是我代理這個大集團的所有藥品，在廣交會上向中國化工進出口公司（中化）的醫藥小組推銷，也就與醫藥小組代表建立了聯繫。最後，他同意試用流感疫苗，於是ＰＤ公司安排特別包裝多加乾冰，並安排在東京機場中轉時，還另換「新鮮」的乾冰，再飛北京。我也請我司駐京辦事人員前往北京機場專候該班機到達，立即提出該包裝，並立即轉送中化收妥冷藏。

美國科羅拉多州一位地產開發商，本人是藥劑師出身，對中藥銀翹解毒片有興趣，想進口美國，所以他帶了律師及一位藥劑師來參加廣交會。到達後，全然摸不到門路，只好去美中貿易全國委員會在廣交會的辦事處求助。辦事處的美中貿易全國委員會副總裁，名律師Ｔ先生是我老朋友，請他們晚上到「夜總會」——那時，參加廣交會的外商特別是美商，每天晚餐後，打電傳等工作完畢，都到東方賓館新樓的頂層喝酒水的地方，聚會閒談，大家都稱之為「夜總會」——在「夜總會」，Ｔ律師介紹這三位客人給我，並告訴他們，我肯定能幫忙。

這位地產商將其有關銀翹解毒片的思路向我作了說明。我說，我覺得天津中藥廠出的銀翹解毒片特別管用，是我向所有外商朋友到廣交會推薦的紀念品，一有傷風咳嗽的徵兆，立刻服用、睡覺，第二天馬上復原；老外在友誼商店買了帶回家，紛紛說很有效。他聽了更高興了，有我證實有效。但我說，美國的藥物管理局的許可證非常難拿，費時費錢。他說，他已想好，只報稱健康食品，不是藥品，就不須美國藥管局批准了。

第二天，我帶他們去見中化公司的醫藥小組代表，洽談之下，中方表示歡迎，但不願把全美國範圍授權給他，只限當地或至多科羅拉多州一個州。中方認為全美獨家總代理範圍太大，不願一開始就一棵樹上綁死。地產商以為很簡單，所以帶著律師，準備馬上簽合同。回美後，我繼續跟進此事，問他進展如何？他說，如拿不到全美代理，他很可能做了開發工作，結果別人可乘便取得其他地區的代理，他就變成我說的「開荒牛」了。

接著唐山大地震，我與醫藥大集團聯繫，是否表態並無償贈送大批藥品？立即獲得同意。於是我以大集團及我司的名義，向中化公司醫藥小組發電，表示慰問，並宣稱大批藥品可立即空運。中化表示感謝，並稱政府規定，不能接受外援。後來聽說是「四人幫」不准接受外援。

事後，我到北京，到處都是防震棚，人們不能住在房屋裡。我問中化醫藥代表，流感疫苗試用效果如何？他說：貴方駐京代表剛把疫苗送到，他放在冰箱內還未送往醫院，就發生大地震，所有人不能進屋，他亦無法取出樣品，並答應盡快試用。我說，那不行，時間過得太久，不能試用了，必須另外安排新的樣品。他說，那又必須重新申請批准。

地震棚的生活持續了很久，最後人們終於能進屋生活了。幾年後，地震棚可拆除之命令下來了，於是馬路上到處是釘子，小汽車經常爆胎，我也碰到過幾次。

18 聚氯乙烯ＰＶＣ

進入中國

薄熙來從某一角度可說與ＰＶＣ有關聯，因為他協助徐明建立實德集團。實德與萬達都是大連的企業，萬達先發家，王建林在地產上發大財。由於大連的足球是強項，所以萬達成立萬達足球俱樂部。後來王要專注開發地產，在大連市安排下，萬達將足球俱樂部轉售於實德，因而萬達隊變成實德隊。

徐明採用ＰＶＣ大量生產塑膠門窗，獲得大量利潤，從此大展宏圖。他很聰明，原本是大連挖土方的小老闆，認識大連市長薄熙來後，建立深層關係。薄又幫他從國開行（國家開發銀行）陳元處取得五億政策性貸款，實德迅猛發展，想與臺灣塑膠集團王永慶合夥，王永慶謝絕，但建議他在大連創辦石化及鋼鐵企業，他就搞了個雙島灣項目，包括石化及鋼鐵內容，其中有一年產五十萬噸的ＰＶＣ的項目。他亦變成薄熙來的金主。薄的各項消費，兒子留學費用等等均由徐明支付。徐明的實德集團聘請大連市退休官員擔任要職，包括前市長魏福海為董事長，前市府祕書長鍾祖華為副董事長等等，所以業務鼎盛。薄調任重慶後，徐明亦跟著去重慶投資。

ＰＶＣ的原料中有氯氣，所以在中國ＰＶＣ的生產廠都是從生產氯氣的鹽化學工廠轉化過來。例如上海天原、北京化工二廠、錦州化二廠（原來日本人建的）、福州化工二廠、杭州電化集團等老廠。其中北京化工二廠簡稱「北京化二」，而福州化工二廠又簡稱「福州二化」，這些老廠都是用電石法生產氯氣，即用電石（就是老式打火機用的電石）來分解鹽中的氯及鈉，從而取得氯。但這種老式方法有嚴重汙染而且耗費大量電源。

一九七〇年代，中國建築材料代表團應美國商業部邀請訪美。代表團由宋養初部長為團長帶隊，我司為主要接待方之一。

我司安排代表團訪問俄亥俄州克利夫蘭市的Ｂ公司，參觀人造地板、人造木材的產品及其技術。Ｂ公司是美國三大橡膠輪胎公司之一，它發明了人造地板及人造木材的原料，即聚氯乙烯ＰＶＣ。

Ｂ公司發明的ＰＶＣ生產不用電石，所以中方指定引進Ｂ公司的技術的工廠，可以取消電石法而改用Ｂ公司的技術。於是Ｂ公司的技術專家Ｈ先生開始與我司同訪中國，由中國技術進口公司安排與各用戶進行技術交流，分別由我或我的同事李先生協助翻譯。Ｈ先生與李先生更是走遍各地，訪問用戶，包括鹽鍋峽等新興城市。我則陪同Ｈ先生訪問大城市包括北京、上海、福州等地。上海天原化工廠是中國化工老前輩，亦表示興趣。第一次交流會，還是在天山路老廠進行，後來擴建，變成上海氯城集團，工廠亦由市區搬至漕河涇工業區。

ＰＶＣ的技術轉讓須有兩家公司進行。其一是Ｂ公司即技術擁有者；另一家是工程技術公司，由它將Ｂ公司的技術設計成工藝製造過程及應配設備。Ｂ公司為此請世界上有固定的幾家著名工程技術公司作為授權工程承包公司，擔任這項工作。

經過多次技術交流，中方決定引進Ｂ公司的技術。最初三家用戶被指定為北京化工二廠、錦州化工二廠以及鹽鍋峽化工總廠。

中國技術進口總公司歐陽利美女士為業務主談，Ｂ公司技術部主任Ｌ先生出馬與Ｈ先生等參加洽談。Ｂ公司推定日本知素工程公司為工程技術承包商，中方表示認可。北京化工二廠參加技術交流最多，所以是積極分子，工廠領導都非常希望能引進此技術，包括書記李令言（後調入北京市政府）、廠長李岩嶺、副廠長邊立本、總工程師于長厚、外事王世華及李景普，尤其是王世華及李景普，經常與我司北京辦事處小陳聯繫，務必希望此項目成交。

洽談接近尾聲時，知素公司的領隊田先生，突然莫名其妙發聲，表示該公司是談判的獨立方之一，不是B公司說了算等等厥詞。B公司L先生大怒，但檯面上不好發作。他午休時，向我說，真想將田先生扔出窗外。北京化二見狀，在午休期間，拼命找小陳，打招呼，不要崩了。而田先生此人很怪，完全不善詞令，將歐陽利美得罪，以致歐陽要取消其談判資格。田先生不知如何，一出口就失言。我與歐陽單獨談了一下，希望她包涵。她怒不可擋，絕對不把訂單給知素。經過北京化二的努力及我的斡旋，歐陽最後讓步。但是只將北京化二及錦化的兩個項目給知素，第三個鹽鍋峽項目絕對不再給知素。她問B公司有無其他合格授權的工程公司？B公司說，知素確有優勢，最近仍有臺、韓項目在經辦。另一家千代公司是合格，但長久未經手過項目了。剛好千代公司在北京有辦事處，歐陽即請我將千代公司的經理找來洽談。

我去千代公司辦事處向其經理介紹情況。千代的經理說，完全沒有介入此項目，如何能參加洽談？我說，去中技公司見了歐陽再說。他是嚇得發抖，在車中一路抖。到了二里溝談判大樓，進會議室見歐陽，他慌慌張張地對歐陽說，如此工程項目，完全沒有準備，不可能接下訂單。歐陽則擺出官威，聲稱：如果千代公司願在中國開展業務，就接下這單任務，如果不接，則請「捲鋪蓋」吧！千代的北京經理嚇得立馬保證，立即上報公司。於是千代公司被迫接下此任務，並立即派專家去B公司了解所須工程內容，馬上組織設計隊伍進行工作。

三個合同簽訂後的慶功晚宴上，田先生為了討好歐陽利美，想說些好話，結果又是弄巧成拙，讓人受不了，歐陽再次發怒！

歐陽後來退休前，調到紐約任中技公司紐約經理，我與她時有往來。

後來，聽北京化二的人說，知素的田先生雖然不善言詞，但工程品質不錯，順利驗收。而千代的鹽鍋峽化工總廠的項目也是順利完成。Ｂ公司的ＰＶＣ技術業務在中國延續很久。Ｈ先生亦被中方人員讚賞不已。

Ｂ公司的聚合技術也是獨到，它的聚合釜的使用壽命特長。有些工廠資金欠缺，則只引進Ｂ公司的聚合部分，而仍用電石法生產氯氣。這些多半是內地偏僻之工廠，如瀘州化工廠、株洲化工廠等等。

也有為節省資金而在國內按Ｂ公司的圖紙製造聚合釜的，其中齊魯化工請加工廠製造的就鬧了大笑話。原來加工廠製造時在釜的外壁符合最小誤差，而內壁卻符合最大誤差，這兩者碰在一起就造成問題，導致聚合反應釜的冷卻夾層變小，因為外壁的圓徑「較小」，雖然在最小誤差範圍內（可稱合格），但內壁圓徑「較大」，儘管也是在最大誤差內。所以加工廠振振有辭，說是按照標準製造的。殊不知，如此湊巧，外壁最小與內壁最大竟然會撞到一起，導致冷卻夾層變小，這也是中國加工廠的馬馬虎虎老問題。

Ｂ公司的ＰＶＣ後來出讓給Ｏ公司，在世界上有眾多用戶，包括日本、南韓、臺灣、沙特、東南亞等等。這些客戶也有到中國尋覓商機的，例如南韓的ＬＧ，先與錦化洽談，後轉到天津與中石化合作建ＰＶＣ廠（因中石化是央企）。臺塑王永慶對合資談判倒胃口，而進行獨資辦廠。沙特[1]的沙必克與徐明談得火熱。所以ＰＶＣ的引進，在中國延伸相當長時間，地域亦廣。

這期間有一特點，但凡是中外合資項目，合資方是ＰＶＣ塑膠生產廠，都能與Ｂ公司或Ｏ公司有共同語言，洽談很順。但中方往往意

1 編按：沙特（Saudi）臺灣翻譯為沙烏地，此指沙烏地阿拉伯。

見多多，總得由外方加以斡旋，證實應該如此等等。所以最終合資並不多，多是中方獨資或外方獨資辦廠。

PVC塑膠廣泛應用於日常用品、塑膠雨衣、塑膠淋雨簾、塑膠玩具、塑膠建材等等出口產品。現如今國內市場成熟，一定大量應用於國內。

上海氯城與聚氯乙烯PVC

上海天原化工廠引進B公司的聚氯乙烯技術時，尚未與上海燒鹼合併成上海氯城（上海氯鹼化工公司）。那時天原已由市區遷至漕河涇，還未興建龍吳路之新廠。商務主談是張祖鈞，外事主管是馮子慧，她是張祖鈞的夫人。張是時代中學出身，而馮是市三女中出身，皆為名校，所以兩人較易溝通。談判地點是上海苗圃附近的一家園林式賓館。記憶中，B公司H先生負責技術包談判，日本知素公司負責工藝包，而田先生又不能注意我的警告，小心說話，他又使馮子慧光火，好在沒有鬧大。

進入二十一世紀，上海氯鹼化工公司決定引入PVC的氧氯化裝置，與O公司洽談。洽談過程較長，上海氯城的高層都有見面，包括董事徐榮一（原總經理）、副總經理岳群、張祖均、盛錫龍等，董事長兼首席執行官周波（後調上海市政府祕書長，現任上海市第一常務副市長）。工程公司是法國的T公司，因此談判用中、英、法三種語言。T公司派來其北京辦事處的丁女士作為法文翻譯。這位丁女士是北京人，非常幹練，她安排了一次T公司出面的晚宴，在一家豪華的中餐廳。

我就住在衡山賓館，以便去龍吳路上海氯城工廠。在衡山賓館碰到陳良宇兩次。

洽談成交後，中方冒出須扣除百分之十的進口稅，O公司不同意，云事先未說明須付進口稅。中方堅持美方回美後，可憑中方稅單在美扣除應付稅款。我向中方解釋，美國大公司報稅很複雜，往往可能不用付稅，中方平白扣掉百分之十，極有可能是美方的損失。中方拿出「政府規定」法寶，O公司及T公司勉強接受。

氧氯化裝置合同簽訂後，上海氯城舉行盛大慶功宴，在浦東科學會堂宴會廳，場面宏大，配有樂隊，一張大圓桌是圓環形，可坐二、三十人。王蔚岐擔任司儀，遍請領導及外商致詞，法國工程公司負責工藝包，代表以法文致詞，我代表O公司致詞。這時期，中方企業已成為消費大戶，宴請規模遠遠超出外商。

上海氯城為此項目成立了華勝化工公司，設廠於金山化工基地。華勝公司的代表團到美國休士頓O公司工廠培訓。有黃松濤、時書軍等。華勝公司總經理是盛錫龍，他們表示，華勝是金山的唯一國企，其他均是中外合資，待遇優厚，華勝夾在中間，壓力很大，很怕員工跳槽。

福州化工二廠與聚氯乙烯PVC

福州化工二廠亦引進了PVC，但堅持只買技術包，不須工藝包（B公司或後來的O公司的技術部分稱技術包，工程公司將技術化成工藝製造及設備配置稱工藝包），因它自認為能獨立設計工藝。福州二化引進聚氯乙烯技術歷時最長。美國B公司將該業務轉讓給O公司，整個過程，福州二化都有打交道。

後來，二化改為東南電化股份有限公司，仍有與O公司接觸，為其新湄洲灣化工基地的新聚氯乙烯工廠準備技術引進。這時福州已大變樣，高樓林立，五星級賓館出現，二化的老一輩退休，新的管理層接手，例如杜洪銘等，一如既往，熱誠接待。

有一次在北京，中石化請我午餐，也是PVC的後續故事，宣稱就往附近的海鮮餐廳。賓主四人在一貴賓間，上來之菜式豐富得嚇人。第一道是龍蝦生魚片，放在一個木製帆船上，龍蝦的肉片還在動，接著是鮑魚等海鮮。結帳五千大洋，遠比外商闊氣。

這時，成都八院（化工部第八設計研究院）已經歷了多項B公司PVC引進的評估工作，對PVC已有成熟的經驗，其多位高工均成為PVC專家，為各用戶提供諮詢，例如鄧安慶、俞長昌及肖蘭等。

臺灣王永慶通過購買B公司PVC技術成為臺灣甚至世界的塑膠大王，中國現在的PVC亦必定進入成熟階段。

19 中國改革開放促生紐約小客棧

中國進行改革開放後，外貿工作不再由八大外貿進出口公司獨攬。北京二里溝進口大樓及東華門出口大樓，不再是唯一的外貿談判場所。用戶開始與外商直接接觸，外商亦可直接找用戶推銷項目。因此，用戶組團出國考察或培訓，亦如雨後春筍，突然大量出現。

過去中國外貿公司代表團出國訪問，由於手中有外匯，所以經費較充裕，一般住中上旅館均可報銷，級別高的，更可以住豪華旅館。但是用戶的代表團，就有經費問題，一般每人每天住宿費在四十至五十美元，這個預算，在紐約是根本無法住到旅館。我那時，為了事先準備好接待代表團，遍尋適合的旅館，最後在時代廣場旁邊，與一家曾經輝煌過的E旅館達成協議，該旅館願以四十五美元一天的房費，接待中方客人。該旅館有三、四百套房間，大廳很宏偉，頗不失面子。代表團入住，均感滿意。

可是不到一年，E旅館的業務有起色，不再願意以低價接待中國代表團。於是我又得另找對象。結果在西四十五街，就在著名第五大道的旁邊，找到一家經營南美客人的小旅館，房間整齊，約有四、五十套，洽談之下，願以四十五美元一天的房費接待我司的中國代表團，這下又解決了我司接待中方用戶代表團的頭痛問題。中國代表團回國以後也對外介紹這家紐約的I旅館。結果，I旅館就此也有中方代表團直接預訂的業務，因而變成了專為中方旅客服務的旅館，也就此發了財，並開始重新裝修，打算提高房價。

與此同時，有一位華商趙航天，在總領館支助下，在皇后區買下了一座新建的三家庭連排屋，準備開設小客棧，專門接待中國代表團。他請我去參觀，並表示不會將房子亂改造，而是維持原樣，每層三個睡房，客廳、餐廳、廚房均可由入住的代表團使用。客廳內有一大電視機。我認為如此客棧較為正規，不失體面，於是確認，將它定為我司的專門客棧，接待中方代表團，以擴大業務。原來，趙是蘭州軍區副司令的兒子。「六四」之後，我去該旅館打聽消息，在辦公室遇見一老人在分包美國花旗參，用來贈送給每一位住客作為紀念品。他自稱是趙航天的父親。我私下想，好像伙，軍區副司令員在包花旗參。於是我與趙老伯閒聊，他在北京住木樨地，與國務院發言人袁木是鄰居。他說，袁自從作為發言人後，非常怕人找上門，並向他說，所用蚊帳最好是鋼絲的，免得被人砍頭。他已有綠卡，可隨意往返中美之間。

這時，新華社亦在附近購置了一座住宅，改成接待代表團的小客棧。至於民間，則更多在法拉盛等其他皇后區的地點，紛紛設立以住宅改成的小客棧，並經營機場接送、導遊等一條龍服務。這就解決了中國代表團住不起紐約旅館的問題。

須知，那時中國代表團成員非常重視這筆差旅費，都希望能節省越多越好，以便行程結束時，可購買一些實用紀念品帶回國。中國代表團的差旅費，在紐約完全行不通，如果沒有這些小客棧，這些代表團在紐約的旅館費，就可把在其他城市的旅館費的結餘全部消耗，而且可能虧損。所以，我們當時接待代表團時，都盡量招待午餐、晚餐，這樣可讓代表團團員省下膳費。那時代表團的行李中有一大部分是泡麵，而代表團團員每人每天的零花錢是五毛美金，根本不能買什麼。

紐約這些小客棧，亦為我方業務提供了方便，解決不少後勤服務問題。

20 中國國家代表團訪美

早期，我的美中貿易開發工作的重要內容，是經常走訪美國與我司業務有關的農業部及商業部，同時也拜訪中國駐美國聯絡處。

中國駐美聯絡處，首任主任是黃鎮，副主任是韓敘，商務參贊是糧油系統的張建華（後來升任中糧公司總經理，再後來任華潤公司總經理）及中紡的黃建謨，一祕（一等祕書）有中技的任志堅、糧油的佟志廣（後任糧油公司副總經理、華潤公司副總經理、經貿部副部長及中國進出口公司董事長），三祕（三等祕書）有佟志廣的夫人巴靜宜（輕工）、袁煥興（土畜）等。佟志廣多次向我說明，中國是社會主義國家，交通發展一定是集體性的，不會有個人主義的小轎車，那是私有化的。

袁煥興後來組織了各位任滿回國的同事，由他託我採購日立彩電（優惠價供應），由我司運輸部送到聯絡處。那時拜訪聯絡處，有時會有午餐招待。那是頂級的享受，坐在單間裡，雖然僅是四菜一湯，但精緻可口，我盛讚是全美國最好的中餐。旁邊有廚房服務員，站立伺候。有一次，冀朝鑄公使參加作陪。

我那時每次去聯絡處，總是帶大批我司代理的廠商的產品說明書，交給商務祕書，請他們分送中方用戶。有一次，我剛回紐約辦事處，佟志廣就打來電話，責問我，為何有一家公司的產品說明書，背面印有英文的中華民國簡稱（R.O.C），令我拿回去。那是我方的疏忽，漏了將R.O.C蓋沒。

聯絡處是當時對華貿易的唯一接觸窗口。

一九七六年毛主席逝世，聯絡處設立靈

堂，接受各國各界人士前來弔唁，我亦從紐約趕去弔唁。各位老朋友均佩帶白花、黑袖套，穿黑衣服，接待來賓。聯絡處的房子是通過一位地產經紀人買下的，是一座舊旅館，很便宜。該經紀人接著又在紐約註冊登記執照，促成紐約總領館大樓的交易，那是一座在紅燈區已停止營業的七百套客房四星級旅館大樓，價格很低。如今該區恢復輝煌，已不再是紅燈區。總領館也翻修一新，雄視哈德遜河。周圍建起了豪華公寓高樓，總領館也在鄰近再購一高樓，裝修改造。這些與原來的「寒酸」不可同日而語。

中方還在華府另選新址，委託我的好友、著名建築大師貝聿銘以及他的兩位公子主持的貝氏建築設計事務所，設計新使館，氣派宏偉豪華，一改過去由舊旅館改裝的使館形象。這也反映出如今中美貿易的規模宏大。

華府美國政府辦事處，普通辦事員大部分是黑人，女的更帶小孩上班，所以辦公室內，會有小孩亂跑。

我與農業部及商業部的幾位主任熟。有一天，農業部傳來通知，中國農業代表團訪美，請我參加接待，並附上由美國中情局（中央情報局）準備的代表團成員背景名單：團長楊易辰，黑龍江省委書記（後來任中國最高檢察長）；副團長何康（後來任農業部長）；顧問趙辛初，湖北省委書記；還有其他團員等等。

可見中情局的工作還是有些名堂的。

我司代理美國先鋒種子公司的業務，所以與農業部將代表團訪問該公司，列入行程。代表團參觀訪問時，我作翻譯。因那時中方翻譯水平不像現在如此高水準。在參觀試驗田時，何康介紹我們所看到的蜜瓜，就是中國的白蘭瓜，是先鋒公司的老闆華萊士[1]任美國副總統時，於抗戰期間，將美國蜜瓜引種到蘭州（因氣候、土壤相似），中國就稱之為白蘭瓜，因

---

1 編按：華萊士（Henry Agard Wallace, 1888-1965），一九四一至一九四五年任美國副總統。

是白色，又在蘭州開始種植，同時，又稱華萊士瓜。何康是留美的，英文不錯，在專業名詞上，他對我助力不小。美國農業部則以為我是農業專家，以後都稱我「平博士」。

代表團回國後，楊易辰[2]在黑龍江，為我大力宣傳，通知下面，凡是要聯繫美國方面的業務，可去找平某人，說「此人在美國活動能力很強」，這是後來黑龍江省的外貿人員告訴我的。他給我帶來了業務。

有一天，美國商業部通知我，中國能源代表團應美國能源部長施萊辛格（Schlesinger, 1929-2014）邀請，將訪問美國，要我參加接待，因我司代理大批美國著名石油設備製造廠的設備。這個代表團的團長是孫敬文（中國化工部部長）；顧問李人俊（國家計委副主任）；祕書長秦文彩（化工部祕書長）。成員有李天相（總工程師，後來任石油部副部長）、閔豫（大慶油田總地質師）、張兆美等十人。

美方派出兩名祕密特警，沿途保護。觀賞遊覽時，是搭乘一輛大巴，我有機會與代表團閒聊，建立感情，談得最多的是李人俊。

美國能源部長施萊辛格是卡特總統政府的重要人員，中國能源代表團，由他出面邀請，自然獲得高規格接待。代表團遊覽紐約、華府後，即飛美國德克薩斯州休士頓市參觀訪問石油工業，重點是我司代理的石油鑽井鑽頭的世界權威——H公司。

H公司總裁及高層，盛大歡迎，在會議室暢談後，孫團長表示想參觀實驗室。H公司的總裁說，這是絕對禁區，不對外開放，甚至他本人，都無權進入，因而婉拒。中方非常失望，認為H公司總裁打太極，不夠誠意。我解釋說，美方公司很可能有此規矩，事關技術祕

2 編按：楊易辰（1914-1997），原名楊振九，遼寧法庫人，先後任黑龍江省人民委員會副省長、中國人民政治協商會議黑龍江省委員會主席、黑龍江省革命委員會主任、中國共產黨黑龍江省委員會書記與中華人民共和國最高人民檢察院檢察長。

密，是永久的。總裁有時可換人，所以總裁不許介入技術，也屬正常。代表團祕書長秦文彩將我拉到一邊，抱怨說，不能參觀實驗室，那訪問有啥意義？請我務必再幫助爭取一下。我與H公司總裁及高層商議，並向他們介紹，這個代表團全是中國官員，對技術根本一竅不通的，不妨額外通融一下，讓他們參觀一次實驗室吧，算給個面子。最後，H公司總算同意，但只准進去三個人。我轉告代表團，機會難得，就進去三位懂技術的、懂行的人吧，連翻譯也省下了，不要浪費如此機會。於是李天相、閔豫等三人前去參觀了，孫敬文、李人俊及秦文彩對我感激不盡。其實，中方可能已知H公司的鑽頭獨霸世界，所以很想參觀實驗室，沒想到會碰釘子。如此嚴格的禁區，很少見，可見該公司對自身技術的重視。李天相等進入實驗室參觀，顯然牢記了所見所聞，為後來中國開發的所謂「牙輪鑽頭」打下了基礎。

後來，孫敬文在北京一次接待我司日本總公司的代表團時，稱讚說：「貴方美國公司的平先生活動能力很強，很有辦法，美國人都聽他的。」

代表團回國後，李人俊就安排成立石油工業部，將石油工業從化工部分離出來，由康世恩任部長。代表團成員張文彬、張兆美及李天相任副部長。閔豫則成為石油部總地質師。

作者（左）拜會石油部領導。

農業代表團回國後，就成立了國家種籽總公司，下屬省級、市縣級種籽分公司，旨在優化中國種籽業務，以促進及保證農民有良種可種。任命劉春（一位老八路）任首任總經理。

這兩個早期的國家代表團，訪美後，回國都有大的「動作」產生，可見是富有成效的。

由於中國第一個政府訪美的代表團是以黑龍江省書記楊易辰為團長的農業代表團，所以我接著在有關農業的業務上下功夫，除了後文所提玉米種籽加工生產線、種籽加工設備以及養雞設備等外，我司還推薦糧食儲存及提升運輸設備、糧食清理及篩選設備、糧食檢樣系統、儲糧溫度監控及通風設備等。因而被中方譽為中美貿易的金橋。

中方的糧倉均是土建，沒有鋼板倉。鋼板倉之優點是便於拆卸移動。我們在技術交流時，特別強調糧食粉塵是易爆品，很危險，所以糧倉絕對不能有火種，否則爆炸厲害。故此提升運輸設備都是塑膠製品，免得金屬摩擦發生火花。

我方還推薦鮮蝦自動分選設備，飼料廠、顆粒飼料設備、配料稱重設備等等，為中國的農業現代化做了些工作。

21 中國專業代表團訪美

中國國家農業代表團，由楊易辰為團長訪問美國後，根據獲得的經驗，回國後籌建了中國種籽公司，並成立各省、地、市、縣級分公司，旨在推廣良種，優化農業，增加農民收成。國家種籽公司首任總經理是劉春，一位老八路（我從他那裡，學到了「老戰友」的稱呼）。

中國種籽公司代表團，劉春總經理（右三），張善澤經理（右一），屠曉明翻譯（右二），作者（左三）。

劉春帶領五人小組訪美，學習美國種籽公司的業務及經營方式。五人小組中有張善澤經理、翻譯屠小姐以及兩位塑膠工程師。我司接待，在紐約、華府遊覽後，即赴先鋒公司考察。我問，為何有兩位塑膠工程師同行？吳工說，他們來自黑龍江，楊書記吩咐他們找平某，查詢「小白龍」灌溉設備的情況。我以為所謂「小白龍」，必是美國的一種灌溉設備，形狀像龍——即一根非常長的鋼管，附有多對支架，每對支架底部有充氣膠輪，而管子上有長排細孔，管道連接水井即可獲得水源。在田間打一深水井，裝上供水設備，這個長管狀灌溉設備，就以深水井為中心，圍繞著運行並噴灑水，可以形成一個巨大的圓形灌溉區。我們在飛機上，飛到美國中西部農業區時，可看到地面上很多圓形的農田，我指給代表團看，並說，這就是此類灌溉系統的典型。它很長，又有多對支架及膠輪，我說，這一定就是楊書記說的「小白龍」了。可是吳工說不對，是一種塑膠管，鋪在田間。

代表團在先鋒公司詳細觀察了各種育種手段及各種雜交良種。先鋒公司雜交部總裁，是一位印度裔的科學家S先生，他親自接待，詳細介紹，還帶代表團參觀了實驗室和試驗田，並介紹代表團前往全國各地參觀用戶使用的效果。於是我們從南到北，遍遊農場，南至密西西比州，北到北達科他州。在行程中，我就特別留心吳工所說的塑膠管灌溉設備。

打聽下來，原來那是一位農場主發明的。

他的農場在北達科他州，正好是我們參訪的對象之一，要去看他小麥種植的情況。這個農場在一個小鎮上，航班飛機飛不到，當地農場主均有自備的小飛機與外界聯絡。約好後，我們飛到比斯麥市機場，該農場主親自駕駛自用飛機，前來機場迎接。抵達小鎮後，入住旅館。這是一個典型的美國小鎮，一條主要大街不長，兩邊有餐館、咖啡館、銀行、郵局、商店及旅館等等，可謂「麻雀雖小，五臟俱全」。我也是第一次住在這個小鎮上。晚宴由當地銀行老闆做東，在家設宴招待。農場主及當地「政要」作陪，完全是溫馨的「農家樂」。主方熱情、厚道。次晨，在一家咖啡館早餐，也是典型的美式農家早餐，食客都是互相認識的，並且紛紛與代表團打招呼、問好。走在大街上，發現小鎮上的人也全都互相熟識。

大街上停有一輛凱迪拉克高級轎車，我指給代表團看，這是美國最高檔的轎車，並說，我曾經賣過一輛給中國。這時，劉春團長立即說，他在林彪住宅的車庫裡見過這樣的車，那是在林彪自我爆炸後的一個內部展覽上看到的，展覽顯示的是林彪的生活何等腐化。這下我才明白，當初華潤公司訂購時，先強調要帶有裝甲，原來是給林彪買的。

農場主帶代表團前往田間參觀，田裡的確有「小白龍」的灌溉管道。那是一條粗壯的塑膠軟管，按田間莊稼的排列空間，裝有一個可開關的閥門，須灌溉時拉開閥門，水就從軟管中流入田間。由於水在軟管中，不會被太陽晒得蒸發掉，從而節省了不少水。

吳工看到大喜，要求參觀生產車間。農場主大方地答應了。田間參觀完後，前往灌溉設備生產工廠。此農場主可謂工農兼營，一方面自種小麥，同時又賣灌溉設備。生產設備是塑膠吹塑機，成卷銷售，用戶將卷材往地裡滾放，然後注入水，平扁的塑膠就鼓成管狀。另有塑膠注塑機，製造閥門。該閥門的製造絕對簡單聰明：一頭有鋸齒形圓口，用來插入軟管（當有水時）；一頭是圓口供出水，中間有一個拉門作為開關。吳工反覆研究後，提出向主人要兩個，主人大方地給了他幾個。事後，吳工說，楊書記所說的「小白龍」總算找到了主人，回去可以彙報了。吳工還向農場主表示，會向他採購設備及產品。可是回國後，毫無下文。

數年後，有一次在北京機場，我巧遇吳工，隨即問他何時訂購「小白龍」？他說已經廣泛使用了，效果大好。我立即明白了，這又是一個代表團訪問美國後，對美國技術「消化吸收」的典型例子。

種籽公司積極開展工作，成立各下級公司，遍布全國，積極為農民提供良種。

能源代表團訪美回國後，代表團顧問、國家計委副主任李人俊，將石油工業從化工部分割出來，成立了石油工業部。

石油工業部派出了以趙聲振為團長、中國機械進出口公司副總經理吳小蘭為副團長的代表團，共十人訪美。我司代理十多家主要的石油設備及石油服務的廠家設備，所以成為重點接待單位，帶領代表團參訪各廠。行程中，我發現團員們對吳小蘭特別尊重，而吳本人的談吐也頗不一般。她長相不錯，很秀氣。就餐時，她的食量小得驚人，團員們說，她就是吃得少，並非食品不配胃口。我跟她聊得挺投緣。

到達休士頓後，我安排在下榻的大酒店頂樓宴會廳舉行晚宴，邀請代表團以及在休士頓與附近的我司代理的廠家出席。每家要帶二十至五十套產品資料來。每家限五分鐘介紹產品性能及用途。我提醒每家廠家均須將資料上的「中華民國」（R.O.C.）蓋沒。我司休士頓辦事處日籍總經理親自協助分發資料給代表團，以示尊重。我則又演說又兼翻譯，會議開得很成功。

機械公司副總經理吳小蘭（右）宴請作者（左）於仿膳飯莊。

行程最後是參觀阿拉斯加大油管道工程。該輸油管道是美國最大的工程，由近北極的油田向南直達太平洋普多灣港口。我與輸油泵製造廠的總裁，安排部分代表團成員前往油田參觀，因為只是小飛機前往，載客有限。吳小蘭等與我在阿拉斯加州首府安克瑞基等候。因是在冬季，還欣賞到日短夜長的景象。

這個代表團也訪問成功，滿載而歸。吳小蘭成了老朋友。她總是稱讚我的西裝合身漂亮，並說：「不知為何我們的男士西服就是看不上眼。」後來我才知道，她是葉選平的夫人，又是老革命家吳玉章的孫甥女。

22 美國農會開拓中國市場

美國農業州都有農會組織。美國農會與中國農會不同，中國農會是打土豪、分田地，搞革命；美國農會的成員是所有農場主、農民加入為會員，農會幫助促銷農產品、為會員謀福利、為會員向政府打交道。美國農業人口只占全美人口百分之五，憑高效的生產力，供應全美及世界的糧食需求。

堪薩斯州農會主席熱衷於開拓中國市場，美國農業部介紹他與我接觸，因農業部以為我是農業專家。該主席邀請我出席該州農會年會，並發表有關中國的演講，特派該會的私有專機，在維奇他市機場迎接。那是一架性能優越的日製三菱噴氣機。主席向我介紹該機性能及售價（三菱由於不熟悉美國市場，多經努力，這款小型專機銷售不理想，儘管它是由二戰期間著名零式戰鬥機的設計隊伍設計，性能卓越；後來該機業務全部出售給比奇公司，飛機名也改為比奇噴氣機）。飛抵托皮卡市，該地是州農會所在地。當晚出席年會，規模很大，飲食豐盛，突顯農民本色。我應邀發表演講，介紹中國情況。

此後，我向中國農業部及種籽公司推介該農會的誠意，希望開拓中國市場。願無償提供優良小麥種籽及約克良種瘦肉豬。

堪薩斯州長，很年輕，也是一位對華貿易的積極分子。他以政府渠道，獲准邀請組團訪華，可能是第一個美國的州代表團訪問中國。十人代表團包括州長、一位天主教修女、農會主席、多家製造廠的老闆。中方安排代表團下榻北京飯店。我也常住北京飯店。農會主席把我介紹給州長及代表團的團員們。

代表團與中方政府會面後，除了遊覽長城等外，無所事事，而我將農會主席的活動安排得滿滿的，包括拜訪貿促會、農業部及種籽公司等，其他團員羨慕不已。有的就參加了我們的活動，儘管他們都是搞工業的，農會主席建議他們將業務委託我辦理，省得自己費神費力，門都找不到。於是各團員將其公司的資料，全部交給我，其中有一家是石油鑽井機製造公司，東主是美國（亦即世界）第一位登月人阿姆斯壯的表兄，他亦請阿姆斯壯擔任公司董事。州長年輕豪爽，很健談。

後來農會捐贈了五十公斤小麥良種及二十四頭種豬給中國，可惜沒有下文。農會主席任滿後，也無後續接班。

23 美國玉米種籽及加工設備的引進

中國種籽公司在美國考察後，邀請我安排美國先鋒公司訪華，作技術交流（其實中方所謂的技術交流是單向的，只有外方提供訊息，中方並不提供）。於是，我與先鋒公司雜交良種國際公司的美籍印度裔總裁S先生前往北京。

S先生是一位育種專家。中方有大批人員參加，包括種籽公司相關人員、農業部種籽部門人員、農科院、土肥所等單位。其中有一位丁教授來自山東大學，是早期留美農學博士，他精通英文，技術交流由他任翻譯，省去我充當翻譯之勞。S先生介紹了不同用途的玉米育種方法。在美國，玉米有供人食用的甜玉米，育種是盡量提高糖分及口感；供飼料用的是要提高澱粉含量；供提煉燃料用的，則需要使其能多煉出燃料等等，有各種育種手段。另外還須保證玉米長勢高度一致，並且不能太高，玉米棒長出高度也要一致，以便大規模機械收割。中方認為不需要限制長勢，因為玉米稈長得高，可讓農民用來築牆及作燒柴用，而且也不必講究玉米棒長出的高度，盡可以讓其參差不齊，只要長得越多越好。中方習慣玉米以吃口越糯越好，建議S先生挑選良種來華試驗，以便引進，並向S先生介紹了中國土壤及氣溫等條件。

回美國後，S先生選了一個良種五十公斤，由我司空運北京，空運費極其昂貴。按慣例，中方於次年試種後，秋收時驗收結果，作出評價，以判斷所選的良種是否對路。中方將這批種籽分種在東北至上海崇明的各個氣溫區，以便測量種籽的適應性。

次年，到了玉米收成期，S先生與我及我司糧食部二位同事前往中國「驗收」，從瀋陽郊外開始。瀋陽的農科院、土肥所人員陪同下地。S先生發現，試驗田與其他玉米田沒有間隔，這樣就會造成其他玉米的花粉傳播過來，感染試驗田，影響真實的結果。而且，玉米棒不見了很多，如何能知道產量？中方解釋，當地人有在玉米成熟時摘下烹煮嘗鮮的習慣，俗稱「呼青棵」，尤其是美國玉米，更是爭先恐後地要嘗鮮，但是摘下多少，都有詳細紀錄，不會影響計算產量。這令我們啼笑皆非。中方反應，試驗種的玉米有大斑病（即葉子上長斑）。S先生說，關鍵是產量，葉子總是要變黃的。中方說，吃口很好。我笑著說，這是美國作為飼料用的，不是給人吃的。

下一站是山東泰安，入住泰安第一招待所，是當地接待領導用的。但是這個招待所沒有電話，只是在門房間有一臺類似軍用電話的話機，還是手搖式電話。當時我同時正在洽談一筆磷肥交易，必須與國外每天聯絡，用此電話時還須大聲吼叫，對方才能聽到。好在當時招待所無外人，否則可聽到所談的重要訊息。泰安的試驗田由丁教授主理，一切中規中矩，科學辦事，結果數據有條有理。

丁教授等招待我們遊覽泰山，以小汽車登山，免去爬山之苦，但是無法到達山頂。又參觀了孔廟，還欣賞了一位出名的手指畫家，即用手指寫書法。他請我出文，他用手指寫下來。我吟了一首唐詩〈楓橋夜泊〉，他隨手寫下。我問，我是否可以買下來？他說，不能給外賓（那時對外仍嚴，而且也不會做買賣）。第二天，當地幹部陪著那位手指畫家，拿著那張書法來我房間，將作品交給我，並收下十元人民幣。當地幹部說，因為我是團長，又是華人，所以額外安排了。該手指畫家叫孟慶甲，據說挺有名氣。

下一站是上海崇明。因崇明是沿海禁區，當時不對外開放，所以由上海農委組織座談試種結果。全程由農業部一位處長及種籽公司張經理、翻譯屠小姐等陪同。

訪問完畢，回北京向農業部長何康彙報。代表團由主方安排入住友誼賓館，我仍住北京飯店的長租房間。主方在友誼賓館定了一個大會議室，何康部長前來熱情問候，並聽取中方彙報及各地試種的總結報告。一般結論是：美產種籽收成較本地高兩成，但有大斑病，而且結稈不高，太矮。

我問何部長，中國引進良種的規定中：「產量要高於本地五成，無病害，如對了，還須封存三年，發芽率要保持百分之九十以上。」其中關於「封存三年，發芽率百分之九十以上」的內容，是否可以修改去掉？因為這種規定已是老古董，美國已經不採用了。何部長說，這個規定是從蘇聯老大哥那裡搬來的，既是規定，就不能改了。於是我說，這樣的話，種籽買賣無法進行了，因為要選中適合的良種很不容易，每次選了，須下一年收成才知道對不對（產量是否超過本地的百分之五十，是否無病害等），不對的話，又是一年浪費。這樣須很多年才能找到對象。之後還須三年封存，觀測發芽率是否達到百分之九十以上。這完全不現實。況且，每次空運試驗用良種的費用也極昂貴。何部長明白了，說晚宴時再談。他吩咐安排歡送晚宴，就此告別，晚上再見。

作者（左）與農業部何康部長（右）交談玉米種籽引進。

時已中午，S先生要趕乘下午的日航班機回美，我的兩位日籍同事須爭取時間去友誼商店「促進中國出口貿易」，因他們次日也要離開北京。於是我與S先生就在友誼賓館的餐廳裡吃了簡單的午餐。午餐後，農業部那位處長和種籽公司的張普澤經理及屠曉明小姐等來了兩輛小車，送S先生去機場。這時，我突感不適，還以為感冒了，於是我說我不去機場了，晚間何部長的晚宴恐怕也不能出席。主方請我回北京飯店休息，他們會妥善送走S先生的。

那天是週六，我回房間後即上吐下瀉，難受之極，無法形容。我按服務員鈴，他來了敲門，我卻無力回應，他就離開了。我再按鈴，他再來，我仍舊無力回應……如此折騰數次，最後我只好滾下床，爬到門口打開房門，服務員才看到我。他大吃一驚，立刻打電話到醫院，醫院回話說可以來看門診。我吩咐服務員，要求醫院出診，最後醫院同意出診了。那是協和醫院專看外賓的一個部門。不久一位醫生和一名護士來了。我對醫生說，開點感冒藥即可。醫生檢查了一下並搭我的脈搏，立即衝向我房內的寫字臺，抓起電話，通知醫院急診，同時拉起我說，快去醫院！於是我是身穿睡衣，腳蹬拖鞋，被他們拖進電梯，下到大廳，又被他們拖進他們的伏爾加轎車裡，我的服務員也跟著一起去醫院。

到了掛號處，要先付現金，醫生大怒，大聲吼著說：不是電話裡說明了是急診嗎！但是掛號處不買帳，就是要付現錢。我坐在輪椅上對服務員說：「咱們回去，不要在此遭罪。」服務員勸我耐心些。醫生向掛號處說，這位外賓住北京飯店，必是重要人物，不會欠帳的。他們在爭吵時，我已經昏死過去，醒來時已經躺在病房中。我司日本總公司的駐京辦同事已趕來，站在床邊，我交代了一些事，他說安心養病最重要，其他事暫時不必理會，顯然是我北京飯店的服務員通知他的。反正北京飯店的員工都是關係戶，有來頭的。

我這時仍舊難受之極，無法忍受。次日，主治大夫來看我。問我是否脾氣很躁？我說我無脾氣的。他說我昨日下晚入院時，大罵醫院不行。我奇怪了，因我毫不知情，只是難受得不得了。他說這是嚴重脫水造成的。我問病因，他不答覆，只問接待單位是誰？在哪裡吃的午飯？我說，病已發生，不必驚動接待單位了，更不必查在哪裡用膳。但是他們還是查到了我的接待單位之一，中國機械進出口公司，也查到了我在友誼賓館午餐。中方責令賓館廚房檢討整改。

第二天下午，機械公司的韓穎如女士及一位同事白恩魁先生趕來探視，帶來一大束鮮花及一大籃水果。她說此病必須全休，養六十天才能斷根。但是我說我必須去大連，與大連機械分公司及用戶洽談玉米種籽加工設備的訂單。她說千萬別去，外地醫療條件不如北京，萬一發病更不好，她可以總公司名義，命令大連分公司帶同用戶來北京談。我說，我方只有兩個人（我與玉米種籽加工設備製造廠的總工），而中方有二、三十人，來京不便又需時間，還是我方兩人前往吧。那位總工P先生正在路上，飛來北京。韓穎如勸我三思。

由於協和醫院始終不說病因，我想回美國查問醫生。

我一下子消瘦了許多，虛弱得很。我與大連機械分公司主談韓瑞福先生通話，告知病情。我說下週一我要回美國複查，能否本週解決合同。我建議週四我們飛大連（那時北京大連之間每週只有兩班航班），週六前簽訂合同，並請他預定大連到北京的火車票，使我可趕上週一的泛美航班回美國。韓瑞福非常配合，保證辦到。所以，我住院三天後就出院了，大夫給了我一大包黃連素，要我按時服用。我的體重跌了三十磅，非常減肥。大夫笑著說，這種減肥太危險了。回到北京飯店，門衛及服務員們均驚嘆我判若兩人，衣服都變得寬鬆地掛在身上，全不合身了。

我與P先生由北京飛大連，航班是安二十四型螺旋槳式雙發客機，結果延誤了八個小時。週四那天全部浪費。週五開始座談。而週六晚上就得乘車回北京。那時，從大連到北京，必須繞道瀋陽。中方安排我們入住大連外運賓館（專門招待外輪海員的），誰知P先生早晨在衛生間用洗臉池時，扭斷了瓷質的水龍頭把手，大拇指被割了一道深口，血流滿地。他衝到我房間救急，最後醫務室為他包紮好了。所以，當我們來到談判桌前時，一個是剛剛出院的重病號，一個手上剛纏好繃帶，是兩個病號來「對陣」一屋子的談判對手。

我與P先生快馬加鞭地介紹了整個玉米種籽加工設備之性能、規格等等，中方是東北各地種籽公司的用戶，很滿意這樣的技術交流，接受我們所提供的設備。接下來韓瑞福主談商務。他指出，P先生的報價單中（事先電傳給他）有錯，即分項報價加總時，總價少算了三千美元，請其修正。P先生說，這份報價單代表發票（PRO FORMA INVOICE），不能改，有錯也得認了。韓大感驚訝，也為談判順利幫助不小，於是很快成交。接下來趕打合同。由於我的病況及行程短促，中方配合，快速完成了「技術交流」及商務談判，從而創下了兩天之內，完成從原始技術交流至商務合同簽訂的中國貿易之紀錄。這也可以說是因病得福吧。

訂單是三套玉米種籽加工設備。所謂玉米種籽加工設備是一條流水線，從除殼、除鬚開始，然後脫粒、烘乾、篩選、分級，最後裝袋。一套給黑龍江、一套給吉林、一套給遼寧，皆大歡喜。後來，三省均有代表團來美考察，學習使用加工設備。

趕回美國後，我的醫生亦查不出病因，只是說食物中毒。不久我回到北京，去協和醫院複診。複診掛號費外賓價六角。護士將我的病例卡夾交給我，請我在醫生診室外坐等，這時我才得以翻看病歷夾子內的材料。原來病歷中記錄得非常詳細，說我入院時大罵醫院「蹩腳」等等，並明確診斷為沙門氏桿菌傳染！大夫複診時囑咐我好好休養，此類病死亡率是百分之六十。所以，韓穎如所說的全休六十天是有道理的。從那以後，我的腸胃就是不行，一吃生冷，立即須去廁所。中方朋友建議我看中醫調理。建材部沈憶蘭女士的公公是名中醫，為我開了藥方。北京百草堂有代客煎藥及送藥上門的服務，每天送兩小暖瓶的煎藥至北京飯店門衛處（不能進北京飯店）我的老美朋友總是笑稱「泥漿水來了」。

後來知道，S先生那天到達北京後，也是上吐下瀉，他將隨身攜帶的安全保健藥全部吃完，在旅館內躺了三天，他說如知道我的情況，就會立即去醫院了。

另外，受沙門氏桿菌感染的病例還有K・M先生。他是哈佛大學博士，操一口流利普通話，與我同樣，是一位早期中美貿易的積極分子。他任職美國最大銀行開辦的中美貿易顧問公司總裁，是一位和善有為的年輕人，與我經常聯繫。後來就不見蹤影。一次在會議活動中巧遇，他已是波士頓的一家創新公司的創辦人之一。他說，他在北京染上了沙門氏桿菌，美使館領事到他住的建國飯店住房探視，第一句話就問：「是用大盒子還是小盒子？」他反問什麼意思？美領事說，這是國務院外交事務例規，必須即時詢問當事人，對身後事的決定，免得太晚，不知當事人要土葬還是火葬。大盒子是棺材，小盒子是骨灰盒。他聽了當場大倒胃口。之後，他就放棄了中美貿易，另外創業。

二十多年後，突然國家種籽公司又找我要訂玉米加工設備。我說不是買了三套嗎，怎麼又要訂了？他們說，種籽公司經營不善，不務正業，搞房地產等等，現在重新整頓。這時先鋒公司已併入美國巨大農藥公司M公司，其關係戶玉米種籽加工設備公司亦一併加入。我請P先生再次出馬，我們住在北京希爾頓酒店，洽談在種籽公司，位於北京戒毒所旁邊。我們從會議室可以看到戒毒人員操練。這時，國家種籽公司已人事全非，新的領導強調，這次交流是確定採購，不是空談，我們很高興。P先生駕輕就熟，詳細介紹，毫無保留，有問必答，很快完成技術交流，中方滿意，約定盡快訂貨。

我與P先生在希爾頓酒店餐廳用晚餐。他很高興一切順利，點了一杯酒喝。突然我發現他說話不清，接著面孔扭歪，並且吐了一桌子。我急忙通知酒店要救護車。酒店說有專門為外賓服務的診所，可與他們聯繫。我說，這是醫院的事，並非診所能辦。外籍經理亦來忙著張羅叫救護車。適逢寒冬，良久救護車才到，大夫及護士提了藥箱趕進餐廳。我問擔架在哪裡？大夫說需要先確認再說。我說是中風，分秒不能差。大夫檢查後，確認是中風，再下去取擔架。擔架是不能折疊的，進不了電梯，必須經廚房的貨梯升上來再從廚房輾轉入餐廳。希爾頓外籍經理問我是否需去房間取我們的大衣，我說不用，時不等人。

到了救護車上，司機竟無法啟動發動機。我問為何熄火？救護車應隨時待發。司機說不必浪費汽油空等。真是有苦說不出。大夫問我去哪家醫院？（又是一笑話。）我問最好的醫院是哪一家？他說是中日友好醫院或北京協和。我決定去協和醫院。救護車上路疾駛，但不鳴警號，我問為何不鳴警號？司機說等堵車時再鳴。我說那不是誤事嗎！救護車內全無醫療設備，連毯子也沒有。我只好將上衣脫下來，蓋在P先生身上保暖，而我大冬天，只穿一件襯衫，車子裡像冰櫃。我問大夫，為何救護車條件這麼差？並說，我必須向朱老闆反映，要求改善。大夫問誰是朱老闆？我說朱鎔基。一下子他大為興奮，多謝我能幫忙，希望能有結果。

我們在等救護車時，P先生模模糊糊地將其夫人的電話號碼告訴我，請我通知她。我內心真是五味雜陳，中國貿易做到如此地步，客戶的命都可能搭上。

到了協和醫院，掛號間要現金四千元。我問可否刷卡，答覆是晚間刷卡服務停止了。救護車大夫說這是規定，他也無法幫忙。他的兩百元，我還可以付。於是我打電話給希爾頓，告訴接線生，通知前臺拿四千元現金來醫院，所拿現金入我房間帳。不久，希爾頓人員趕到了，但是無現金，他們說接線生只告訴他們趕來，未提現金之事。我說現在急需現金，救人要緊，趕快回去拿！

這時，夜班當值大夫出現了，是一位女大夫，似乎很有經驗，她請掛號間通融，掛號間不理。不久，又下來了一位年長、很慈祥的女大夫，可能是領導。她遞了一張紙條給當值大夫，當值大夫在上面加簽，然後對掛號員說：「如此總行了吧，某大夫與我兩人簽字擔保，煩請不要再刁難。」於是診斷開始。大夫說是TPS小中風，不礙事，開些阿斯匹靈即可。我說，他剛才吐了一臺子。她說，那不好，應該做個CT以保萬全。於是她與我將P先生的診床推到CT室。她自己將CT床上的清潔紙拉出，鋪好。CT技術員出來冷著臉，問大夫錢付了沒有？大夫陪著笑臉稱某大夫和她已經簽字擔保。我真是不敢相信，如此優秀的大夫要對掛號員及CT技術員陪小心！不久希爾頓將四千元現金拿來了，我將之交給掛號員當押金。P先生繼續休息恢復。我就與掛號員聊天、談開了。她說沒有辦法啊，病號很多會賴帳，有的甚至跳窗逃跑，醫院承擔不起損失，只有出此下策。我說，救死扶傷的基本醫德去了哪裡？她說，現實與空話不一樣。

P先生恢復後，我們回到希爾頓。次晨我送他上聯航班機返美。他說，他已有過一次同樣的病情，這次是第二次。

我回我司總公司的駐京辦，詢問一旦碰上這樣的事情，他們常駐北京的如何處理？他們說，有特別醫療卡，可不受認錢不認人之苦，但就是擔心急救情況下，當地的反應遲緩。

中方後來並未落實訂單。我有鑑於P先生

的身體情況，不想再發生意外，也就不追中方了。我們可能為中方做了一場免費的培訓，使中方能根據「技術交流」的內容（那時P先生毫無保留地和盤托出了全套知識），摸索出如何自己製造玉米種籽加工設備。

前面提到，黑龍江、吉林及遼寧三省都有派代表團到美國考察，其中吉林代表團由吉林省農委主任王林及省種籽公司總經理史珊帶隊，共六人小組來到美國，從紐約入境。我安排他們入住家庭式小客棧。第二天遊覽市容、名勝，導遊車（華人經營）到達後，司機兼導遊安排大家上車。這時，突然王主任嘴唇發紫，全身冒汗，客棧老闆娘緊急打電話給我，要求找名醫。我說這不是名醫的問題，而是要立即叫救護車送醫院！

救護車很快到達了，醫務人員基本確認是中風，送入醫院進急救室及加護病房，不能與外界接觸。代表團跟著亂了套，不知如何是好，商量回國。我說，代表團可以繼續考察，王主任由我負責，出院後就安全送回北京。一天後，王主任轉入普通病房了，開始可以會客。我去醫院探視，他說有一女士來看他，說了一大通，他聽不懂。該女士留了一張紙給他，他只看懂了2300的數字，其他全不懂。我看了說，那是醫院的義工人員，前來詢問有無困難，如有需要可提供幫助。那2300的數字是每天的病房費。王主任聽了大驚，跳下床要出院。我安慰他，治病最重要，醫院費用可以不理會。因為美國醫院裡有一個首要條例，即不得因病人有經濟、人種、信仰等問題而作不妥醫護。

我與代表團在醫院對面的咖啡館開會，討論對策，結果是按照我的建議，代表團仍舊前往加工設備製造廠考察學習，並參觀相關配套設備生產廠，其中有袋裝及稱重設備，是名牌廠同樣的設備，曾於磷肥散裝運到中國袋裝的計畫中，由磷肥協會贈送五臺給中化公司。總經理史珊則陪同王主任回國。

王主任在醫院療養期間，醫院順便為他全身檢查，兼治其他潛在病況，史經理笑稱在美國澈底治病。我向醫院申訴，王主任雖身為高官，但薪金很少（我隨口說月薪至多二百五十美元），不可能付醫藥費。我同時避提我司，也避提與王主任的關係，以免醫院找我司「算帳」。出院時，我請我的祕書劉小姐去辦出院手續，我教她說，王主任出院後就回國，連住旅館的錢也沒有，暫住劉小姐家，等上飛機。醫院全免所有費用，並給王主任一份詳細的保健手冊以及飲食方面的注意事項，且開了許多藥，之後王主任回到客棧與史經理會合。

王主任深感我的「救命之恩」，力邀我去吉林。他與史經理次日即回北京。

後來，王主任多次與我司駐北京的同事小陳聯絡「要平老闆來長春」，我覺得盛情難卻，就通知小陳預訂長春的香格里拉酒店，準備前往。我到京後問小陳，香格里拉訂妥否，他說王主任不讓訂，說一切由他安排，全程接待，不花分文。我擔心中方的「招待所」的條件，覺得還是訂香格里拉為上策。飛到長春機場，王主任親自來迎接，從貴賓通道出機場，下榻省委招待所，一座豪華的酒店（似乎稱雲華賓館）。此時王主任已升官為副省長，親自帶我與小陳遊覽長春及末代皇帝的宮殿等。他已不是在紐約遇到的「無錢」的尷尬局面，而是要風得風、要雨得雨的豪邁氣概，一日三餐更是山珍海味，豐盛得很。史經理也成為至交，多有聯絡。

吉林省王林副省長（左），作者（中），史珊總經理（右）。

後來劉小姐告訴我，她為王主任辦出院手續時，看到帳單上是六萬多美元。王主任及史經理更感激我的大力幫助。

近見報載，中國每年大量進口糧食蔬菜等優良種籽，其中玉米有「先玉335」良種，是從先鋒公司進口。很可能，中方已經改去舊的規定（種籽選對後要封存三年，並要求發芽率達百分之九十），可以即時進口優良種籽了。可見，當年我向何康部長提出的、關於廢除舊規定的建議是正確的。

24 美國金豆撒遍中國東北農田

（上）

我司化學原料部同事，向我推薦美國磷肥具全世界競爭性的訊息。於是我在廣交會上，向中化公司化肥業務代表介紹磷肥對農作物的效益。中方反應是，中國有豐富的磷礦石，只要挖出，向農田分放即可，不須磷肥化工品。我詳細介紹了磷肥與磷礦石的效益是完全兩碼事。中方勸我不必浪費時間，中國市場無磷肥需求，他們只是經營氮肥進口（即尿素），主要由日商供應。

我不甘心，仍鍥而不捨，仍然定時（每隔兩、三天或一週），就向中方報價，這是所謂「自動報價」，並無中方詢價的基礎。到下屆廣交會時，我繼續向化肥小組代表推銷，中方仍舊友好地表示，不會有需求，不必浪費精力。我還是堅持不懈，繼續報價，因化肥之類屬商品期貨性質，報價有效期是十二小時，這是國際慣例，我向同事解釋，如此短的有效期，對中方而言，完全不可能，於是我與他們訪問供應方——美國磷肥出口協會，經解釋中國貿易的特色，磷肥協會同意，破例給予我三天期限。

每次廣交會，我都抓緊與中化公司化肥小組介紹及閒談，從而與以孫瑞豐為首的化肥小組建立了友好關係。儘管每次電傳報價，均石沉大海，音訊全無，我仍舊不斷從磷肥協會取得報價，向中方報出。我向磷肥協會解釋，做中國貿易必須有「三P」條件，否則不需介入，即「耐心（Patience）、堅持（Persistence）、持久（perseverance）」，這三個詞彙的英文頭一個字母，都是P。

三年後，一個深夜（中國與美國時差十二個小時），我在家中接到北京來的長途電話，是化肥小組組長孫瑞豐打來的，說「您的磷肥報價太高，能否洽談？」並通知我，到廣交會後，可向中化公司交易代表團祕書長于洪德取得前往北京的許可證，到北京面談。次日，我回公司告知化學部同事這個好消息，並協商如何應對，因為這是商品類交易，非常複雜而且時間要求很高。

我到廣交會後，即去找中化交易團于祕書長，他的助手傳達後，于祕書長出來見我，大聲說：「好傢伙，做大買賣的人來了！」立即索取我的證件，去幫我辦理前往北京的許可證。這時是一九七八年，中國大陸的改革開放還在醞釀階段，我們外商進京需要辦理特殊的證件。我在廣交會，將一應業務及工作辦完後，即啟程飛往北京。中化公司來機場接機的是石小元女士，安排我入住北京飯店，並囑咐我次日前往二里溝談判大樓找他們的洽談室開會。（她先問我是否需要休息一天，我說不用。）

來到二里溝談判大樓，在接待處查問到中化孫瑞豐、石小元的洽談室。進入室內，已經坐了一大桌人，外方就是我一個人。原來，中化請了中科院土肥研究所的專家教授一干人等，參加洽談。於是我與這些土肥（土壤、肥料）專家侃侃交談磷肥之重要性，莊稼需要氮肥、磷肥及鉀肥，三者應成三、三、一的比例，否則收成不會好。中方大量進口氮肥（尿素），而疏遠磷肥及鉀肥，不利於收成。磷礦石的肥效不大，尿素撒入田內，立即一片綠色，很容易讓農民喜愛，認為效果好，但是那只是長綠葉，對果實收成無關。經過與土肥專家們詳細討論後，中方決定試用一下。晚間，中方的歡迎晚宴時，土肥專家們問我，是否是農科博士？我大笑，說班門弄斧，僅三斧頭皮毛而已。宴會氣氛很熱烈。

次日進入業務洽談，中方開始討價還價。我說磷肥之價格是屬期貨性價格，漲跌很快。中方堅持殺價，但又不願出底價。我說，我不能當場拍板，必須報告公司化學部，次日再談，於是散會。

我司日本總公司有駐京辦事處，其成立的方式亦是「鑽空子」，也就是說，我司日本總公司，在每次廣交會時，留下兩至三人，憑六個月的有效簽證，前往北京，在北京新僑飯店五二一室（三套間）成立辦事處，配有電傳機等全套辦公設備，人員在京做聯絡工作，等下屆廣交會的接班人員前來輪換。我去辦事處與東京聯繫，轉告紐約方面洽談情況，這樣可減少美中時差之不便。

美國磷肥協會很驚訝，他們破天荒第一次遇到買方竟然要還價！經我同事說服，同意減價每噸一元，但中方仍不滿意，如此來回折騰數次，最後雙方差價每噸六角美元。我司主動來承擔這個差價，終於促成了這筆交易。中方試訂一萬噸，但須袋裝。國際上磷肥大多散裝，但中方港口無法接散裝船，加上分發農民必須袋裝，於是散裝價與袋裝價又成焦點。好在最終成交了，但簽字時我發現，孫瑞豐將成交價每噸提升了六角美元。他說，我做了大量工作，不能讓你們公司吃虧承擔差價。我誠表感激。

美國磷肥協會收到我司的訂單，立即調查美國哪個港口還有袋裝設施，結果是佛羅里達州坦帕港。我司運輸部門即通知中化公司運輸部，安排向坦帕港派船取貨。磷肥協會就近將在佛羅里達州生產的磷肥，以散裝大卡車或火車，運往坦帕港裝袋。這是新中國成立之後，美國磷肥運往中國的第一船。

我與我司運輸部同事前往坦帕港觀看磷肥裝袋過程，只見寬大的貨倉內，有兩條袋裝流水線，工人（全是黑人）繁忙地將裝好的袋子堆放在托板上，由叉車搬運堆放。我想拍照留念並寄給中方，哪知那些黑人工人怒吼不許。我問工頭為何大驚小怪，工頭說，這些人可能都是犯罪躲藏起來之人，怕我拍到他們的面孔，流出去被官方認出，他們就暴露了躲藏之處。

所有編織袋上都印有我丈母娘書寫的磷肥名稱的中文字樣，此事是中方提出要求的，袋上除了要有磷肥的英文名稱，還要加印中文，以便農民識別。於是我請我丈母娘用毛筆寫出中文的磷肥名，交由袋裝公司印到袋子上。袋子是五十磅的塑膠編織袋，配有塑膠內層防潮。磷肥有兩種，一種是DAP，中文名稱是磷酸二銨；另一種是TSP，中文名稱是過磷酸三鉀。DAP含磷量百分之四十六，價高；TSP含磷量百分之三十，價低。中方按合同交貨期，派出貨輪到坦帕港提貨。我又去碼頭迎接該艘貨輪。貨輪是中方租的，於是中美間第一艘裝載磷肥的貨輪離美駛向中國煙台港。

幾船袋裝磷肥交易後（顯然磷肥的肥效很好），中方覺得每次袋裝成本上漲，不划算，而袋裝公司又認為中方的出價無利可圖。於是，我們與美國磷肥協會商量對策。

美國磷肥協會常務副總裁R先生為人友好善良，磷肥業務初期的艱苦談判，他都能積極配合，不斷保持報價有效期，以及調整售價，與我司化學業務主管合作無間，所以我在中國（有時在外地，就用長途電話與中化洽談）能順利與中化公司洽談，並獲成功。成交後，他配合調度貨源，又設法配合中方袋裝船運之要求。在中方認為袋裝價格太高後，我方與他商量研究，結果是磷肥協會贈送五臺袋裝機，磷肥則以散裝狀態連同相應數量的編織袋空袋（外加百分之五的數量，以備補充），一起運往中國，由中方在卸貨港，自行裝袋。這樣即可節省運費，又可免付美國的裝袋費，因散裝運費比袋裝運費便宜得多。此建議獲得中化公司歡迎，大讚：「好辦法！」再後來，中方又嫌美製編織袋太貴，我司就介紹日本總公司安排日製編織袋。最後中方表示能夠自製，從而使磷肥自此以後，均是散裝運往煙台港，使用中方自製編織袋在港口裝袋後，分運各地。所以美國磷肥輸入中國的過程，是先從袋裝進口，發展成散裝附帶美製空袋進口，在中國港口裝袋；再發展到散裝另加日製空袋進口；最後散裝進口採用中製空袋。那五臺裝袋機發揮了巨大作用。這個過程，創立了將中方慣於袋裝運輸進口，發展成散裝進口、節省大量資金的模式。

這期間，也發生過一些小小的摩擦。因中化公司是外貿公司，而購買進口磷肥的用戶是各地的供銷合作社。磷肥從美國運到煙台港後，須各供銷合作社派卡車到煙台港提貨。自從磷肥在煙台港自行裝袋之後，不知是什麼原因，有時裝袋的分量參差不齊，有的袋過重，有的袋則缺斤短兩。用戶拉回去後，拿到過重的就不出聲，而拿到分量不足的則向中化公司索賠扯皮，從而引起爭執。中化也只好認賠。

中化公司有感於磷肥協會的配合，邀請R先生及我司訪華。薛林經理、石小元等親至北京機場（老候機樓）接機，同遊北京、上海及蘇州，孫瑞豐、石小元等陪同。那時中國很多名勝古蹟尚未對外開放，中化公司特意安排禮遇，所以我們可享受特殊待遇，入內參觀，而且是小車直接駛入，省卻不少步行。

①

②

①中化公司化肥經理薛林（左）與石小元（左二），在北京首都機場迎接磷肥協會副總裁R先生（左三）。
②孫瑞豐（左）與作者（右）在頤和園石舫前。

從蘇州返回上海時，入住靜安賓館，一走進賓館大門，一陣涼氣沁人，原來這是中國第一家安裝了中央空調的大賓館。在滬期間，我在靜安賓館設宴，招待R先生及我司的同事，以及家母和其他家人，大家歡聚一堂，其樂融融。

作者宴請磷肥協會R先生（右三）及同事。作者母親（中），作者（左後站立者），島田室長（右後站立者）。

後來有一年，我接待一個吉林代表團來美國考察食品工業（是我推薦的一些項目），團長是吉林省計委主任胡凱。晚宴閒談時，談起磷肥之事，他說原來如此！東北用美國磷肥來種大豆，大豆收成大增，農民稱美國磷肥為「金豆」，因為那些磷肥是顆粒狀。後來與胡凱成為好友，我去吉林公幹，他特地從吉林趕來長春與我見面。他退休後移居深圳，仍然向我北京辦事處發訊息，轉達向我問好。於是我才知道，美國磷肥在中國的「金豆」之名。

每次訂貨的業務洽談，中方總是討價還價，後來逐漸出現了一個「神奇數字」，即每次磷肥協會的報價與中方的要求，總是每噸相差十美元，每次都是雙方「拉鋸」，最後成交。有時差價一元，或幾毛錢，我司就主動承擔差價以促進成交。這種情況下，我司就以高效的交付合同的貨運提單到北京中國銀行兌付中化公司因合同開出的「見單即付」的信用證。而我司向磷肥協會的付款，有四十五天或六十天的帳期，這樣，我司收到中國銀行的付款後，可存銀行生息四十天或五十天左右。因金額大，這些利息不錯的。那時是美國卡特總統任內，美元的銀行利息超過百分之二十。

有一次，我準備去北京，剛好有一船磷肥裝運完畢，我司運輸部門建議我等候貨運提單，由我親手把貨運提單帶去北京。因每次磷肥貨運，均是我司專派人員，前往港口，直接從大副手上取得提單，將來買方憑提貨單收貨（一般是貨運大副簽發收條，船公司憑該收條簽發提貨單）。如等候船公司將提單寄交我方，這將耗時至少一至兩天。我司人員直接飛回紐約交會計部門開發票，將所有單據快遞給北京中國銀行。如此高效，大約十五天左右可收到貨款。這次剛巧我要去北京，我司遂決定由我充當「人肉快遞」，直接帶單據直飛北京。於是我就不在東京停留（當時紐約到北京尚無直航，必須在東京轉機。往常我總是在東京停留一天休息），而這次就在東京機場過夜，次日飛北京。到北京後，我從機場直奔二里溝談判大樓，將單據交給中化公司運輸部蔣友德先生，並拖著他直奔中國銀行，將單據交給銀行主管。蔣先生要求銀行主管把這份單據放在單據堆的最頂上，以便即刻辦理。由於採取了「連軸轉」的接力，因此這次貨款在七天之內就收到了，可謂創紀錄。

在天安門廣場旁邊的中國銀行總部的信用證付款支付的負責人，是一位年長的女同志，她介紹說，所有該行開出的信用證，對方寄來單據，都是按順序堆放的，先來的放在上面，後來的放在底下，也就是說，先到的先辦理。她按照蔣先生的要求，把我帶來的單據放在了最上面，並答應立刻辦理。

但是正確的工作方法應該是，銀行工作人員應按照合同條款的字眼與單據的字眼核對後，對完全沒有錯字的單據（銀行方面不知交易或合同內容性質，所以只是逐字核對），應立即付款。而中國銀行的做法是，在核對了單據後，還要通知客戶（買方）單據到了，請核對確認付款。這樣不但延誤了賣方收款時間，而且可能讓買方趁機刁難。這種「內部手續」，使得信用證這個國際貿易的標準付款條件，失去了真正的涵義。信用證是交易雙方成交後，由買方經可靠的銀行向賣方開出的，保證付款，而賣方收到認可銀行的信用證後，就放心有貨款可收，就開始執行合同。銀行在收到賣方的單據後，立即根據合同逐字核對，無錯誤就應立即付款，根本不應再向買方「打招呼」，否則失去了信用證的意義。（信用證付款就是由第三方仲人即銀行負責，不牽涉買賣雙方，免得扯皮。）

蔣友德先生亦介紹中化公司理解我司在交易中的積極作用及處境，每次單據一到，立即同意中國銀行付款，不須中行將單據送來審核。其實中方的外貿合同、購貨合同，條款非常苛刻、複雜，而銷售合同則非常簡單，幾乎是「一經賣出，概不負責」之意。銷售合同要賣方盡速付款，而購買合同中的付款條件是盡量拖延。這大概也是「中國特色」吧。

中化公司告訴我，農民將裝磷肥的美製編織袋，用來作行李包用。後來，我在去瀋陽或大連的火車上，真的看到不少農民將磷肥編織袋用作了行李袋，用扁擔挑著，一頭一個，那袋上赫然都印著我丈母娘的墨寶啊！

（下）

中化計畫一個磷肥進口大單，邀請我司及美國磷肥協會訪問北京洽談。磷肥協會主席L先生夫婦及副總裁R先生，以及磷肥協會最大會員（以產量計）A公司一把手夫婦；第二大會員I公司一把手；我及我司兩位化學部主管，一同應邀前往。中方以中化的第一談判老手，副總經理杜導友主談。談判激烈，磷肥協會頭頭們讚我「料事如神」，能精確估計中方的意向。最後成交十萬噸DAP，皆大歡喜。事後杜總在走廊裡向我讚賞：「平先生，您真是談判高手，我的三道『防線』均被您擊破了！」

磷肥協會與我司，邀請中化公司以貴賓身分（不用付會費）出席將在新加坡舉行的國際化肥年會。於是大隊人馬離京去香港「休整」，入住半島酒店。半島酒店派出勞斯萊斯豪華禮車到機場迎接磷肥協會貴賓。我司香港公司則派公司小車凱迪拉克迎接我們。我們在香港「休整」幾天，以便不日即前往新加坡出席國際化肥年會。這期間，中化公司代表團也到達了香港，磷肥協會主席L先生夫婦宴請陳范慶、石小元。全隊人馬加上陳、石，剛好一圓桌。我司則招待陳、石二位遊覽淺水灣，在著名的淺水灣大酒店的遊廊享用英式下午茶並觀賞海景。

這時，美國磷肥對華年銷售額達六千萬美元，而中美兩國總交易額在約四億美元左右，也就是說，我司的對華貿易，占了美中兩國總交易額的百分之十六。但我熟知，中方不願宣揚其貿易，所以保持低調，從不對外張揚。磷肥後來成為與波音飛機，互相爭霸美中貿易金額的第一把交椅。

按慣例，中方在交易後，要組團考察。中化公司化肥經理薛林帶隊，成員有石小元、何萍及蔣友德。蔣是運輸部的，來美考察磷肥裝運情況。石小元是磷肥負責人，何萍是翻譯。中化知我在，不太在乎語言困難。代表團首抵紐約，因我司總部在紐約，磷肥協會也在紐約

中化公司歡迎宴，R先生（左一），薛林經理（左二），作者（右二），石小元（右一）。

（後來遷到芝加哥），另一重要原因是，中國銀行在美國只有在紐約有辦事處，代表團的差旅費兩萬五千美元是以信用證開出的，只能在中國銀行美國紐約分行兌現。代表團將此事通知我後，就去中國銀行換錢。

由於只能在紐約的中國銀行兌現，代表團一口氣，將兩萬五千美元全部兌現了。蔣先生將全部美金塞進上衣口袋及胸袋。好在我司離中國銀行只隔三條馬路，很近。他到我司後，我司總裁出來接待。我得知代表團有兩萬五千美元差旅費在蔣先生身上，頗感不妥，遂告訴化學部同事，務必注意小心。接下來蔣先生要從我司前往磷肥協會，好在只有兩條街，步行即可，我與我的同事就在蔣先生的左右擔任「保鏢」，以防小偷、扒手。時值夏天，到達磷肥協會後，主方說大家隨便吧，可以把上衣脫了舒服些（儘管室內有空調），於是男士們均脫下了上衣，唯獨蔣先生不敢脫。主方不知究竟，多次提醒蔣先生可以脫下上衣，隨意些。我只好對他們說，各人有各人的習慣，不必勉強了。

磷肥協會的會員均是美國一流的化工廠，於是都分別派專機接送代表團考察該公司磷肥生產設施。我陪同到處參觀，入住酒店辦手續，都是我用信用卡代為登記擔保，離開時，由蔣先生以百元大鈔現金結帳，一路平安無事。

代表團看到佛羅里達州磷礦場的規模，巨型挖掘機龐大有如一座山等，驚嘆不已，還參觀了碼頭及袋裝生產線。由於各會員公司盛情接待，而且均是一把手親自出面並派公司私有專機接駁（即一家公司接待完，下一家就立即派專機來接），薛經理亦當場邀請各公司訪華。他私下對我說，國內條件差，不可能有私人專機，但一定會盡力安排好接待。代表團最後一個公務活動，是我司請磷肥協會安排代表團參加在舊金山舉行的國際化肥年會。代表團另有其他安排，所以暫時與我分道，約定舊金山再見。我叮囑他們，美國旅館只認信用卡，不認現金的，入住旅館辦手續時最好有接待方在場協助，沒想到還是出了問題。

我與內人及兩歲小女美美以及化學部同事，前往舊金山，參加化肥年會。抵達大會酒店後，代表團已先行入住。我即問，是否需要用我的信用卡補辦手續，因為在交談時，客房門縫中塞進一紙條，通知付款。蔣先生說已經跟他們說明，離開時會付現金，但是仍舊天天塞紙條。宴會時，代表團成員均與小女逗玩並抱來抱去，倍感輕鬆，因小女長得人見人愛，平時我們以手推車推她逛馬路，路人都要停下來讚賞，有的甚至橫過馬路，走過來讚美，都稱之為小公主。磷肥協會私下對我說：「你這是出動了祕密武器。」

年會後，公務全完，進入娛樂時間。我方安排代表團遊覽迪士尼樂園，於是暢遊洛杉磯的迪士尼樂園，再遊佛羅里達的迪士尼世界。小女被迪士尼稱為破紀錄的兩歲小孩，接連同遊兩個迪士尼樂園。代表團成員亦不時親切地與小女逗玩。

數月後，磷肥協會來電話埋怨說，你的中國客人為何如此差勁，我方接待他們為貴賓，免收會費（每位參加者須付費），他們卻在國名上找麻煩（因臺灣肥料公司的彭蔭剛也參加了會議，以致發生了中華民國及中華人民共和國之爭。代表團抗議之餘，同意我向大會提出的「全改為『中國』」的意見——我向大會建議，何必印這麼複雜的全名？不如簡單些好，就一個CHINA了事），現在倒好，住酒店還不付錢，拍拍屁股走人！我說不可能，我知道他們有百元大鈔的現金，但磷肥協會說，現在酒店寄來帳單明確要錢。我即打電話給蔣友德，問他怎麼回事？他確認是以現金付清了所有費用，並有收條為據（旅館費餘額為零），我請他將收條傳真給我。蔣友德非常害怕，要求我務必妥善清理此事，否則中化會以為他私吞錢財。我將收據轉發給磷肥協會，說明中方已經以現金付清。磷肥協會反饋云，酒店仍堅持稱未付，要求磷肥協會付清。磷肥協會請我與酒店直接交涉。酒店解說，收據上有一行代碼表示，帳入主辦方帳號，表示由主辦方付款。所以收據餘額是零。我把這個情況告訴蔣友德，他大呼冤枉，明明在靠牆的一個收銀櫃臺，把錢付清給了一個男性收銀員，並要求我無論如何要將此事弄清楚，否則他跳進黃河也洗不清了。

我知道必是那個收銀員搗的鬼，請他放心。我將具體情況向酒店說明，請他們徹查所有收銀員，有無私吞現金。可是酒店堅信其職員可靠，並有保證押寶，無可能私吞犯錯。我則反擊，我方客人都是國家幹部，絕無可能揩油。雙方爭持不下，最後我說不惜告上法庭，說完掛斷電話。我請我司法律部安排，在舊金山上法庭。但是由於我司法律部律師們是紐約執照，在舊金山必須另聘當地律師代勞。於是我請他用最嚴厲的口氣，寫一封律師信給酒店

①中化化肥代表團參訪美國佛羅里達州裝運磷肥，後面堆放的即袋裝磷肥。薛林經理（左三），何萍（左四），石小元（中），蔣友德（右一），作者（右二）。
②中化公司運輸部蔣友德與作者女兒在迪士尼樂園。
③中化公司肥料部經理薛林與作者女兒在迪士尼樂園。

的總管理部一把手，即酒店的大老闆，要求認帳並道歉。我估計酒店的收銀員中必有壞人，注意到代表團每天對催帳通知，均答覆離店時會以現金總付，起了歹心，最後付帳時，將三千多元現金落袋，而在收據上，打入一行碼語，外人看不懂，並將餘款打入零。事後，酒店照章向主辦方催收，從而爆發出這意外。

酒店大老闆收到我司律師信後，不久回函對我司、中化、磷肥協會深表歉意，並歡迎隨時入住，以紅地毯熱烈歡迎。此事就此了結。我不知是酒店查出了內鬼，還是只想息事寧人，不值得因這個小官司而得罪三家大公司。蔣友德對我感激不盡，這也許是後來我帶單據進京兌現信用證時，他積極陪我去中國銀行，要求優先速辦的原因之一。

接下來，中化公司回請美國磷肥協會訪華。

於是，磷肥協會新任主席及各會員公司一把手，九對夫婦加上我夫婦及小女美美，以及我司化學部總經理及化肥主任，再加上我司東京總公司的化肥業務主管，群聚北京，入住北京飯店。中化公司熱情高規格接待，安排周遊北京名勝，品嘗山珍海味、北京烤鴨後，前往上海，入住錦江飯店。上海並無名勝，參觀了南京路上剛開門營業的金銀首飾公司，太太們爭看珠寶。出來時，內人推著坐在手推車裡的美美，走到南京路上，突然大堆人擁至手推車周圍，直呼「地格小囡嗲哇！嗲哇！」老美們不知何故，薛經理和石小元等只管微笑不已。

次日遊覽蘇州，有警車開道。接著遊覽杭州，同樣有警車開道。薛經理全程陪同，對我說，這次訪問的接待規格檔次極高，所以除了北京、上海之外，其他二級城市，必須有警車開道。在杭州入住當時的頂級賓館西冷賓館。出遊時，我提醒女士們，務必「澈底小解」，以免使用景區的公廁。結果在遊覽公園賞花時，還是有兩位太太需要用廁所。我問石小元哪裡有廁所？她請一位女士帶路去了。完事後，兩位太太回來，笑談此「畢生困難」之經歷……好在她們說的是英語，中國人大多聽不懂。

在獅峰龍井公社（當時還是人民公社時期）參觀時，美方開玩笑地推銷磷肥，公社主任說，他們的龍井是不用化肥的，以保證獅峰龍井茶的品質。品嘗特級明前龍井後，大家把小賣部的特級明前龍井一掃而空。當然，北京、上海、蘇州、杭州的友誼商店，也都是中方招待的必遊之處，促進了不少「出口貿易」。

杭州的開道警車是摩托車。開車的警察與我小女兒玩得很開心，將她放上帶有旁卡[1]的摩托車的駕駛座上。我們出來時，發現她端坐在摩托車上，兩手還扶著把手，很神氣的樣子，又引來大家一陣擁前拍照。

我司介紹並安排，請世界化肥組織邀請中方代表團為貴賓，參加在世界各地舉行的年會。作為邀請貴賓，不必支付高昂的會費，計

1 編按：Sidecar，臺譯邊車。

①磷肥代表團與中化公司代表在上海錦江飯店。薛林經理（右三）。
②中化公司招待遊覽蘇州，作者（擲錢幣者），石小元（右）、孫瑞豐（左）在旁觀看。

有新加坡、印度德里、維也納、摩納哥、倫敦及漢城等地。新加坡會議，中化公司的副總經理麥文瀾帶隊，我也帶著內人及小女兒參加。歡迎酒會上，法籍主席在發表歡迎詞時，笑稱小女是史上最年輕的會議代表。麥總則抱著小女不放。我司東京總部聽聞麥文瀾前來參加會議，即請我安排在新加坡與之見面（因那時要取得中方邀請高層人物訪華不是容易之事），並與我方總公司董事兼化工部總經理I先生會談，關於雙方全面合作事宜。

麥總是中國外貿界的前輩，曾任香港華潤公司總經理。我落實後，I先生即由東京趕來新加坡，雙方進行了早餐會議，洽談甚歡。I先生對小女也非常喜歡，吩咐手下安排送件玩具禮物。後來，我們由新加坡經東京回紐約時，公司按老闆的吩咐，買了一個日本著名的「秋田犬」毛絨玩具狗，還有一個身穿皮質民族服裝、背負弓箭的美國印第安人的洋娃娃，送給小女。

摩納哥的年會，中化公司派出唐姓黨務經理及高級工程師陳范慶，還有石小元。我司招待遊覽王宮及賭場。磷肥協會招待在山頂的一家著名餐廳午宴，由山頂眺望四周景色。會後我司招待遊覽著名法國藍色海岸，前往尼斯、坎城。時至坎城影展，馬路上不少全裸美女，跑來跑去，禮車司機說，都是些小明星，期望引得「星探」注意。唐經理似乎深表興趣；陳范慶則道貌安然，不加置評；石小元則大感不然。尼斯和坎城兩地的海邊沙灘上擠滿了人，很多全裸婦女。唐經理堅持要去海邊觀賞海景。顯然，醉翁之意不在酒。於是我請我的同事們，陪同唐經理沿沙灘步道走向海邊，當然經過眾多全裸婦女肉陣。石小元對此意見很大，頻說：「有什麼好看的！」我陪著石小元及陳范慶在岸邊等候。唐經理回來後，顯然已經過癮，大誇海景美麗，大家心照不宣。

薛經理過去曾任中國駐東德商務參贊，常駐柏林，所以在各酒會及宴會上，都能欣賞國外的美酒和美食，尤以醃漬橄欖，更是大快朵頤。我看得敬謝不敏，因我素不知那種橄欖有何好吃，對我來說是難以下嚥的。其他中方朋友都是中國胃，對西式美食，無法欣賞。

在印度德里出席世界糧食會議（糧食與化肥直接相關）時，我一到，就提醒代表團，別喝冷水，要喝就必須喝瓶裝水，而且，冰塊也不能碰。但代表團比我先到，陳工陳范慶說他已經喝了帶冰塊的飲料，果然，第二天就病倒了，完全仰仗大使館送來的麵條「過日子」。大會第三天時，六成與會代表都病倒了，躺在賓館房間內，無法出席會議。所幸，我預先有防備，沒有中招。會後，大會招待參觀泰姬瑪哈陵，我亦毫無興趣，打道回府，反正中化代表團的人也因陳工病倒而不去，我也無需前去照應了。

中化的化肥小組，孫瑞豐是組長，主管尿素（氮肥）；石小元主管磷肥，中間調往黨校學習；徐志堅主管鉀肥，高工陳范慶提

①國際化肥年會在新加坡，中化公司麥文灝副總經理手抱作者女兒。
②作者（右一）與中化代表團在法國坎城海邊。唐經理（右二），石小元（左二），陳范慶（左一）。

供技術諮詢。經理薛林領導有方，均是敬業者。石小元去黨校學習期間，徐志堅代理兼管磷肥。當時中方進口最大宗化肥是尿素，主要由日本供應。

我與化肥小組合作愉快，業務也擴大到鉀肥。鉀肥的主要生產方是加拿大鉀肥協會，辦事處在多倫多，與我司多倫多辦事處在同一樓層。我司多倫多辦事處C同事也就經常在洗手間，與鉀肥協會的主管們「交換意見」，打聽行情。我們成交了幾船鉀肥，於是中化代表團，參加了溫哥華的鉀肥會議。從會場可遙看對岸鉀肥的堆場，其旁邊是硫磺堆場。貨輪就停泊在岸邊上貨。

中化對我開發磷肥之工作，讚譽有加，認為功不可沒。中國大豆產量因磷肥的投放而產量激增，對出口日本提供了更多貨源，因為中國大豆蛋白質高，適合做豆腐，符合日本市場。美國大豆油性高，對榨油好，所以中方進口美國大豆自用，而出口中國大豆給日本。

陳范慶在退休前，獲派中化駐紐約的優待，在紐約住了幾年。石小元後升為中化副總，最後也獲派中化駐紐約辦事處的總裁好幾年。當初中化還有數位涉入化肥業務的人員，如高淑英、唐瓊等等。

這就是美國「金豆」撒放中國農田最初的故事。

25 活魚菜

北京日壇公園裡，有一家餃子樓，其供應菜餚，價廉物美，因地處使館區，所以顧客都是外交官，因外交官收入有限，所以消費不高。餃子樓的服務正適合外交官，而少數中國貿易老手，聞訊後也變成常客。該餃子樓的鹵牛肉及泥腸味道上乘，是餃子之外最受歡迎的菜式。我與同事常去晚餐。有一次，見到北朝鮮的外交官，拿著兩個鋁製飯盒買了水餃回使館。

這家餃子樓還有一傑作——煎炸活鯉魚。那是一道全魚經過煎炸，淋上濃汁，上桌時，鯉魚仍活著。小女美美，最喜歡用一根筷子，捅魚的嘴巴，看它不停張閉，她經歷過幾次。

有一次，老友翁萬戈夫婦（翁同龢之重孫）正好應文化部副部長司徒慧敏之邀，到北京拍攝故宮寶藏。他們亦住北京飯店，於是我請他倆去日壇公園餃子樓晚宴。除了鹵牛肉（熱的）、泥腸（即小型熱狗）、水餃外，一道活魚菜，他倆大開眼界，並看著小女用筷子捅魚嘴巴，讓它不斷張閉，至今翁氏仍常有回憶當初情景。

我向中化公司化肥部說起這道菜，他們在北京，不知有此餃子樓（因只對外賓開放），更不知這道活魚菜，於是我邀請他們「全人馬」前往晚宴，並告訴他們如何將車停在日壇公園北門外，向警衛聲稱去餃子樓晚宴（因公園晚間關門）。宴會中，一條大鯉魚炸透澆以濃汁上桌，但是魚不動，嘴亦不動，尾亦不搖，我為之大失面子。全桌的人都指望看活魚，結果是條死魚。我向經理責難，廚師出來道歉，他解釋因為我們一桌十人，他選了一條大鯉魚，以供十人食用，由於魚大，所以他多炸了一會兒，可能導致死亡。我要求重換，薛經理堅稱：「不必，知道了就好，一樣可吃。」於是廚師退下。不久，那條魚竟然復活了，嘴開始張閉不已，尾巴亦不斷擺動，薛經理笑稱：「大約被炸時嚇昏了，現在醒了。」

有一次，北京市內對外餐廳的宴會均爆滿，中方訂了頤和園聽鸝館晚宴，在那裡亦有活魚，是北京唯二能供應活魚菜的飯館。

26 公司總裁代表團訪華

（上）

為了加強中國貿易，我組織了以我司林總裁為首的八人代表團，於一九八一年由中國建材工業部邀請訪問中國。由於林總裁的英語水平普通，東京總部中國室的鄭先生加入代表團，為林總裁翻譯中日文。

一九八一年九月十三日，代表團搭乘國航CA984航班抵京。我原已在北京，所以與中國建材設備進出口公司亢祝純總經理前往接機。亢總經理安排了兩輛紅旗車迎接貴賓，並安排二十二號賓館為代表團下榻的地方。我仍住北京飯店五〇二五室，每天早晨參加二十二號賓館的早餐。早餐非常精緻、清淡，由賓館配定，客人不須點餐。我建議代表團準備小禮品作為招待會時分送來賓的禮物，計三百套印花床單及兩個枕頭套、三百支雙色圓珠筆、三百支圓珠筆。這些禮品先行運抵我司駐京辦事處（二十四號賓館）。

九月十四日，上午拜訪建材部及新型建材公司，接著訪問中國化工進出口公司。下午訪問中國紡織品進出口公司、中國輕工業品進出口公司以及中國糧油食品進出口公司（這三家公司都位於東華門）。晚間建材部舉行歡迎宴會。

九月十五日，上午拜訪煤炭部、農業部及種籽公司，農業部招待午宴。下午拜訪冶金部及冶金進出口公司、中國貿易促進委員會及一機部與電氣設備局。晚間，在仿膳飯莊設宴回請建材部。

九月十六日，遊覽長城及定陵地下宮殿。

九月十七日，上午拜會進出口委及外資管理委員會、國家計委。下午拜訪中國機械進出口公司、中國技術進口公司及中國五金礦產進出口公司（這三家都在二里溝）。晚間在全聚德烤鴨店舉行公司內部會餐，招待駐京辦事處全部同仁以及公司派在北京的留學生。

九月十八日，拜訪中國包裝公司、中國國際貿易投資公司。下午拜訪化工部、石油工業部、地質部及地質勘探開發公司。晚間建材部招待快餐及京劇演出。

九月十九日，上午拜訪輕工業部及輕工業進出口公司、外貿部。下午休息，準備晚間在人民大會堂舉辦的招待會。事先，我曾問人民大會堂宴會部如何布置宴會。他們介紹，因為是自助餐形式，食桌放在中央，所有椅子靠牆放，客人可坐。我說這太不像話，所有人靠牆坐著吃東西太難看。我說，必須在食桌以外，加放圓形餐桌及椅子，保證所有賓客有座且便於談天說地。我強調這是我的宴會，必須照辦。招待會前，我與同事們先到，檢查宴會準備情況。宴會廳（小甘肅廳）已按照我的要求，布置了很多圓桌及椅子，圍繞食桌，方便客人去取食物。但是食盤太小，我對劉經理說，如此小的食盤，怎能讓客人取食物？一個大對蝦就占滿了一盤，客人往往不會常往食桌跑，而是去取了一次就作罷。趕快換大盤子。宴會完後，劉經理向我道謝，說學了不少東西。

人代大會黃華副委員長（右）出席室社長招待會。作者（左）、外貿部外資司汪師嘉司長（左後）。

招待會的接待廳是小山東廳，宴會是在小甘肅廳。六時整，賓客陸續抵達，計有：

●建材部：宋養初部長、祁峻、白向銀副部長、趙景琦、張振局長、亢祝純總經理、劉公誠副總經理、吳德懋、何銳。化工進出口公司陳木總經理、麥文瀾、杜道友、劉維一及張玉璞副總經理以及薛林、孫瑞豐、陳范慶、石小元、徐志遠、蔣友德、范博、唐瓊、白永昌、唐瑞芳、朱慶榮、邢春花、王振雄、于洪德、王起雲、揚筠青、彭啟明、殷俊洪、楊文芳、江永梅、高淑英、王友亮、蔣汝根、趙娟、唐學良、沈祖銘、劉玉英、童鳳培、楊蔭輝、何萍及鄧婉知。

●中國紡織品進出口公司：王明俊總經理、韓芳宇副總經理、陳其襄副總經理、毛季直、齊一光、方子屏、王鐘善、王紹宣、鐘倫懋、彭效祖、張路群、業玉軍、李增深、關清泰、姫平、郭來禮、彭壽延及何耀林。

●中國輕工業品進出口公司：高楓副總經理、孫以銘、劉桂普、曾淑宜、毛建華及劉桂芳。

●中國糧油食品進出口公司：張建華總經理、佟志廣副總經理、袁湘忠。

●煤炭工業部：高揚文部長、賀秉章、孔勳副部長、歐陽淵。

●農業部：何康副部長、劉錫庚副部長、劉春、馬克讓局長、張普澤及屠曉明。

●冶金部工業部：唐克部長、劉學新、林華副部長、新平司長、王崗、趙桐林及包建元。

●中國貿易促進委員會：王耀庭主任、李文學、鄭鴻業副主任、李兆離、李賀田、王克忠及姜冠香。

●第一機械工業部：繞斌部長、陳延豪副局長、李佩章、丁家琦、蔡復、蔣伯雄、曹亞琴及楊雲秀。

- 儀表總局：朱良漪副總局長、唐迪武及張德臣。
- 中國機械進出口公司：程繼賢總經理、王野、魏華春、吳小蘭副總經理、朱鳴九、周傳儒、白恩魁、黃慶棠、黃惠喜、谷永江、郝紹先、韓穎如、舒閔生、黃志超、範貴霞、張小燕、耿玉琢、田學謹、李華、李愛文、朱知非、吳經延、徐敦瑩、金偉忠、王建賓、蔡明德及于福榮。
- 中國技術進口公司：張立總經理、王亞群、崔巍、李健民、任志傑、黃國頂、胡家珍。
- 中國五金礦產進出口公司：張毓彬副總經理、趙紅玉、梁士林、葉雷、王壯民、任昂生及李令言。
- 中國國際投資公司：經叔平董事、鄭伊雍副總經理。
- 化工部：孫敬文部長、張滔、曾敏行及張瑞英。
- 石油工業部：張文彬副部長、張兆美、秦文彩副部長、趙聲振、何淵清、王振華副總經理。
- 地質部：孫大光部長、韓勃、趙敦敏。
- 輕工業部：宋季文部長、王津、彭濤局長、林孟忠、王育橋及張綺思。
- 北京首飾公司：段景德經理、程祖華、蘇桂森副經理、周秉德、簡楠、王輝、李春麗及宣麗貞。
- 北京一輕局：邊寶駿局長、韓得揚、周以忠、馮培基、李國岐、杜梅生。
- 外貿部：陳潔副部長。
- 民航總局：郭浩副局長、李寶生。
- 三機部：方志遠副部長、謝晏然。
- 北京市及二輕局：王燕群主任、李文雙局長、高森局長、何建民、趙俊其、沈澄局長、徐鋒、丁玉山、朱紀青、歐陽織能。

- 東方科學儀器公司：郭偉人、李應龍。
- 北京市輕工業進出口公司：孫錫祿、蔡精誠、張捷。
- 美中全國貿易委員會：賽裡曼、馬克辛德。
- 美國大使館：布朗、戴維斯、蘭格。
- 科委：余仁泉。
- 交通部：潘善卿、錢汝。
- 愛芳協助日化四廠生產面霜的工程師。

並有林總裁，以及祁峻副部長代表建材部宋養初部長致詞。

宴會開始不久，人民大會堂的招待人員說，主方應該開始敬酒，於是招待人員托了酒盤及酒杯之類，引領我們逐桌敬酒。一共四十個小圓桌。因為來賓都是我的熟人，所以每桌都會與我多乾一杯。我看林總裁及其他團員都能乾杯不已，覺得不錯。招待會盡興而散。來賓每人取得一份禮物：一套床單、枕套及圓珠筆，當時可算不失大雅（安排禮品也是一門「藝術」。當時政風廉潔，外賓送的禮物都上交，而床單枕套、圓珠筆，既實用又不適合上交。那時選購這些禮品，全是美國製造，也是我司關係戶的知名產品。如今這類商品都是中國製造，足見中美貿易的發展，及美國廠商外包中國以及中國出品的廣泛與強勁的程度）。我司總部會長田先生剛巧也在北京，也順便參加招待會，他盛讚林總裁大面子，來了這麼多部長及官員。林總裁說，全是平樣（發音「尚」，日文的「先生」之意）安排的。田會長曾在我司紐約辦事處「監察」六個月，對我印象很深，從而與我有很好友誼。最後是我司同仁留下來享用招待會「剩餘」，很多食品幾乎未動，浪費驚人。

當時對外賓的確較重視，所以我的面子得到發揮，可以會見很多部長、頭頭，放到現在就不會有如此機會，除非大撒銀幣。那時都是廉潔奉公，來招待會的全是清一色藍布或灰布中山裝，女士是開領裝。到一九八八年的時候才是西服。

人民大會堂劉經理對我讚道「海量」，能對付這麼多客人。我說，大家不是同樣都敬酒？他說，他們的都是白水，因我未要求，所以我的杯子都是加了真茅台。這種場合，他們知道主方會被敬酒多多，所以預先準備好白水於茅台酒瓶中。我大呼上當！最後雖未出洋相，但是還是醉倒，由同事F先生送我回北京飯店五〇二五室，等我醒來後，他才回二十二號賓館。

代表團出入均乘坐紅旗禮車，一路暢行無阻，能準時抵達各拜會活動場所，這也是田會長稱讚林總裁大面子的話題之一。

九月二十日，代表團前往大連訪問。這時，八人小組變成五人小組，三位業務部門的組員先行返美，繼續日常工作。其中一位則是為了立即操辦糧油公司給的三萬噸小麥的詢價。林總裁出生於大連，很想看看大連。

下午班機延誤，只能在新建的北京機場餐廳等候。所有代表團成員包括林總裁，都帶有書可閱覽，所以他們都安然看書，只有我無所事事，周圍張望。這時發現，不時有人進入餐廳，看壁畫。因為餐廳進門的整面牆，畫了壁畫，是描繪西雙版納傣族人的潑水節，其中有一女人是裸露上身，於是轟動，引起眾人特地進入餐廳「欣賞」。服務員稱「煩不勝煩」。最後，大約幾個月後，餐廳用布簾將那一段遮蓋起來，但仍有人掀開看。

建材部安排代表團入住大連東山國賓館（在棒棰島）。

二十一日，與遼寧省外貿總公司會談。中午參觀我司大連辦事處並在海員俱樂部吃壽司。晚間由遼寧外貿總公司陳沂總經理宴請於大連賓館，全部大連海鮮。

二十二日，由大連飛北京。下午轉飛杭州。建材部亢總經理陪同。

二十三日，杭州建材局安排遊靈隱、玉

泉、黃龍洞，在山外山午餐。下午遊西湖。住在西冷國賓館。晚間在樓外樓晚宴。

二十四日，由杭州乘火車前往上海，亢總陪同。整個行程住處，建材部按國賓待遇安排。代表團訪問各地，建材部通知各地的建材局協助。下午拜會上海外貿總公司，並參觀設在錦江俱樂部的我司駐滬辦事處，並請所有同仁晚餐。

二十五日，上午參觀正在建設中的寶鋼。下午飛廣州。

二十六日，上午訪問廣東外貿公司及廣東紡織品進出口公司（中紡廣州分公司），下午遊覽市容。

二十七日上午，搭乘民航CA-303班機，前往香港，結束此次訪華行程。

（中）

中國經過八年的改革開放，在鄧小平的「深化改革，繼續開放」的政策下，以及沿海地區「大進大出」的方針，各地變化很大。為了掌握第一手訊息及資料，一九八八年，我司再次組織室總裁訪華。室總裁將會出任我司日本總部社長，所以大家都重視他。代表團也就人數眾多，十二人加上顧問四人，共十六人。顧問中有亞洲集團總支配人、中國總代表等。並以在中國有廣泛影響並在國際投資方面有廣泛興趣的中國國際信託投資公司為適合的接待單位，向我司發出邀請函。由於室總裁英語能力極高，我建議這次代表團訪華是「正宗」美國公司，一律用英語，反正我司的日本同事在美任職都必須精通英語。所以對這要求全部同意。

一九八八年六月一日，我以室總裁及我的名義（室總裁是團長，我是副團長），以傳真方式，將代表團全部行程通報榮毅仁及經叔平，詳細列出逐日逐時的內容，同時請他們安排拜會李鵬總理。

這時中外合資的現代化賓館已在中國出現，所以我方由當地辦事處預定住處。上海是華亭賓館，北京是建國飯店，大連是富麗華酒店，香港是富麗華酒店。

一九八一年林總裁代表團訪華時，尚沒有新式飯店及進口汽車，所以建材部安排國賓館，於是用車是大紅旗，這亦是總部會長（董事長）田先生笑侃林總裁，出入坐大紅旗。由於是大紅旗，一路行駛，均是交通無阻，能順利按時抵達會議地點。這次室總裁訪華，中國已有大變化，合資的現代化飯店能提供一流服務以及各項方便設施。

由於代表團計畫從上海入境，我事先請我家庭老朋友、上海市人民政府外事顧問李儲文先生，直接安排會見朱鎔基市長（李儲文接受廖承志安排，前往香港任新華社副社長，協助許家屯與香港大老闆聯絡）。我也印製了代表團名單以及公司的一覽表，供每次會見時，分發給中方與會者。

一九八八年六月十三日，代表團搭乘日航七九一班機抵滬，入住華亭賓館。那是新建的大型賓館並委託美國喜來登集團管理。晚間與上海辦事處同仁會餐。

六月十四日上午九時，在衡山賓館大會議室拜會朱鎔基市長，由於代表團人數眾多以及上海辦事處人員也加入，衡山賓館的兩臺升降機須多次才能將所有客人送至二樓大會議室。中方參加的有陸國賢（上海外經委副主任，後來任上海貿促會主任）及兩位外事幹部。室總裁向朱市長介紹我司於一八八七年開始在美業務，一九五二年成立為獨立法人，一九七四年開始美中貿易，總部在紐約，在美國十五個大城市有分公司，二十八家子公司，十九家聯號，公司雇員四百五十人，子公司雇員兩千人，客戶五千家以上，經營商品五萬種，年營業額一百億美元以上，對華貿易（不包括香港、臺灣）年一億美元以上。

朱鎔基市長與我是老朋友。上海計畫建造一座年產十五萬至三十萬輛轎車的工廠；開發浦東，建一座年產五百萬噸高級鋼的鋼廠；建

①朱鎔基市長與室總裁交談。作者在最左。
②朱鎔基市長接見室總裁訪華代表團。朱鎔基市長（前排右五）、室總裁（前排右六）、作者（前排左二）。

兩座橫跨黃浦江的大橋；外資銀行可在上海營業，使上海成為金融中心。一九八八年將是上海由下滑變上升之年。室總裁表示會向通用汽車公司（我司的關係戶）通報轎車工廠的項目，並推進PG公司的玻璃纖維工廠以及汽車塗料工廠。

中午，我們在華亭賓館退房，搭乘國航五一〇三航班前往北京，入住建國飯店。這是一家美籍華人開辦的旅館。北京辦事處以我司中國總代表的座車，一輛大奔作為室總裁訪京時的座駕，以及其他公司專車，再加建國飯店的禮車組成車隊，並申請北京公安的開道車。開道車的兩名警員也住在由我司提供的建國飯店客房，以便隨時「候教」。

使用開道車的目的是為了保證我方車隊能暢通無阻，不致延誤拜會時間。北京公安有此服務，也是創匯手段之一。我當初設計拜會行程，也是根據各拜會單位的地址，進行排列組合，避免不必要的往返。

六月十五日，本來按計畫是首訪東道主中國國際信託投資公司，由於榮毅仁有會議而延後，所以改訪外經貿部。鄭拓彬部長及周傳儒局長正在國外，由葉凌雲副局長接待。葉局長認為室總裁代表團訪華很及時，希望我司協助中國出口，可在中國的「大進大出」中作貢獻。

六月十五日中午，建設部林漢雄部長在北京香格里拉飯店設宴款待代表團。中方出席的有李濤平司長、亢祝純總經理、沈憶蘭副總經理、朱長安外事司處長及王萍經理（王萍後移民新西蘭，現在上海外資企業任職，時有聯繫）。林部長向室總裁表態，一定支持大連浮法玻璃廠組建，並要求我司協助中方參加日本的土建競標。

午後訪問國家計委，在國家計委頂樓會客室，副主任葉青及劉文芳美大司處長接見代表團。葉主任對室總裁的強大代表團印象很深，希望在能源、運輸方面大有合作（葉青後來與我很友好，曾來五〇二五室小坐），他成立了神華集團（以神木煤礦為基礎的能源集團）及新華航空公司。

接著訪問中國國際貿易促進委員會（貿促會），賈石主任與鄭鴻業副主任以及張北美大司司長接見代表團。賈主任說，中國已有一萬家企業有外資，投資額七十億美元，中方有豐富的資源，但缺乏資金，代表團訪華時機恰當，希望開展業務。

最後前往中國國際信託投資公司大樓，拜會榮毅仁董事長。中方出席的有榮毅仁董事長、徐昭隆副董事長兼總裁、王軍副總裁（開國上將王震之子。王震已去世）、杜驃總經理及周士道總工程師。中方以為我司室總裁是日本人，安排了日文翻譯，結果一上來，室總裁以流利英語向榮老闆表示謝意，感謝發出邀請。榮老闆說，想不到日文派不上用場。結果全程由我方李先生翻譯。當時大家都笑，由一正宗美國人翻譯中文。

六月十五日晚上，在國際俱樂部公司內部

①林漢雄部長在香格里拉飯店宴請作者公司。林漢雄部長致詞（中）、室總裁（坐右）、作者（坐左）、翻譯朱長安（外事處處長）。
②中信公司榮毅仁董事長（中）、中信公司王軍副總裁（右二）、Y中國總代表（右）、K副總裁（左二）、作者（左）。

會餐，宴請北京辦事處同仁。

六月十六日上午，在二里溝談判大樓大會客室拜會中國化工進出口公司，中方出席有周玉副總經理、沈祖銘、唐瑞芳、蔣汝根、高淑英及郝岩新等高幹。室總裁感謝化工公司為我司總部在華設辦事處的主辦單位，雙方討論相關業務並涉及美國的肉牛場投資項目。鄭敦訓總經理不在中國，周副總經理表示歉意，鄭總不克會見代表團。

接著與中國機械進出口公司會見。中方出席的有李廣元副總經理、王延金、范貴霞、耿玉琢、劉德冰等負責人。谷永江總經理不在國內，李副經理代以致歉。

緊接著中國技術進口公司會見。中方出席有佟常印代總經理、李元章、任志傑、張宗良、高珍先、王應林、王惠恒、陳友君、馬燕生、沈澤洪及潘亞起等負責人。佟常印笑稱許德恩總經理及其他進出口公司老總均在國外，他是「山中無老虎，猴子稱大王」。

中國五金礦產進出口公司劉興業副總經理、郭善興、段朝元等會見代表團。室總裁詢問美國鋼鐵出口中國的可能性，並由美國知名銅包鋼管製造廠介紹ＨＨ管給中方（後來這種管子為中國冰箱的發展起了推動作用，因為冰箱的冷凝管用它製造）。

中午由化工公司宴請。

下午拜訪中國工商聯發展公司。中方有鄒斯頤董事長兼總裁、張華聯高級副總裁、張應龍、秦克仁及浦寧出席。工商聯發展公司由國務院成立。

接著拜訪康華發展公司。中方出席的有韓伯平總裁（前北京市副市長）、賈虹生副總裁、王伯群、秦克讓及浦寧。韓伯平介紹康華成立於一九八七年，由殘廢人協會支持，可享免稅待遇，是一綜合企業等等。

六月十六日晚間，人民大會堂招待會開場。

事先預定此次招待會時，曾考慮人民大會堂或北京飯店，結果北京飯店獅子大開口，很多「額外另加」，反而人民大會堂還較划算，計費標準是每人一百五十元人民幣，場地費六百元，司機及警察每人十五元，按一百名計算，鮮花五百元，香煙四百元，服務費加一成，再加一成臨時雜費等等。這時國內已開始「向錢看」。我按一九八一年招待會的經驗，畫出食桌及客人桌椅的布置圖，要布置四十個小圓桌，每桌六至七個座位。服務員必須巡迴

康華公司韓伯平總裁（中）。

客人之間，不斷送飲料，服務員須協助客人取食物、餐具，食盤要充足，不能讓客人等餐具等等。

六時半，客人魚貫到達。這次我增加了簽到薄，是多本中式宣紙式的線裝簽到簿。不少人的書法不錯。前來參加的貴賓三百餘人。計有：

- ●中國國際信託公司：榮毅仁董事長、徐昭隆副董事長、經叔平董事、雷平一董事、杜驃總經理、王軍副總經理、諸啟元董事、姚嫵嫵、孫曉燕、周師道及董祖傑。
- ●對外經貿部：葉凌雲副局長。
- ●貿促會：賈石主任、鄭鴻業副主任、劉淑珍美大處處長。
- ●北京市：劉玉令祕書長。
- ●建設部：林漢雄部長、李業德部長祕書。
- ●能源部：王建忠司長。
- ●航空航天工業部：林宗棠部長。
- ●冶金工業部：穆學模司長、趙桐林處長。
- ●紡織工業部：王曾敬副部長、陸文棟外事主任、那莎外事聯絡員。
- ●商業部：黃達外事局長、陸錫華糧油工業局副局長。
- ●輕工業部：劉廣路司長、李文淵局長、李壽仁局長。
- ●農業部：相重陽副部長、潘定遠水產項目辦主任。
- ●國家計委：葉青副主任、李德寬局長、梁志宏局長、馬平中小企業對外合作小組組長（局級）。
- ●國務院重大技術裝備領導小組：田義傑處長、許明堂處長。
- ●公安部：石煒所長。
- ●水利電力部：張紹賢局長、袁開疇總工、晏勤外事司進口處長、王銘衷、游景玉（後來開辦亞洲仿真中心）、吳守仁處長。

●中國工商經濟開發公司：鄒斯頤董事長兼總裁、曹家瑞副總經理、鄭伊雍諮詢總經理、張應龍副總經理、趙永祺。
●光大實業公司：冷林董事、袁小華副總經理。
●華陽技術貿易公司：王傳善總經理、張雲龍貿易部總經理、徐元松處長、李樹華經理。
●康華發展總公司：周傳典副總裁、賈虹生副總裁、王伯群。
●中國石化國際公司：劉學民副總經理。康強產品進出口部總經理、程國志美洲事務經理、樊曉亞西歐事務經理、袁志零件部經理、周連清化工處經理。
●中國化工建設總公司：安郁綜董事長兼總經理、吳揚文開發經理、秦道華經理、李佩銘經理、顧德榮。
●中國石油工業部：周慶祖司長、胡漢濱司長。
●中國海洋石油公司：李新民、鐘晨。
●中國國際友好聯絡會：張士斌副祕書長、譚大平。
●日本使館：赤倉亮參事官、原秀壽一等書記官。
●美國商務部：布瑞克商務官。
●清華大學：解沛基校長、張全康軟體部主任。
●中國化工進出口總公司：周玉副總經理、陳浩然副總經理、沈祖銘出口總經理、郝岩新海外企業副總經理、蔣汝根進口總經理、高淑英、于振邦。
●中國機械進出口總公司：李廣元副總經理、王仁生、劉德冰、范貴霞、耿玉琢、王燕景等經理。
●中國五金礦產進出口總公司：劉興業總經理、何子直副總經理、段朝元、胡劍蘭、郭善興等經理。
●中國儀器進出口總公司：張寶和總經

理、王文志副總經理、馮剛、張忠強。

● 中國糧油食品進出口總公司：蔡佩康副總經理、袁湘忠進口經理。

● 中國土畜進出口總公司：陳淑蘭副總經理、宋樹武經理。

● 中國紡織品進出口總公司：周允中總經理、徐守藏副總經理、康志學、嚴雋和、黃秋生。

● 中國絲綢進出口總公司：黃建謨副總經理、黃增華副總經理、王金生。

● 中紡原料進出口公司：鐘倫懋總經理、牛熱東副總經理、呂芳。

● 中紡紗布進出口公司：周憲剛總經理。

● 中國輕工業進出口總公司：李文志總經理、孫以銘副總經理、鹿素芳主任、陳洪生經理。

● 中國紙張紙漿進出口公司：薛維民副總經理、陳雲仙副總經理。

● 中國包裝進出口總公司：許建國總經理、李國慶、胡文仙。

● 中國技術進出口總公司：佟常印常務副總經理兼代總經理、李元章、王惠恒、任志傑、陳麗芝、高珍先、楊益國、馬燕生、沈澤洪、黃彬如等部門總經理。劉休潔諮詢公司副總經理。蘇江計算中心主任。

● 國家建材局：李濤平外事司司長、劉澄總經理、鄒澤宇計畫司司長、趙開芝。

● 中國建材設備進出口公司：亢祝純總經理、沈憶蘭副總經理、周梓春副總經理、沈維三總工程師、王萍經理。

● 中國新型建築材料公司：邵玉媛副總經理、吳俊生總工程師、薛北陽。

● 中國機械設備進出口總公司：黃河處長、姚石六、唐夢松北京分公司總經理。

● 中國有色金屬進出口總公司：鄭汝貴總經理、林榮波副總經理、黎亞和、張紹偉。

●中國冶金進出口公司：費祖訓副總經理、潘尚心、羅洪生、葉周章。
●首都鋼鐵公司：潘華垣總經理、談德璋副總經理、華連元、徐學政。
●中國原子能工業公司：徐遲之、王世強。
●中國民航總局：管德副局長、王建、李純堅。
●中國航空技術開發公司：嚴天南、孫英澤。
●華聯技術開發公司：許錫纘董事長兼宋慶齡基金會理事。
●中國新時代公司：麼子臣經理、蔡振德經理。
●中國船舶工業公司：李堅副總經理、錢中耀經理、史文娥。
●北京化學工業公司：宋毓鐘副局長兼總工程師、廖慧中副總工程師。
●北京輪胎廠：戴木森廠長、白冰峰副廠長、王祖建副廠長。
●北京日化四廠：李國岐廠長。
●中國輕工機械總公司：李永才衡器處處長、武學林顧問。
●北京第一輕工業總公司：李連興副總經理。
●北京化工二廠：王家福廠長、李岩嶺書記、邊立本副廠長、李景普外事辦主任。
●北京市儀表工業公司：李希漢副總經理。
●美國駐華大使館：商務處強士頓。
●美中貿易委員會：韋爾。
●B公司駐京代表C先生等等。

室總裁致詞，感謝中國國際信託投資公司榮毅仁董事長盛情邀請，並簡單介紹我司是一家資本金兩億美元的紐約公司，年營業額一百億美元以上。

宴會中，我與林漢雄部長及林宗棠部長坐下聊天。他倆笑稱阮崇武（莫斯科時期同學）擔任公安部部長，不知其是否懂行。

宴會圓滿結束。

①左起：S亞洲總支配人、作者、室總裁、中信集團副總經理王軍、Y總代表。

②建設部林漢雄部長（左）、航天航空工業部林宗棠部長（中）、農業部副部長相重陽（右）。

③室總裁招待會後。室總裁（坐右三）、作者（坐左二）。

④作者（左）、國家計畫經濟委員會葉青副主任（中）、室總裁（右）。

⑤中國技術進口公司總經理佟常印（左二）、副總經理任志堅（右一）、室總裁（右二）、中技公司翻譯（中）、香港公司S總經理（左一）、作者（左三）。

⑥中國工商經濟開發總公司總經理鄒斯頤（右三）、副總經理張應龍（右一）與室總裁（右二）、作者（左三）、香港公司S總經理（左二）、中國總代表Y（左一）。

⑦中信集團副總經理經叔平（右）、室總裁（中）、作者（左）。

六月十七日上午休息，自由活動。午餐時，開道車警員與北京有關部門聯繫，新建的機場高速公路已修建完畢，可以行車。建國飯店退房後，車隊前往機場，由環路進入機場高速公路入口時，攔路欄仍橫擋在入口處。開道警車將路欄搬開，於是車隊在機場高速公路上疾駛。所以，我們的車隊是第一使用機場高速公路的新鮮路面，不到十分鐘就抵達機場了，搭乘民航六一二八航班前往大連。

在大連，入住富麗華酒店。我與室總裁一同與前臺美女合影（該美女是我熟識的一位，因我常去大連。那時，大連多美女，後來聽說都嫁給香港及臺灣的商人而離開大連）。晚間，大連市長魏富海會見代表團，並在富麗華酒店設宴款待代表團。中方出席的有李振榮副市長、張汝仁副市長、張素英處長及王春山外事幹部。室總裁向魏市長通報，已與林漢雄部長確認，可在大連開發區盡快組建大連浮法玻璃廠。魏市長希望我司能參與大連第二水泥廠項目。雙方同意推進大連水泥出口。我司將組織美日韓三國專家於稍後到大連詳細考察。

六月十八日，參觀大連開發區以及劃定給大連浮法玻璃廠的地塊，並參觀現有的大連玻璃廠。臨行前，雙方簽署備忘錄。下晚代表團搭港龍班機〇二三航班前往香港。晚間到達香港富麗華酒店（九龍）。

六月十九日，前往深圳參訪。首先拜會貿促會深圳分會。中方出席有柯魁昭副主任、崔耀副祕書長、謝莉經理，然後參觀市容。中午在東湖賓館設宴招待會。來賓有深圳工商聯主席邵君岩、深圳商會總經理羅武忠以及十六家當地企業的頭頭。下午參觀蛇口PG公司的廣東浮法玻璃廠，拜會深圳市副市長李廣鎮。室總裁向李市長表示，午宴時嘗到新鮮荔枝，希望獲得日本的獨家經銷權。李市長說，沒問題，但須我司解決入境檢疫問題及新鮮包裝技術。

六月十九日下午五時返回香港，只需半小時，晚間內部聚餐。

六月二十日，拜會香港新華社。中方出席有許家屯社長、容辛副祕書長、紀少祥外事主任、林克平協調部經理、陳先生經濟部主任、顧之洪。許社長就室總裁提問的問題及簡介，作了回應，並希望室總裁能向華府方面反映：

一、香港有兩派觀點：一是認為前途悲觀，這可理解，由於國內過去行政方式及「文革」；一派是樂觀的，因為國內穩定並進行「改革開放」；

二、鄧小平保證五十年不變，香港是中國發展戰略的重要部分；

三、香港的地域很重要，有不可估量的功能；

四、香港潛力不可估量，遠超估計；

五、中英聯合聲明後，香港再次獲得繁榮，非任何遠東城市可比；

六、兩岸經濟互補，政治上兩岸遲早統一；

七、中韓關係及貿易仍有一些障礙，但隨著國際趨勢，中韓貿易可望發展；

八、中國應開放一些商品能行銷國內外；

九、美國是中國的主要市場，中國是美國資本、技術、產品的好市場，希望我司能積極開拓；

十、五年內，中國會改變制度，屆時勞力及資源將獲充分利用；

十一、香港的加工業已向廣東轉移，香港將成為服務中心，外資公司利用香港作為對華觀測點及投資的跳板；

十二、香港能很好地成為中臺貿易、中韓貿易的中介點，南韓決心在中國與日本競爭。

室總裁答應向華府老朋友反映。

接著拜會華潤公司，在華潤公司頂樓會客室。中方出席有朱友藍董事長、佟志廣副董事長兼總裁、華君強副總經理（公關）、王興文總經理（企業發展）。中午，中國國際信託投資公司香港公司榮智健總裁在富麗華宴請代表團。下午與香港公司內部會議。晚上香港公司內部會餐。

至此，訪華行程結束。

我亦回美，趕著帶全家去歐洲度假，先到摩納哥。這次訪華的報告是在摩納哥的旅館內寫成，傳真給我的祕書劉小姐打印裝冊。

（下）

室總裁在紐約任滿五年後，一九九一年回東京任總部社長。他與我極為友好，每次我過東京，他都特別請我吃西餐。後來每逢訪華都將我列為團員，作為美國公司副社長身分。有一次，安排拜見江澤民，中方說，必須事先到京幾天，以便「隨叫隨候」。於是我建議，利用此「空檔」參觀兵馬俑。室社長認為好主意。

我打電話給老朋友陝西省省長程安東，請他協助，並明言只是「旅遊」，不是訪問。程省長非常熱情，表示熱烈歡迎，全程由省政府接待。省政府外事辦禮賓處處長朱景琪帶著車隊來機場接機，朱是上海人，很熱心。程省長接待交談甚歡。晚上安排便宴及觀賞大唐歌舞劇。次日參觀兵馬俑，朱處長令人打開圍欄，我們可近距離與兵馬俑合影。參觀碑林時，室社長與朱處長在前觀賞，我們隨後跟著。突然兩人停下，指指點點，我是緊隨在後，立即上前，詢問有何發現。原來就在這樣信步觀看，室社長一眼看到他的名字，一個少見的古字，這可算是一奇跡。朱處長也不敢相信，在成千上萬的刻字中，竟然會發生室社長無意中看到他的名字，大家都稱奇，難以置信。

程省長、賈治邦副省長、裴長菊外事辦主任兼陝西省對外友好協會會長等，聽到後亦稱奇不已。我們也在碑林看到日本皇太子（明仁天皇）訪問時立的碑。這時，北京通知見江澤民的日期，時間確定，於是大隊人馬返回北京。

接見地點是江的住處，中南海瀛臺。我司車隊安排妥當，室社長是一號車，我坐在二號車，進入中南海西門後，即由開道車領先疾馳。由於快，二號車在拐彎時轉錯了方向，大隊車跟著跑，所以只有開道車及室社長之一號車到達瀛臺。室社長成了光桿司令，孤家寡人。開道車急忙往回找車隊。與此同時，二號車發覺不對，已調頭帶著車隊轉向，碰上開道車。人到齊後，開始整隊入內，江在內接待，一一握手，我還加稱「老學長」，他說「不敢當」。

室社長在會見前做足準備工作，熟讀唐詩。江果然指著牆上掛的唐詩說「千里共嬋娟」，意思是和平，又大談西洋音樂的聖母頌等等。室社長稱讚大國領袖果然不同。所有倒茶的女服務員都是身材高眺，面孔比明星還漂亮的美女。

陝西省省長程安東（中）、室社長（左）、作者（右）在程省長的招待宴。

見江澤民是在一九九五年七月。半個小時的會見後，江起身送客。這時他說他的身軀是兩百多磅，無人可推得倒，同時他又提醒：「您們與地方談項目要小心，因為地方往往亂吹、亂保證。」

室社長升任會長後，有一次訪華，參加一家大百貨公司成都店開幕典禮，然後遊三峽。他請我參加。我司日本本社與日本某大百貨系列聯合投資，在華開設百貨公司。中方合作單位是華糖集團。第一家店在北京西邊，接著在成都開設另一家。室會長與該百貨系列東主鈴會長出席主持開幕式。開幕前，試營業兩週，百貨部分尚未對外開放，主要是出售麵包之類的食品門市部，民眾均天天排隊搶購。開幕那天，氣候變陰冷，我就在百貨公司買了一件羊絨衫，以備萬一。百貨商場採取日式操作，禮貌第一，顯然初次操作，售貨員過於小心及禮貌，反而變成不知所措，因而不知如何收款，經過折騰，最後由日本雇員解決。中方售貨員頻頻說「不好意思」（香港的廣式口頭語）。我向鈴會長展示所買的羊絨衫，並稱是開幕第一位買家。他大笑，並表示感謝。

開幕典禮結束後，翌日，我司包了一輛旅遊大巴，載著全體人員，由成都駛往重慶，去搭乘三峽遊輪。在重慶過夜。晚餐與重慶事務所同仁會餐。第二天早晨，我司北京總務主任及男女各一位助手，收集所有人員的行李再加上旅程必需品，包括四箱法國名葡萄酒（兩紅兩白，還配備兩箱酒杯），由我司香港公司總裁孝敬室會長，專門從香港運至重慶，以及大批日式小吃。因為室會長是法國某著名評酒會的成員，曾獲獎，喝葡萄酒必須配有正確的酒杯，每次喝時，他都向大家解釋如何評價品嘗。

所訂的遊輪是「三國號」，是當時最大、最豪華的、號稱四星級的遊輪。遊輪外形是一艘中國古戰船，內裝修也是三國時代的樣子。同行的有室會長夫人、顧問高大使夫婦（日本前駐美大使）、鈴會長及其他同事。遊輪有四個套房及單間，室會長等住下套房，我等各住單間。結果整個旅程，室會長等全部沉迷於方城之戰，根本不看外景。

作者攝於三峽遊輪三國號前。

室會長最喜食麻婆豆腐，可是菜單上沒有。我去廚房詢問，能否特製，廚師說沒有問題，只是船上沒有豆腐，必須下一站靠岸時，進城採購。我告訴室會長，明天晚餐就可享用麻婆豆腐了。之後，餐餐有麻婆豆腐供應我們這組客人。船上的家具都是三國時代的樣式，所以並不舒服，餐具也是「古陶瓷」，碗碟等使用有些彆扭。船上配有弓箭等娛樂設施，還有一個小和尚算命，此小和尚算得相當準，眾人均稱奇。船上導遊沿途指點將來水庫蓄滿水時的高度。其實最精彩的一段是小三峽，必須換乘小船前往，有的地段水淺，必須離船上岸步行，船過了淺水後，再上船往前行。水清澈無比，不像長江水渾濁。中午在當地餐廳用膳，風味不錯，其他上岸遊覽之景觀，亦只是一般，酆都鬼城更是粗糙得很。

到了三峽大壩，船停下許久，讓遊客觀賞，這時「方城戰」也暫停，大家都在甲板上，然後過船閘，在宜昌下船，已有旅遊大巴等候。總務主任及助手忙著把所有行李及「物資」搬入大巴，一行人前往武漢。

第二天，有警方開道車前來賓館，引領我們的大巴前往機場，但是碰上封路。我問，為何我們的開道車沒有作為？司機說可能另有市委重要人物。不久，一個車隊疾馳而過，我們的開道車也隨即跟進，飛馳到機場後，前面車隊折入專機方向，我們轉入候機樓。我查問機場，說是李嵐清副總理的車隊，是一級保護，所以我們的車隊自然遜色。

室會長退休後，由日本政府指派出任日本發展銀行總裁，二〇一七年去世，一場老友，就此告終。

27 十萬噸小麥進口中國

林總裁代表團訪華成員之一是我司糧油部負責人荻高級副總裁。代表團訪問中國糧油進出口公司時，佟志廣表示是老朋友，願意在美國小麥進口中國上予以配合。

荻副總裁即先行回美，組織報價，很快陸續成交三船小麥，每船三萬噸加上允許一成的增減，即每船可運三萬三千噸，三船貨就是十萬噸。

中國糧油食品進出口公司佟志廣及袁湘忠對我司的三船小麥交易很感滿意，認為我司交易行動快速，後來居上，超過美國的幾大糧商。佟志廣對我說，這三船交易，中方知道第一船及第二船，我方有虧損，但第三船可賺了老鼻子，肯定將前兩船的損失扳回，還有多，除非我方事先作了「對保」（COVER）。我聽了也感寬慰，回紐約後，我問荻先生，是否第三船大賺？荻先生說：「可惜，我對保了，沒有賺到。」因為小麥是商品，全球有公開行市，價格起落全是公開。我司原則是不准做投機，所以荻先生不能冒險看漲或看跌，必須「對保」，以致市價大跌時，失去賺大錢之機會。

由於十萬噸小麥的交易成果不理想，我司也就放棄出售小麥給中國，只是專營日本市場以及港臺市場。

當時，國際市場大米價格高，一斤大米相當於三斤小麥，所以中方以出口大米的外匯進口小麥，這樣可增加很多糧食供應量。

28 錯失規範引進旅館

中國對外開放面臨旅館缺乏，從數量及品質上都存在嚴重欠缺。我與世界最大的旅館管理公司H公司討論，如何投入中國市場。H公司的主管提出一方案，即由中方委託該公司進行規劃，並支付一筆顧問費。

H公司的想法背景是，二次大戰結束後，法國的情況是滿目瘡痍，急需合適的旅館，於是法國政府支付一筆顧問費給某旅館業專業公司，請它調查法國的旅館房存量、水平等，以及需要增加的數量等等，同時制定出由一星至五星的旅館標準：諸如房間大小、家具、臥具、衛生間、餐廳、餐具、採光、隔音等等，詳細具體規格全部列明，各投資者計畫新建旅館時，則可按照具體規定的標準，按星級設計投資，如此就不會發生投資不實或虛假欺騙。

那時中國旅遊局就在北京飯店對面。旅遊局徐經理就經常來我住處五〇二五房間討論如何開放旅館事業。我說最好制定出一套規範，明文規定星級旅館的標準，如有投資者，則可按照標準看他投資哪一級，就按那一級具體設計及驗收，這樣可免上當受騙。這樣，一開始就能明確所建旅館是什麼水平。徐經理不願預付顧問費，請專家作評估及制定規範。這是當時中方官員的通病，不願預付，只願事成再付。所以上當受騙之事時有發生。

我說服徐經理，這種由專家制定的規範是實實在在的文件，有詳細具體的內容，不是空話，例如五星級賓館的刀叉餐具必須是銀質，床單必須是高紡全棉，客房大小、電梯水平、前臺人員、服務員數量、客房娛樂設備、衛生間設備品牌等等等等，如旅遊局掌握著全套規範，遇上有投資者，即可先問投資哪一級的旅館，然後亮出該級旅館的規格標準，請他照辦。既省事，又不會「貨不對辦」之事發生。

這時旅遊局正在與外方洽談長城飯店及建國飯店。徐經理一直擔心吃虧。我安慰他，絕對不會吃虧，因為那時的規定是中外合資旅館，合作年限七年。我說，就算吃虧，七年後中方可獲得整座旅館，怎麼能不划算？他又說，七年後，整個建築老舊了怎麼辦？我說，旅館經營者，為了招引客人，不會讓旅館老舊。總之說來說去，只是在原地踏步，毫無進展。事實上，我倒真見過一家中方旅館，一年後就髒亂。

長城飯店由美方兩位投資者談成，一位是著名的幫助列寧的投資家後代E先生，一位是上海名百貨公司的女婿S先生。這兩位合作拿下長城飯店項目。E先生來紐約，到我辦公室洽談，宣稱向中方表示，客房收費應按國際標準，不必按中方標準，如此收益可大增。他要求我司投資。原來是兩位取得項目後，再找後臺老闆，而且在招標承包該工程各部分時，投標者必須承擔財務資本。最後由四家美國小銀行提供資金，完成該新式飯店。我司北京事務所也搬到該飯店三樓整層。

雷根[1]總統訪華時，不願住釣魚臺，怕有監聽，所以下榻長城飯店的總統套間。我們另有特殊出入證進出。當時美國三大電視臺在大廳的四角，各占一方位，進行轉播。雷根總統也讓步，在京期間乘用中國大紅旗禮車。到了上海後，改用其自備的凱迪拉克。S先生後來成為老朋友。有時來我司在北京飯店五樓會議室的辦事處，找我借用辦公設備。

建國飯店則是美籍華人陳姓建築師所建。他是將其在美國矽谷自建的假日酒店的全套圖紙，搬到北京，並號稱是中國唯一沒有監聽的

1 編按：隆納・雷根（Ronald Reagan, 1911-2004），一九八一至一九八九年任美國總統。

賓館。

如果旅遊局徐經理能夠採納我的意見，下決心聘請H公司調查全國現有客房數量以及需求數量等，並編制出各星級旅館的規格，則中國的旅館業，早就規範化，不會出現後來五花八門、各式旅館遍地開花、爭相號稱星級的現象。

29 福建行與高雄行

我司香港公司聘請一位年輕港商李先生為中國貿易顧問。李先生是一位印尼僑生，叔父是印尼僑領，在北京有一座大住宅，附有一花園。文革時，很多幹部靠邊站，於是不少都到他的花園消遣、消氣，於是他結識了很多高幹。文革後，這些高幹恢復待遇，所以他有很好人脈關係。

一九七九年改革開放開始，不久又出臺了沿海十四座開放城市，廈門是其中之一，成立廈門特區。我們通過李先生安排，計畫訪問廈門及福建。一行五人，由香港出發，搭乘班輪（是中國進口的一艘二手客輪）前往廈門。班輪是晚間啟航，早晨抵達廈門，然後返航香港。我怕暈船，一路始終躺在床上，沒有觀看夜景。

抵達廈門後，入住廈門賓館，然後拜訪廈門特區首任主任王一士，他熱情款待，介紹湖里加工區，我們前往參觀。該區正在進行「三通一平」工作。「三通一平」即通水、通電、通話及平整土地。

我們住在廈門賓館時，同時住進了王任重及劉海粟。王任重與我們同層，但他住在另一翼（賓館每層中間樓廳兩面分出兩翼）。王包下住的一翼，警衛二十四小時輪流坐在走廊口。劉海粟及其女弟子住另一層，我們可看到他如何指點女弟子，在樓梯轉拐處，設畫桌寫生窗外景象。

主方安排我們參觀鼓浪嶼，鋼琴之鄉，步行其間，果然到處琴聲，登高可遠眺金門。

廈門拜訪完畢，我們包了一輛麵包車前往福州。當時福廈公路正在建造中，沿途多有工地。李先生原籍莆田，所以莆田縣委書記堅請我們中午在莆田用餐。我們由公路折入莆田。午宴後，司機竟無法找到進入公路的路，向路人打聽，竟然言語不通，原來廈門話與莆田話完全不一樣。好在李先生能說莆田話，最後總算找對路，重上公路。

沿公路兩旁都是一幅泥地，泥地以外才是建築，一般都是兩層樓房子，用石頭建成。福建多石頭，所以連窗戶都是石頭框子及石頭條欄。有公路監理處，沿途設置管理公路。公路兩邊的店面前，都停放摩托車，這景象與我後來訪問高雄時所看到的非常相似，連公路監理處的機關名稱亦一樣。

傍晚抵達福州，出席福建省委書記項南晚宴。項南在被打倒期間，經常在李先生家的花園中消遣。宴席中有一道長樂扇貝湯，是我們首次欣賞，據稱長樂扇貝乃國寶，而且是江青的最愛。

平潭正在開發建設，項南安排我們去平潭海邊參觀。從海邊可看到遠處的大擔、二擔島[1]及上面飄揚的青天白日滿地紅的旗。

這就是在改革開放初期，訪問福建的情況。

不久，我司香港公司組織第一個大陸代表團訪問臺灣，我有幸亦參加。中方代表團以鄧北生為首，他是香港粵海集團公司一把手，父親是鄧發，標準官二代，人不錯，斯文有禮。

我們參訪臺灣統一集團及立大集團，兩家均在臺灣南部，所以由港飛高雄，參觀了統一的各種食品加工廠，包括泡麵加工廠，當時稱即食麵。統一的一把手高清源是國民黨中央委員，所以統一到大陸投資，受到額外歡迎。立大是養豬大戶，由六兄弟主理，老二是一老者，一路陪同。他說他最精通的是日語，國語馬馬虎虎。

參觀完，我們送走中方代表團後，即去臺北一行，停留一天，這是我第一次也是唯一的一次訪問臺灣。

1 編按：大擔島及二擔島於一九五一年改名，現名為大膽島、二膽島。惟中共並不承認改名。

30 愛芳化妝品及首飾合資的領頭羊

（上）

美國愛芳（AVON）[1]公司的一位律師曾是通用汽車公司的律師。轉任愛芳公司後，因為通用汽車公司的關係與我司熟，聽說我司成立了中國貿易部，就求與我聯繫，尋求商機。

我倆在紐約華爾道夫大酒店午餐，他帶來愛芳公司的產品目錄。我久聞愛芳大名。他很想將愛芳推入中國市場。我對他說，中國的社會不提倡化妝品，那是資產階級的東西。談論間，我翻閱產品目錄，發現最後一部分是首飾。我問他，這些首飾銷路如何？他說，很好，而且都是愛芳自己生產的，供不應求，生產跟不上。

我即想出一個方案：在中國設兩個廠，一個生產護膚、護髮品，不叫化妝品，產品全部中國內銷；一個生產首飾，產品全部外銷。兩個工廠保證外匯平衡。他同意我的想法，回去上報管理層，不日愛芳常務副總裁P先生請我面談，大讚我的建議是好辦法，請我盡快進行。

我即與中方聯繫，中方由北京首飾公司承擔此項目，進行探討。那時中方外貿已發展到來料加工的階段，北京首飾公司以為可出口自身產品以及來料加工，可以創匯立功，根本沒有想像到「假」珠寶首飾加工的現代化及高科技。北京首飾公司邀請愛芳公司訪華洽談。於是愛芳大隊人馬與我訪問北京，包括愛芳公司

1 編按：作者引入項目時，譯AVON為「愛芳」，AVON亦以「愛芳」在北京註冊登記，故於此書中皆稱此項目作「愛芳」。後來項目失敗，港商於廣州另起項目時，採用港稱「雅芳」。

屬下的蒂芙尼珠寶公司的二把手、愛芳公司營銷各部門主管等。那時愛芳將蒂芙尼珠寶公司收購，作為經營名貴「真」珠寶的業務主角。行前，我拜訪蒂芙尼公司東主，第二代傳人P先生，他辦公桌上有一精緻但簡單的宜興紫砂小茶壺，一看就是上品。他說，中國的現在的產品往往過於造作，不像這個茶壺，造型、線條，非常簡潔美觀，如能改良並可加上蒂芙尼的印記，定可名揚天下。

我方到達北京，入住北京飯店。北京首飾公司盡力接待。愛芳公司向中方介紹公司背景：愛芳公司是世界最大的化妝品公司，產品以大眾化為宗旨，由一百多萬員愛芳女士上門推銷，不經過商店，業績非常好。我亦補充個人經驗，六〇年代在美期間就遇到過這樣的愛芳女子，開一輛漂亮的汽車，前來按鈴敲門，即所謂「愛芳造訪」。然後打開所提的皮箱，介紹各種化妝品及首飾，並介紹示範如何使用，如願意買，當場成交，然後商品郵寄到家。這就是直銷的辦法。愛芳創辦人——就是愛芳女士——於一百年前想出這辦法。由於化妝品不是北京首飾公司的範圍，它必須上報北京市，然後由一輕局（第一輕工業局）接下任務。

北京首飾公司引領客人參觀了各工廠包括景泰藍工廠、漆雕工廠及玉雕工廠，以及所收的鑽石珠寶等。蒂芙尼二把手H先生看了金銀器及珠寶後，詢問中方有無參加世界鑽石招標會及寶石來源等。中方拿出一堆紙包，每個紙包裡是各種國產珠寶，其中有一包三粒新疆出的紅寶石，H先生認為品質不錯，我當即乘勢買下。H先生看了中方展示的銀絲編織的花籃，非常精細，我看了也嘆為觀止。H先生拿出一個銀質香煙盒要求仿製，他說如能做到，就可知工藝水平。這時除了首飾代表，中方的工藝代表也參加。

一輕局接到任務後，參加座談，了解情況後，指派北京日化四廠為對象，主談護膚品及護髮品。

北京首飾公司蘇經理非常好客，安排遊覽長城，科長周秉德等陪同，後來周秉德帶隊訪美參觀愛芳，同行人告訴我，她是周恩來的侄女。我們大隊人馬分乘三輛上海牌轎車及一輛麵包車，中方的全在麵包車裡，外賓分乘上海牌小車。我與愛芳兩位代表坐在一輛上海牌壓後，最後從八達嶺下山前往定陵。盤山道下山途中，我們的車忽然後軸斷了，整輛車就像趴在地上往下滑。停止後，司機只好請路過車輛通知求助（不如現在有手機方便）。我也忘了最後如何另外有車送我們到定陵。主方及另兩輛上海牌小車到達定陵後，不明白為何我們這輛車一直不出現。

愛芳這次首訪，基本上是無功而返。

第二次訪問，由愛芳總裁錢尼先生親自出馬，率領兩位同事，其中一位是模特兒組主任，真一美女，氣質上佳，加上我四人。錢尼命人在行前，送我一張頭等來回機票，甘迺迪機場泛美航空公司的候機貴賓室，也事先知道我們這批貴賓，招待非常周到。

由於是愛芳總裁親自出馬，我就採取尋找高級別接待，直接找輕工部，希望從部裡面打開局面，從上而下。抵達北京後，仍住北京飯店（很運氣），大約是輕工部的面子。輕工部一輕局局長彭濤接見，他向錢尼說，由於愛芳是大企業，輕工部考慮，中國只有上海有基礎、有能力與愛芳合作，已安排好我們去上海洽談。我們小組有美女一名，所以到處引起注視。輕工部派一男一女兩位幹部陪同我們前往上海，女幹部是張綺思，上海人（多年後加入一家外企任中國區負責人）。班機在合肥機場中轉，候機室內的乘客均盯住我們的美女。抵滬後入住錦江飯店北樓，中方住南樓。那時錦江的規矩是外賓住北樓，內賓住南樓。

次日，前往上海家化（上海家庭化學工業社）洽談，這是一家老企業。我們說明來意後，上海家化代表，一派了不起的樣子，表示有興趣來料加工，對合作不感興趣。我一聽就感到不對，心想不知輕工部怎麼辦事的。我將中方的表示翻譯給錢尼先生聽，他也大感失望，希望繼續討論。午休，我們回錦江午餐。午餐間，我覺得是浪費時間，不如馬上回京與輕工部商量。所以當張綺思及其同事午飯後來北樓，準備再去家化，我通知她，立刻定機票回北京。她說，他們午餐時，已料到我們會這樣做。她認為上海受「四人幫」影響太深，思想仍然僵化。

愛芳公司總裁C先生（左二）與輕工部陪同張綺思（左一）在合肥機場停留。

回到北京後，彭局長同意繼續由北京洽談。北京一輕局與錢尼先生談。錢尼以總裁身分，提出辦一個兩千五百萬美元的項目，保證外匯平衡而且還要創匯，同時優化相應配套工業，諸如包裝業、印刷業等等，因為愛芳產品需要包裝，這就牽涉到玻璃瓶製造、瓷罐製造、紙盒包裝及印刷業等一系列關聯工業。愛芳可協助其實現現代化。

假首飾方面，愛芳提供生產線及現代化鍍鋯工藝（假首飾的金光閃亮，就是鍍鋯的技術，北京首飾公司沒有這種技術，只有真金，真金不夠閃亮）。

意向書迅速簽訂。中方說，按規定，三十天至六十天內答覆是否批准。我們離京返美。錢尼對我說，看來這項業務將花很多時間見效，期間不能讓我司白幹，他建議每年支付高額顧問費給我司，同時我的差旅費由愛芳支付，且是頭等機票（我司出差，我的身分只能坐公務艙）。所以之後所有與愛芳業務有關的出行，愛芳旅行部都及時將頭等機票送來，並安排甘迺迪機場貴賓室接待。

三十天後，北京通知不批准，須重談。錢尼與我兩人再回北京重談。這時中方解釋，化妝品屬一輕系統，首飾屬二輕，所以，假首飾全部返銷所賺的外匯，不能與化妝品內銷的人民幣平衡，兩個系統不相干，同時「領導」認為化妝品是資產階級的商品，而且沒有技術，不須引進，更不應提成，首飾也是資產階級的腐朽商品等等。我說明，愛芳的業務總是針對大眾，價廉物美，受到大眾歡迎，不是資產階級的東西，而且愛芳極有誠意開拓中國市場，願出資兩千五百萬美元建立這兩個企業，不但保證外匯平衡，而且能有多餘的外匯，何樂而不為等等。經過洽談及修改，雙方再次簽訂協議。我與錢尼打道回府。回美後，錢尼特別送我一座鍍金的蒂芙尼座鐘，表示感謝，從此我們兩人成為老朋友。

三十多天後，中方再次通知不批准，錢尼與我三訪北京。錢尼表示，請中方按其要求或條件，起草協議文本，他照簽，這樣必能獲得批准。如此乾脆大方，可屬少見。錢尼也就將此事交一位衣先生主理。衣先生為此在紐約找了一位中文老師，學習中文。

中方也有多個代表團訪問愛芳及其工廠，大家都認為是一個最適合中國國情的對象。我也詳細向中方描繪前景，可採用愛芳直銷的組織方式，配合中國的條件，在每個居民委員會，雇傭兩位少女作為推銷員，這可解決當時國家面臨的就業困難，而美國愛芳的推銷員享有百分之四十的傭金提成，在中國，不須給百分之四十，可將此百分之四十，由少女、居委會或農村村委會、百貨公司或農村合作社分享，皆大歡喜。因為中國的零售是由百貨公司獨霸，所以百貨公司反對愛芳直銷。我建議，可由百貨公司設立愛芳商品分發中心，愛芳推銷員前往領取商品，這樣百貨公司也有功能且能獲利。

北京日化四廠是一集體企業，剛新建一座四層樓的新廠房，對此項目充滿期待，積極努力推進。北京市有關領導也很配合。尤其是北京外經委主任兼進出口委主任王燕群，是這個項目的積極分子，他也帶隊參訪愛芳，認為我所言不虛，確實可行。他是北京飯店五〇二五室的常客，常來與我探討業務。

我與愛芳代表前往北京王府井百貨大樓觀測市場情況，發現化妝品專櫃的顧客最多，而且價錢並不便宜。雪花膏有瓶裝及簡裝，一般人都愛買簡裝，即小塑膠袋封裝的。愛芳工程師張先生是一位美籍華人，不會講中國話，買了一瓶雪花膏，他打開一看，發現那乳白色的玻璃罐很厚，所以內裝的雪花膏很少，從其價格及含量比下來，單價還比美國的愛芳產品高，因愛芳使用塑膠罐，罐壁薄，內含護膚霜多，就像看到罐外形的量。於是我們深信，中國國內市場已經存在。

日化四廠還送了一瓶人參精給張先生，希望他能在實驗室裡開發「人參護膚霜」，銷路必大。張先生後來告訴我，那瓶人參精已高度汙染，不衛生，不能用來製產品。

愛芳積極推進，願意贈送一套生產面霜的生產線給日化四廠，進行生產四千瓶面霜測試市場，包裝及原料均由愛芳提供。我請我岳母書寫「愛芳」兩字，交日化四廠印製貼紙，同時愛芳也在北京登記註冊「愛芳」的品名及字樣。愛芳安排了一批禮品，包括香水、面霜、洗髮水等，作為生產線開工典禮的贈品。

禮品到達北京機場，我們去提貨時，海關要求完稅，因為是香水、化妝品，要課稅百分之七十五。我說，不是香水，只是花露水、面霜等，是護膚、護髮的保健品，不是化妝品，而且這些都是禮品，不是商品。如果真要收這麼多，就退回去，不必進口了。來來往往，爭論不已。衣先生及其同事問我這是怎麼回事？我說要付百分之七十五的海關稅。我說不是香水，是花露水（花露水的英文名是「佛羅里達水（Florida Water）」」，他倆聽了暗笑。最後海關同意徵百分之十稅金。我以為不錯，殊不知，原來海關有一公式計算稅金，這個百分比是在分母中的一個數字，算出來不是百分之十，而是完全兩碼事，仍然相當高。但如果按百分之七十五則數目更驚人了。

這批禮品在典禮結束後，剩下的就堆放在我北京飯店五〇二五室，我也變成「聖誕老人」，隨手有上佳禮品贈送，包括送一套給長城飯店大堂經理王雁南女士，感謝她優先安排客房給我的客人（後來才知道她是趙紫陽的女兒）。

日化四廠在北京西單，所以每次安排愛芳客人住民族飯店。面霜生產線開工典禮，美國駐華大使恆安石[2]出席致詞。宴會在民族飯店宴會廳舉行。大批賓客參加，每人獲贈一套愛芳禮品。四千瓶面霜銷路很好，反響很大。

2 編按：恆安石（Arthur W. Hummel Jr., 1920-2001），一九八一至一九八五年任美國駐華大使。

愛芳公司與北京日化四廠合作生產。

（下）

工藝品公司與蒂芙尼珠寶公司二把手H先生探討業務時，接下一個銀盒進行仿製，後來他們說果真厲害，最好的師傅也做不出。因為三條直線交角處很難準確交結。H先生當時建議工藝品公司生產花瓶，但須按蒂芙尼所設計的花樣以便適合市場。他不明白為何中國花瓶等縱然有很好的圖案，但千篇一律地加上芭蕉葉於瓶底部及頸部。工藝品公司完全不懂精品市場的業務，認為蒂芙尼所談的數量太少，須有上萬件才有興趣。中方錯失機會。後來錢尼先生獲得沙烏地阿拉伯的資金支持，將蒂芙尼買下，從愛芳脫出，成為獨立公司。

北京方面眼見愛芳項目總是不獲批准，建議愛芳前往廣州試探，因為當時廣州已很開放，採取天高皇帝遠的思路，大膽改革，可能對愛芳有利。但愛芳認為北京日化四廠確有誠意合作，不斷努力，而北京各方面也都有誠意，已有合作基礎，加上北京是首都，如在北京成功，意義較大，仍然希望在這裡繼續努力。北京說，北京在中央眼皮子底下，事事都要請示中央，很難開展。我追問多次，到底是誰不批准？我可以外商身分，直接說服，但中方不肯透露。

在這期間，紐約聯合國總部打電話給愛芳，表示要接待一個中國教授代表團，但週末招待沒有這項預算，是否請愛芳贊助。愛芳徵詢我的意見，我說當然接受，以便搞好與中方的關係。愛芳包了一輛住家式旅遊大巴，有廚房、廁所、客廳、臥室等，與代表團暢遊紐約及西點軍校。代表團感謝之餘，邀請愛芳訪華。接著，我們又去北京洽談。愛芳通知該代表團我方行程。代表團表示要在松鶴樓飯莊宴請。我們依照日期、時間赴宴，代表團在北京的成員全部出席。原來，是經委副主任朱鎔基、工商聯副主席經叔平及北京市一輕局局長王曾敬，他們都以教授身分接受聯合國邀請。席間，我向朱鎔基詳細介紹了愛芳公司以及在北京的計畫，以兩千五百萬美元投資，成立兩個企業，一個生產首飾，全部「返銷」；一個生產護膚、護髮用品，以直銷方式內銷。兩個企業形成外匯平衡，甚至可以多出外匯。朱鎔基連聲讚好，並請在座的王曾敬局長辦好此事。我以為這下可遇上綠燈了，一切可行。我亦從此與朱鎔基交上深度友誼。

可惜，經過五年努力，愛芳仍然沒有取得

批准在華開展其項目。愛芳向我提出放棄中國市場。我也認為，五年下來，愛芳花了大量財力及精力（其中還包括一次贊助中國大熊貓在紐約動物園展出的活動），可是仍不成功，情有可原，我亦同意放棄。

孰料數年後，愛芳董事局顧問、香港老牌華資銀行老闆又是政協全國委員的李先生，將愛芳介紹給廣州，以一百萬建立一個小廠作為所謂生產基地，實際上大批產品進口銷售。愛芳也取得中國第一號直銷許可證。廣東話發音，愛芳就像雅芳，所以香港用雅芳中文名，然後擴大到廣州及全中國。這個完美的合資項目，在按照中國外匯平衡的條件下，在合資法或合資企業沒有的情況下，不斷與中方探討，不斷解決問題。所以我稱後來談合資，我們可是博士畢業程度，其他的都是小學程度。但最終還是被一位頑固領導阻擋。一個大規模可以提升許多中國工業水平的項目，最後變成在廣州的一個作坊，何其可惜！

又，北京工藝品總公司的宋九昭副總經理，思想較開放。他看明白這個項目的結構，願意按我的思路，成立一家公司，作為主角，下設兩家企業，分別生產護膚品及首飾。這家主公司負責將兩家企業的收入合併，保證外匯平衡。但還是以與體制不符而行不通。

我們在北京首飾公司參觀訪問時，公司內大批職員圍在談判室窗外，觀看「西哈努克親

美駐華大使在愛芳招待會上致詞。大使（左）、作者（右）。

王與外賓」在採購珠寶。他們都把我當成西哈努克了。同樣，我司租下北京東交民巷二十四號賓館作辦事處，準備從北京飯店五樓會議室搬過去，週末，我帶愛芳的衣先生去參觀。我與衣先生坐我的北京飯店車隊的小車前往。大門有解放軍站崗，可是這位門衛竟然讓我們直入，不加攔停詢問。我還向衣先生說，如此警衛，不夠稱職。車至樓前停下，服務員在頭頭帶領下，出來迎接。然後領我們參觀，一一介紹客廳、餐廳、臥室，以及一間巨大「保險室」等等，然後恭送我們離開。後來我問我司總務，那間「保險室」作何用？他說那不是租約範圍內，他只知道那裡掛一門簾，但不知是一間房間。他問我如何知道？我說，是服務員領班打開給我看的。原來，二十四號賓館最早是印度大使館，解放後改為二十四號賓館，西哈努克住過。這些服務員後來告訴我司工作人員云，西哈努克帶了一位高個子保鏢回來，由他們帶領參觀。我真不敢相信這些親自服務過西哈努克的人，竟然近距離還會把我誤認為西哈努克，難怪門衛會放我們的小車直入賓館。這是我推銷愛芳的一個插曲。

整個過程中，我也分別有機會與商業部姜習部長、商業流通司司長及國內貿易部部長陳邦柱交換意見。

愛芳項目，北京很多領導人介入，除了王燕群之外，還有項南（後調福建做省長或書記）、蕭映（調四川），此兩位亦是精幹人物。王燕群操一口江北國語，人胖。我向愛芳稱他是肥貓（英文意思是有錢佬），這個友好花名，就在我與愛芳之間通行。他積極推此項目，常來五〇二五室。當時還有兩名美國著名大律師被中國特聘，教外貿人員國際法，長駐北京亦加入諮詢。所謂萬事俱備，只欠批准。中方始終不透露何人不批。以北京市全開綠燈以及朱鎔基作為經委副主任也認為好的項目，必須是頭頭不批。我那時已只用保健品，從不提化妝品，愛芳人員也跟著不提化妝品名稱，只稱護膚、護髮用品，不生產胭脂口紅等。由於項目是兩千五百萬美元，必須中央批，估計就此落入李鵬手中。

……否則中國早就有上百萬的愛芳小姐，在全國各地城鄉銷售護膚護髮產品了。

工藝品公司通過一位梁姓女港商辦了一個中國國寶巡迴展，將工藝品公司的一些優質工藝品來美展覽，首站是紐約，展地在世貿中心二樓。北京二輕局李文雙局長亦來參展，順便訪問愛芳。愛芳用專機送他及助手去波多黎各參觀首飾工廠。回來後，他在國寶展向我表示，愛芳是中國最適合的對象，產品及營業方式完全適合中國國情。我問他，為什麼會讓這位梁女士操辦這個展覽？他說，反正是她提出這個想法，把中國工藝品推向世界。我說此位女士，在北京飯店常穿高叉旗袍及高跟鞋進出，似乎不像買賣人，只是常有軍車牌的紅旗大轎車接送。我知她是香港性感電影的女明星。李局長及工藝品公司代表表示，反正已決定，就由她辦。結果由於紐約首展門票售出不理想，小賣部也沒賣出多少紀念品，以致展會無資金前往第二站芝加哥，就此停辦。所有展品入紐澤西州一庫房存放。不久報載，這批展品遭到偷盜。保險公司賠償了結。明眼人可看出，這是一騙局。

愛芳後來一把手是一位美籍華女，一位出名成功的女性。

在這個項目中，我亦學到化妝品的成本計算。所有化妝品成本都相似，完全不值錢，貴的是包裝及品牌名稱。愛芳十元一瓶的香水，品質與法國等名牌相似，但名牌可賣十倍甚至幾十倍的高價，這也是化妝品發財的原因。

朱鎔基調任上海市長，有五千萬美元特批權。行前請我將愛芳帶到上海，他來批。我說太遲了，愛芳已退出這場交易，並簡敘過去去上海的遭遇。朱說，上海人精明不高明。我有同感。

在與一輕局談愛芳項目時，一位處長是退

役軍人。洽談小息時，他透露，他是越戰時的防空部隊的，對付美機轟炸北越，而中方有很多廣西籍的軍人，混入北越部隊協助作戰。因為廣西話與越南話相同，這樣敵方就不會知道有中國部隊參戰。越戰中北越成功打敗南越，中方功勞不小。一輕局外事處韓得揚處長說得一口好英語，衣先生稱讚他的聲音好像美國一位知名廣播員，後來他移居香港。

衣先生後來主管「愛芳時裝」業務，該部門與其他公司合併，衣先生因此脫離愛芳。接班人G先生，時有通報廣州「小作坊」的情況，以及直銷許可的申請過程。當領到第一號直銷許可證時，很高興地通知我。這些都是後話。

31 90網絡自動控制

（上）

鍋爐發明者美國ＢＷ公司，慕名與我聯繫，聲稱有一小組在北京洽談鍋爐技術轉讓項目，已談成百分之九十，剩下百分之十，為了確保百分之百勝利，請我協助，參加最後階段談判。於是我前往北京，ＢＷ公司的小組住在北京飯店，我抵達後，即與他們會議，交換意見。他們稱，有一次與總部通話，順便反映飯店服務差，房間沒有清理，通話完了之後，飯店服務員就來打掃房間，似乎電話有監聽。

第二天前往談判地點，是機械工業部。中方主談是李佩章管商務，蔡復管技術。僵持的一點是技術轉讓費及提成。我即向兩位以及所有中方在座人員（黑壓壓坐滿一大房間）解釋入門費與提成是國際上成熟的及公平化算的交易條件，對雙方有利。買方可付較低的入門費，然後在產品賣出時才付提成。如沒有交易則不存在費用，而且提成是屬成本，不會有稅收影響。那時中國是徵收工商統一稅，不是所得稅，所以這點是優勢，中方不明白亦不存在。有人問，既然買了技術，則明天這個技術就屬我有，為何還要提成？我說，買技術或技術轉讓是限於使用權，不是所有權。技術總是屬發明人，轉讓的是使用權，所以技術有新發展時，轉讓方會無償提供給受讓方。同理，受讓方有改良時，也應無償通知轉讓方。

李佩章及蔡復兩位處長均明達事理，談判很合理。李佩章跟我說：「平先生，您如一開始就參加談判，進展可順利得多。」蔡復表示ＢＷ鍋爐是中學物理教科書的教材，大家年輕時就熟悉。第二天，雙方順利拍板成交。ＢＷ公司提出一至關重要的條款，要中方保證不使用在核用途。中方則認為此項目與核用途完全不相干，不須此條款。我說服說，既然與核用途無關，放入合同也應該無所謂，同時解釋，因美國發生三哩島核電廠（Three Mile Island Nuclear Generating Station）爆炸事件，雖然是人工操作失誤，但各設備供應商還是受牽連，損失巨大。所以，ＢＷ公司對它所有遍及全世界的交易必須有此條款，非則再好的生意也不做。這個關鍵條件，雙方始終堅持不讓步，最後談不成，中方無奈，只好求其次，選用ＣＥ鍋爐技術，儘管對象是ＢＷ。

失敗後，我與ＢＷ公司開發主任Ｋ先生在北京飯店交談，表示中國這個市場已無ＢＷ立足之地，就此告一段落。他說，旗下有兩家公司，其產品可能有機會。一家是Ｂ公司，由著名的控制儀表開山祖師Ｂ先生創立，舉世聞名；一家是Ｄ公司，專長鍋爐吹灰器。於是，我們決定推動這兩家公司。Ｂ公司開發了一種先進的自動控制系統，該系統是採用微處理器，以計算機處理單元，對各種生產工藝進行集散式自動控制。因為是超前的自動控制系統，所以稱「90網絡」，意即九〇年代。當時還是八〇年代，所以九〇年代表示超前。

首鋼（首都鋼鐵公司）在周冠五領導下，成為中國第一家自負盈虧的企業，行事作風不受管轄。我認為可能是一個推銷先進產品的上佳突破口。於是向首鋼推薦90網絡。會議在首鋼紅樓招待所進行。首鋼的自控系統技術人員出席，加上北京自動化研究所及其他自控人員也出席旁聽。Ｂ公司的專家詳細介紹90網絡功能，首次技術交流很成功。首鋼接下來連續邀請Ｂ公司深入技術交流。首鋼公司雖然自負盈虧很成功，但作風勤儉，進出口公司沒有一輛像樣的進口車，全是國產破車，因此前往機場接送Ｂ公司的成員常有半途拋錨的窘境。進出口公司的華連元及其助手賈保羅是兩位90網絡的積極分子，每次接送，兩位都參與。後來華連元乾脆向我提出，不再接送，省得因車輛性能不佳出醜，更重要的是誤了班機，不能回國，更是對不住專家們。

首鋼新建一燒結車間，決定試用90網絡。商務談判後期，進出口公司潘華垣經理親自主談。潘經理是上海人，見過市面，亦較成熟。首鋼同意B公司的「不使用於核用途」的條款，這就打下可談的基礎。談判到紅樓招待所要熄燈關門，接下來雙方進入首鋼的一輛國產麵包車內繼續談，寒冬臘月，坐在冰冷的麵包車內，黑暗中借著路燈的光交談。最終潘經理與K先生握手成交。第二天，K先生回國，首鋼答應準備好合同，在機場簽訂。

首鋼組派技術小組赴美前往B公司培訓，其中一員陳緬仁是清華大學畢業生，技術精良，後來成為中國90網絡的「權威」，並成立首鋼電子公司，擔任一把手。

首鋼在周冠五領導下，採取強行軍式管

①作者在首鋼紅樓前。紅旗轎車掛有B公司旗及美俄亥俄州旗（B公司在俄亥俄州）。

②首鋼／B公司90網絡業務合作簽字儀式。徐永起總經理（右三）、潘華垣副總經理（左二）、B公司代表K先生（左三）、賈保羅（後立者左）、作者（後立者右）。

理，一切軍事化。周冠五下令燒結車間要在三十天內建成。我通知B公司，請努力將90網絡自控設計做到萬無一失，並提前交貨，免得誤了首鋼的限期。當時很多人認為首鋼是亂來，三十天根本不可能建成一座燒結車間（燒結是把鐵礦砂燒結成塊，以便下一工序煉鐵）。B公司也專程派一技術人員參加安裝及調試90網絡。結果在第三十天半夜十二點，準時投產。B公司的技術員，打電話到北京飯店五〇二五室，通知我，半夜十二點投產，現場很多人大哭，因為壓力一下子鬆綁。我也很高興，大功告成。

B公司總裁M先生，特地訪問中國，參觀首鋼燒結車間。M先生是一位巨人，腳上穿的鞋像一對船，聲音也宏亮無比。他是90網絡的發明人，去首鋼訪問時，剛好碰上燒結車間發生問題。M先生當場表態，不必研究什麼原因，B公司負全責協助解決。首鋼對此態度極表欣賞。M先生立即通知B公司組織一個七人小組，趕赴首鋼排除任何故障。

M先生在北京期間，希望探討軟體編程工作，因為B公司是把軟體工作包給印度，M先生試想轉包給中國。經友人介紹，清華大學凌瑞驥教授是軟體專家，手下有一套班子，專搞軟體。於是我們拜訪清華大學軟體中心。清華大學解校長親自接待，我們參觀了軟體中心。凌教授作了詳細介紹。結果，經過數度報價，

作者（左一）陪同美國鍋爐吹灰機製造廠總裁（右三）參訪瀋陽鍋爐廠。

中方的價格與印度的是天差地別。凌教授只好承認無經驗，不知如何減低成本，因此拿不到B公司的訂單，這是後話。

M先生醉心中國，把兒子送到北京大學學習，並命令他定時向我報告學習情況。這兒子大衛住北大宿舍，獲單人一間的待遇，在房間裡焚香拜佛，並學太極，學習不錯。一段時間後，他帶了一位女孩子來北京飯店五〇二五室，介紹女孩名KATRINA鐵，是他女朋友，兩人相愛，打算結婚。其父命他帶女孩來我處，要我「評估」。我與鐵小姐交談，她姊姊是一作家，名鐵凝等等（後來見報鐵凝升任中國作家協會副主席）。我通知M先生，女孩不錯。二人回美，M先生大辦婚事，並把KATRINA安排在B公司零件部任職。婚後不久（記不清是一年還是不到），大衛卻突然參軍，參加海軍陸戰隊前往沙烏地阿拉伯。老爸為之無奈，但老爸對媳婦非常好。離婚後仍讓媳婦住在家中，當女兒看待。鐵小姐也時有與我聯絡有關零件發貨問題。

首鋼對M先生主動承攬責任，給他們解決了大難題，很是讚賞，於是大力推廣90網絡的應用。首鋼在河北遷安有一鐵礦，是貧礦，含鐵量很低，必須通過選礦提高含鐵量，決定在選礦上採用90網絡，達到自動控制水平。我們前往實地考察，以便提出方案配置90網絡。這時賈保羅由於家屬關係，調到遷安。晚宴時，主人熱情勸酒，大杯乾杯還不斷說遷安尚不及東北的海量等等。又是一場不醉不休，否則不夠意思。

90網絡在首鋼成功使用後，其他鋼廠接著跟進，中國第一大的鞍鋼（鞍山鋼鐵公司）也要在燒結車間使用。於是我與B公司專家前往鞍山技術交流。燒結總廠主任白宗冀親自來車站迎接。他是一位注重儀表的人士，熱情有禮。我們每次去交流，他都親自迎送，我與他成為老朋友。他出身天津世家，就讀教會學校，是第一位給我住家電話號碼的幹部。鞍鋼自動化所沈生炎工程師成為90網絡的義務推銷員。包鋼（包頭鋼鐵公司）也接著進行技術交流。這兩家都下訂單訂貨。鞍鋼副總經理林滋泉及包鋼總經理曾國安帶隊訪美，參觀B公司。我在紐約華爾道夫大酒店著名的日本餐廳款待。林滋泉後來成為深交的好友。鞍鋼的訂單的商務談判，由蔡德善副總經理主持，可見其重視。

前面提到的首鋼進出口公司幹部華連元，他是90網絡的積極分子。B公司非常感激他的努力，特別指明邀請他訪美，不知什麼原因，眾多首鋼的人訪美，就是輪不到他。最後，B公司特別定製了一塊獎牌贈送給他，感謝他的努力。

90網絡也遍及到本鋼（本溪鋼鐵公司）、武鋼（武漢鋼鐵公司）、唐鋼（唐山鋼鐵公司）、攀鋼（攀枝花鋼鐵公司）以及寶鋼（寶山鋼鐵公司）。我也有機會與各公司的高層建立關係。例如鞍鋼的程喜昌書記、林滋泉副總

①美國B公司與清華大學探討軟體業務。解校長宴請。解校長（前排右三）、作者（前排右二）、凌瑞驥教授（後排右一）。

②參觀90網絡在燒結車間運用。作者（中）、B公司B專家（左）。

經理、蔡德善副總經理（鞍鋼的領導職位須由國務院任命），寶鋼的沈成孝副董事長、包鋼的曾國安總經理、本鋼的錢之榮副總經理、馬東清總工程師、進出口公司汪希何副總經理、攀鋼的洪及鄙副總經理及李永紅副經理、唐鋼的張玉珉總工程師，首鋼則更是一大批，將在另一題目〈中國買下美國〉中提到。

馬鋼（馬鞍山鋼鐵公司）以生產火車輪子著稱，我對其總經理杭永益、副總經理周兆祥、進出口公司副經理張崇樅，印象很深。因為談判時，正值華東大水災。那次的交易談判，本來是我的助手李先生（美國人）與B公司專家前往洽談。由於技術交流時間拖長，李先生的年假休假期到，他與友人預定好去拉薩旅遊，所以我趕去馬鞍山接手。我抵達時，他們已經由於洪水，換了兩次賓館。我問李先生談判情況，他說還算順利，只是尚未接觸到關鍵條件：「不准用於核用途」。然後他離去。

第二天談判時，進出口公司副經理張崇樅出席主談。我立即提出有一關鍵條款「不准用於核用途」，如不能同意，就此收場，不必浪費時間。張經理對此很感突然，不料會有「免談」發生。我同時詳細解釋，此條款對B公司的重要性，如無此條款，寧可不做生意。經過反覆解釋，張經理同意接受這條款，於是談判繼續進行。

馬鋼也安排競爭者同時分屋談判競爭（這是中方慣例，常常將競爭者放在一起，分室談判，大約是所謂心理戰）。午餐時，在工廠餐廳外賓室用餐，我們與競爭者隔桌禮貌打招呼。競爭者不住馬鞍山，而是住在南京，每天往返。這種態度，使馬鋼不滿。後來馬鋼向我表示，如連馬鞍山都不願住，怎麼能與馬鋼做生意？洪水繼續上漲，最後交易成交是在上午，競爭者早晨從南京趕來談判。成交時，馬鋼通知他們，他們立即回南京。馬鋼副總經理周兆祥設午宴慶祝並餞行。我們趕乘下午火車去南京。周總說，萬一不行，盡可回馬鞍山休息。

午宴後，馬鋼派一麵包車，由進出口公司丁衛國等陪同去火車站。中間，公路已被水淹沒。我請司機踩住油門不放，這樣尾氣可不斷從尾氣管噴出，阻止水進入，車就可在水中行駛。到了車站，站長告訴馬鋼丁衛國，只有一趟慢車。我們還是按計畫趕班機飛離南京，於是與馬鋼的朋友告別。我請站長利用鐵路電話（中國的鐵路有自己獨立的電話，沿鐵路線鋪設），讓我與我司南京事務所聯繫。南京事務所建議我不要在終點站下車，因為終點站下車，肯定趕不到機場，必須在中華門下車，坐出租車趕去機場。我得到此訊息後，就與兩位B公司專家在月臺上候車，這趟慢車終於姍姍到達，所有候車人全部一擁而上。我們三人也滿手行李，努力擠上。車上只有站立的地方，毫無空間。慢車是每站必停，包括農村小站。

到了中華門火車站，下車才發現，沒有出租車，只有機動三輪小車。司機在前，後面兩個小座。B公司專家其中一位是駐京代表，略懂中文，所以我們要了兩輛三輪車，懂中文的專家及所有行李坐一輛，我與另一高個子專家坐一輛。我們兩人勉強擠入後座。我與司機明說必須要快，要趕飛機。於是兩輛小三輪開足馬力，在大街小巷亂穿，抄近路，還有穿過菜市場的驚險萬狀。我不斷提醒司機「安全第一」，司機說「沒事沒事」。整個車子顛簸得像要散了架，我對B公司的B專家說「像是按

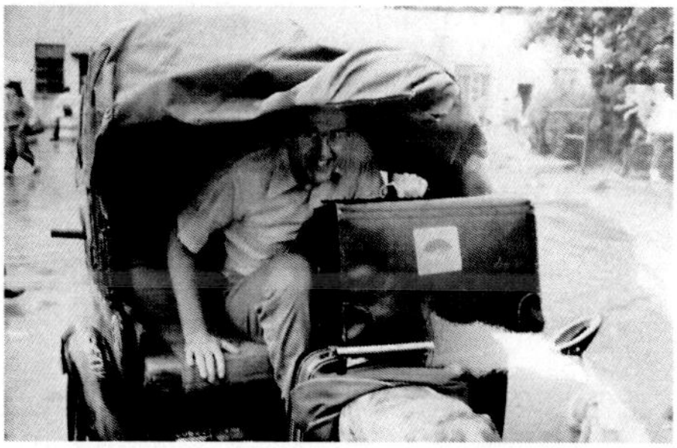

B公司代表手握作者的公文包坐在機動三輪車裡。

摩」，他佩服我的幽默。

趕到機場大門時，看到一架飛機升空。這時，小三輪司機說他們不能進入機場，我們只好付錢，拎著行李往候機樓走。到了候機樓，果真方才看到的班機就是我們要乘坐的一班。我們要了出租車，去我司南京事務所。事務所的同事見到我們出現，就知道沒趕上班機。於是幫我們訂金陵飯店一晚。我亦請他們改訂我去上海的火車票。次日，B公司兩位專家飛北京，轉道回美。我坐上京滬快車的遊覽車座位，高高在上，可眺望景色。車過無錫後，一片汪洋，可見華東水災之嚴重。

後來我回美國後，曾參加交通大學旅美校友會活動，在趙小蘭父親趙錫成家中會商如何捐助華東水災。

武鋼的進出口公司余維岩副總經理也談成了一筆90網絡訂單。那時總經理是劉淇，後來升任冶金部長，又轉任北京市長。

（下）

90網絡當時中國話稱「玖零」網絡，後來因為廣泛應用，有簡稱「玖零」代之。它是以微處理器（Microprocessor）及計算機芯片為心臟的自動控制系統，適用於各種工藝過程。

90網絡在鋼廠廣泛使用後，我們又擴大到化工領域。B公司開發了一種微型的90網絡，是一個約一點五公尺高的小櫃子，內裝成套90網絡，用戶將其接入生產工藝過程，就可以對整個工藝過程進行自動控制。我正好與美國BFG公司專家在北京化工二廠洽談專利技術，如何生產聚氯乙烯（PVC）的原料「單體」（VCM），順便介紹90網絡。BFG公司認可90網絡的功能，於是兩項交易都成交，由此90網絡深入化工用途。中國多家小化肥廠訂購微型90網絡，中石化（中國石油化工公司）旗下的用戶也紛紛採用。齊魯石化的談判也很順利。

北京自動化研究所很希望與B公司合作，我推薦給B公司，成立北京B公司，開展銷售及提供售後服務，同時加工生產90網絡的機櫃，可省去進口機櫃的運費。但是中方夠檔次的用戶不願與北京B公司交易。一個原因是看不起「當地」企業，另一原因是失去出國考察的機會。因此上檔次及有外匯的用戶，仍然與B公司直接交易。

上海閔行建立電廠，特邀B公司參加競投自動控制訂單。華東電管局的葉乃健奔波組織這次洽談。我與B公司專家B先生前往洽談。談判地點在南京東路華東電管局內。中方出席很多人，有閔行電廠廠長帶隊的用戶、上海自動化所所長率領的自動化專家，以及楊樹浦發電廠的幹部等。其中楊樹浦發電廠的總工程師說，他們電廠的控制設備就是B公司的產品，已用了一百年，仍在使用。所以大家對B公司的名氣已有「先入為主」的傾向。技術交流也就很順利融洽。

這時，聽說寶鋼進了兩臺自備電廠，是三菱供應。三菱為此宣稱要霸住上海市場，不容其他廠進入。為此，三菱派出副總裁坐鎮上海主持談判。

技術交流完成，進入商務談判。我以為訂單可到手，結果上海外貿公司進口部代表梁金華宣布，B公司失敗，大家均感突然。我也表示無奈，並請中方參加我方第二天舉辦的告別午宴。

我晚上打電話給蔣濤先生，他是前上海機電局局長（江澤民的老上司），反映不平意見。第二天上午，我又與老朋友上海外貿公司經理邵燮昌通話告別。邵奇怪我方為何失敗，他問何人主談？我說是梁金華，他說此人常有問題，並表示會參加午宴。我說只是普通告別午宴，沒有領導人物，不敢怠慢邵經理。他說這樣反而好。中午時，邵燮昌經理先到錦江飯店宴會室與我們交談，不久中方代表由梁金華率領，依次進入宴會室。梁金華見邵經理在場，大吃一驚，急忙上前握手致意，聲稱：「邵經理，您怎麼會來……」席間，邵經理向梁金華稱：平先生是我們的老朋友，這次這個訂單應充分考慮等等，輕描淡寫地指示了一番。梁金華唯唯諾諾，隨即表示請我們向總部請示最低價格。下午四時，恢復商務談判，其實這不過是一過堂鼓，順水推舟。那時候，美國是半夜，如何可能「請示總部」？下午四時復會，梁金華將訂單交給B公司，用戶大感高興，終於可用B公司的90網絡，而不須被迫使用三菱產品了。

首鋼的技術人員特別是陳緬仁，吃透了90網絡的技術，完全可以獨立「組態」（設計控制程序），不用請教B公司，在國內成為90網絡的權威人士。

中國要建設石油管道，90網絡同樣可用於控制管道，所以我們多次訪問廊坊管道局，進行技術交流。

這些是網絡控制技術最初落戶中國的情景。

當時中國缺鋼，鋼結構免談，全靠鋼筋混凝土，所以廠房結構龐大，一根鋼梁改成混凝土帶鋼筋的，往往有一公尺厚，浪費空間。今天見報載，寶武（寶鋼、武鋼合併企業）與馬鋼合併成為年產億噸粗鋼的企業，這與我當初打交道的時候，實在不可同日而語。

又：鋼老大鞍鋼請我作客（不談買賣），下榻鞍鋼貴賓招待所。書記程喜昌，早餐親來招待所查問接待情況，並到我房間詢問休息如何。他見房間不太暖和，命服務員加一電暖器。中午午餐時，他建議不吃餐廳，去一家個體戶新開張的餐廳「開葷」，於是大隊人馬下山（鞍鋼招待所在一小山上），兩輛進口奧迪及兩輛麵包車。餐廳老闆是一「萬元戶」，餐廳新開張，藍色玻璃幕牆（當時的時新裝潢），門口大招牌有「波龍」、「澳龍」等等全世界的山珍海味。我問「波龍」和「澳龍」是什麼？原來是波士頓龍蝦和澳大利亞龍蝦。

宴開兩桌，我是唯一的客人，所以一顆活殺蛇取出的蛇膽就擠在我的酒杯中。

午宴後出來，發現很多群眾在奧迪車前留影。當初中方一汽（第一汽車製造廠）與奧迪達成合作生產協議，其實初期所謂合作生產只是組裝，將國外零部件運入裝配，為此，在此項目中進口一百輛「樣車」。這一百輛「樣車」就在頂尖的用戶中分配，包括李鵬、鞍鋼，分別分到兩輛，所以在路邊大出風頭。後來組裝奧迪為部級幹部用車。中國人總是認為進口第一，組裝第二，合作生產品質第三。

下午，林滋泉副總經理陪我去鞍鋼千山溫泉招待所洗溫泉浴，路過一座美國國會山莊的仿樣建築。林總說，是東北風鋼鐵集團的總部，是一個個體戶，發了大財，請人建造的，花園中還有歐式雕塑。真一暴發戶之氣派。在溫泉招待所巧遇鞠定國副總經理，他是訪美參觀90網絡的小組成員。他分管鞍鋼保衛工作。

早期外賓參觀遊覽所得的禮遇，不是後來可比。那時很多地方尚未對外開放，所以遊覽時，沒有閒人，很清淨。我那時習慣了這些優待，所以對後來的遊覽節目不感興趣了，人太多了。

作者（右）與鞍鋼副總經理林滋泉（左）在鞍鋼。

32 美國各大電視宣布「中國買下美國」

北京首都鋼鐵公司（首鋼）在周冠五領導下，率先進行改革開放，向國家取得承包權並立軍令狀，於是有獨立經營權。首鋼開始引進二手設備，以有限資金採購二手設備，擴大生產。

首先買下比利時的舊鋼廠，由首鋼員工拆卸，轉運回國。先是利用水路，將拆卸的設備運至港口，有些巨大部件，在水路上過橋時，因太高大，無法通過橋底，首鋼想出，將載運的駁船沉入水下，這樣部件就降到低於橋底，然後將船拖過橋，再將船浮起。這座舊鋼廠就建在首鋼石景山大門旁邊，被稱為「二煉鋼」，為首鋼迅速增產立下功勞。接著首鋼又看上了美國加鋼的一座停產鋼廠，託人中介洽購，以兩千萬美元買下，但美方拆卸報價八千萬美元，如此，須花一億美元，根本不現實，以致告吹。

首鋼與我聯繫，看我能否接手操辦，將此鋼廠拿下。

原來，美國凱撒集團看到美國在密西西比河以西並無鋼鐵企業，於是投鉅資在加利福尼亞州的方塔納市，建立一座年產兩百萬噸的新型鋼鐵企業，供應美西市場。工廠建成後，因美國加州有特嚴的空氣排放標準，屢次試生產，空氣排放都不能達標，以致無法獲得「開工令」。最後凱撒向州政府建議，保證排放達標，但建立一座四億美元的廢氣清洗廠，希望州政府發「開工令」。但州政府堅持必須看這座新清洗廠是否能將廢氣清潔達標，才能發放「開工令」。凱撒則認為，萬一仍不批准，那四億美元的新投資，豈不是等於打水漂！所以乾脆放棄。一座巨型鋼鐵企業，新建完，就空關停頓在方城郊外。

我大約了解了情況後，回覆首鋼，是否等美國對中國下的八九年「六四」風波的禁令[1]開禁後，詳細面談。首鋼認為時不等人，問我是否可在深圳洽談。於是雙方約定在深圳見面。我即飛香港，轉赴深圳。首鋼總工程師范冠海帶領外貿代表華連元及賈保羅來深圳。首鋼認為，唯有中方派員拆卸才有可能，否則美方的八千萬美元拆卸費用完全不現實。我明確首鋼之要求，當即表示一定辦妥。

回美後，我立即展開工作，首先拜訪華府加州參議員，請其配合及支持。他聽到能將方城的一座死廠找到出路，自然高興，並表支持，同時透露外國工人可以拆卸工作，但不能作任何建造工作，這下我更有底氣。接著與加州方城地方政府接觸，地方官員對能將天際線上「堆放」的一大座怪物去除，都表興奮及支持。有了這些支持，我開始與加鋼談判收購全座鋼廠之交易。加鋼東主是日本新日鐵背景，接手凱撒的這個爛攤子，很快以一千兩百萬美元出售給首鋼。但首鋼要保證全部拆清。我將結果轉給首鋼，首鋼大為讚賞，竟然以一千兩百萬美元拿下，較之以前所談的兩千萬美元省下很多（以前可能是中介從中加碼）。於是首鋼積極準備組團，就等美國開禁，即前往加州簽約。

首鋼派吳明水助理、范冠海總工、賈保羅、陳緬仁等前來簽約，籌備拆遷。他們在蒙特婁花園（Monterey Park）的小臺北，租住一套公寓，每天往返方城，與加鋼洽談。我則住在洛杉磯的希爾頓酒店。幾經談判，最後各項細節談妥，我就飛回紐約。

1 編按：六四事件以後，美國政府對中國制裁，停止參加與中華人民共和國政府官員的所有高層接觸、宣布美國政府尋求國際金融機構推遲向中國提供新貸款，同時也實施武器禁運。

有一天，賈保羅突然來電話說，范總在晚餐後按例外出散步，卻遭一輛轎車撞飛，頭部像倒栽蔥直撞地上，已送醫院。我即趕往醫院。吳明水等正焦急萬分，因為醫院必須憑信用卡辦手續，不認現金，我就立即用我的信用卡代辦手續。我先安慰說，美國醫院是救人第一，不會計較費用。同時我向醫院解說，病人是中國重要幹部，務求妥善治療。范總腦部受重傷，醫院剛好有一位美籍日裔腦專家負責手術。吳明水也上報周冠五，回覆是不惜代價，全力搶救，並通過外交部通知洛杉磯總領館，向醫院表示負責一切費用。總領館的外交人員起初還是猶豫不決，不敢表態，只是說些敷衍的話。如今首鋼向外交部表態，負責一切費用，外交部也就來勁了，通知總領館向醫院表態，於是總領館也跟著財大氣粗說話。

手術很成功，但該醫生跟我說，恐怕成植物人。范總在醫院靜養約半年，最後決定回國療養，可能比在美國更有照顧，於是由醫院派一名醫生及一名護士護送范總回國。那天，我也在，眼見范總由擔架抬入救護車，醫生及護士陪同駛往機場。我們另坐車前往送行。可是到了機場，不見救護車蹤影，到處打聽，均未見救護車。過了很久，救護車才呼嘯而至。原來中國國航是AIR CHINA，司機以為是臺灣的華航CHINA AIR，而開到華航。醫生護士均不熟悉，堅持要辦登機，同時他們也奇怪，我等送行人員都不在。後來華航猜出，一定是國航的客人，所以指引救護車司機，開往國航的登機樓。如此烏龍也屬少見。

國航的航班為范總的擔架床拆除數排座位。范總抵達北京機場，我的同事小陳前往接機，大批首鋼人員及救護車也在場。范總突然竟能向小陳說「請謝謝平總」。小陳遵囑電傳告訴我，我大吃一驚，回問小陳，是否范總親口說？他說是的。我立即通知那位日裔醫生，他稱之為奇跡。

國內專家對范總進行全面「評估」，一致

認為那位日裔醫生手術高明，否則范總不可能存活。在國內悉心護理下，最後范總復原，只是說話重複，而且內容不多。范總這次意外，在美的醫療費用，接近十萬美元，僅次於李先念赴美進行心臟手術的十萬美元紀錄。

范總車禍發生後，賈保羅與肇事者理論賠償。肇事者是華裔，與妻子同在車內，妻子看到范總，但駕車者未見，以致將范總撞飛。但是此人是餐館廚師，好賭近乎破產，車子也無保險，無法獲得理賠。此人也正在清理準備去夏威夷投靠丈母娘。賈保羅打電話向我諮詢，我說，看來倒楣，碰上了窮鬼。此人願意陪兩萬五千元美元。我建議賈與他簽協議，拿下這兩萬五千元美元（當時的十五萬元人民幣，是一筆「鉅款」，足夠范總養老。當時范總工資大約每月兩百人民幣）。結果約定簽字日，那人不出現，賈來電話問我怎麼辦？我說此人肯定找了惡訟師進行耍賴。至此，范總車禍未獲分文賠償。

吳明水帶領小組繼續清點全廠設備及全部圖紙資料。在此同時，他向我提議，是否請賣方加鋼繼續招請電影或電視商來鋼廠拍片，以便首鋼可賺些「外快」，因為著名美國大片《魔鬼終結者》（*The Terminator*），美國著名巨星阿諾・史瓦辛格（Arnold Schwarzenegger, 1947-）大戰機器人就是以該鋼廠為背景現場拍攝的。加鋼以鋼廠已售與首鋼，不願介入。

這時首鋼已列出三百人的拆卸隊伍，請我辦理簽證。我要首鋼保證無人會脫逃留下在美。首鋼保證絕不會出事，於是我向美方包括參議員、國務院及方市市政府強調：「這座鋼廠將全部拆卸，運往中國，重新組裝建立，進行正常生產，所以拆卸工人將是建廠工人，必須是同一批員工，才能完整將全廠在中國順利建立。」在這理由之下，美國批出此三百人的簽證。

吳明水同時與我商議，是否買下一座旅館，供所有人員使用，這樣可把費用變成投資，這座旅館可成為資產。我認為這個主意不錯，但是首鋼領導層（吳明水是助理，是領導層之一員），認為不做地產業務，未予批准，後來首鋼包下一座兩百間客房的汽車旅店。三百工人到達，其中混有廚師及醫務人員。因為廚師和醫務人員等在美可以雇傭到，不能獲得簽證，所以全部以拆卸工人身分來美參加工作。我提醒這些人員，必須穿工人制服，而不是穿醫務人員或廚師的制服。

大批拆卸工人進入廠區開始工作，這下驚動工會，立即組織人馬在廠區外設立「糾察線」，反對中國工人工作，聲稱必須由美國工人工作，各大電視臺亦聞風而動，在現場拍攝並報導，宣布「中國買下美國」。這個新聞在各大電視臺新聞節目中播出，一時熱鬧非凡。吳明水要求我斡旋。我說，盡可讓工會去找參議員辦公室或當地市政府，並可報警。我亦通知工會頭頭去與參議員辦公室聯繫。工會頭頭與有關方面聯繫要求阻止中國工人工作，結果均碰上冷處理，這才發現，「來者不善」。不幾天，就撤銷「糾察線」，中國工人亦可順利工作，不受干擾了。

所包的汽車旅店設施不錯，有游泳池、乒乓球臺及彈子房，廚房寬大。加州有豐富海鮮食材，所以廚師可大顯手藝。我參加過幾次午餐，菜式豐盛，我看員工的食物亦很豐富。後期，有兩名工人脫逃，找到律師幫助他們辦移民手續，其理由之一是首鋼虐待工人，吃不飽等等荒唐之極的申訴。三百人中，只發生兩人脫逃，亦算首鋼向我保證三百人屆時全部返回中國的諾言不錯。

首鋼的拆卸，將現場全部拆得一絲不留，連火車引線的路軌、枕木等全部掃空。加鋼為之嘆服。兩臺兩百五十噸的大轉爐全新，其迴轉圓環是一大件，如切割再焊接，會影響精度。首鋼採取整件搬運，但是陸路運輸，不能像他們在比利時拆卸工廠時，利用水路時可用沉船方式渡過橋梁，陸路的立交橋無法通過，後來申請軍方用巨型直升機吊裝越過立交橋。運到天津後，從碼頭往首鋼搬運時，我剛好在北京，我在五〇二五室聽到收音機廣播云：「今晚十二時後，首鋼有大件機械通過道路，沿途封鎖。」我知一定是加鋼的設備到了。後來華連元告訴我，當晚首鋼派工人從天津沿途陪送運輸車輛前進，遇到橫跨的電線，用支架將其撐高，讓車輛通過後，再將電線放下。首鋼為此花了八百萬美元拆卸費用，僅為美國工人要價八千萬美元的十分之一。幾十億美元的一座全新鋼廠，就這樣搬到了中國。

在這期間，吳明水與我又向美鋼鐵聯洽購其停產的高速線材生產線，以及在休士頓郊外的鋼廠部分設備。隨後，賈保羅帶領七人小組在匹茲堡成立首鋼駐美公司。首鋼在方城拆卸鋼廠時的三百工人，按例成立黨支部，吳明水為書記。賈保羅帶七人則按例，有七人應成立黨小組。

這就是美國各大電視臺報導「中國買下美國」的新聞。

賈保羅後來奉調回國，在周北方手下工作。其在匹茲堡辦事處的燕偉則脫離首鋼，自行設立公司，在匹茲堡與華貿易。

33 首鋼在香港

首鋼周冠五的小兒子周北方是解放軍偵察兵，退役後加入首鋼工作，任首鋼國際貿易公司副總經理，兼任首鋼賓館開發公司總經理，主管西直門首鋼賓館建造工程以及東直門國際公寓的業務。我與他一見如故，變成好友。

有一次，他請我去一個體戶午餐吃涮羊肉。這家小館子在虎坊橋附近，只有兩間房兩張圓桌，老闆崔亞利親自掌廚，每天清晨去市場採購上好羊腿，回來親手切片，務求羊肉品質第一。周北方告訴我，這家餐館是李小勇（李鵬之子）介紹給他的。午餐時，崔老闆坐在旁邊陪著聊天，他稱周北方為「北方大哥」，其涮羊肉果真不同，味道奇佳。我對崔說：「您這涮羊肉可稱北京一絕，亦可以說是天下第一。」後來，我去過幾次，並推薦給我司北京辦事處。不久，崔亞利在安珍橋附近一座新樓裡開出一家大規模餐廳，門外安置一巨型紫銅火鍋，號稱「天下第一涮」，我多次去捧場。崔在走廊盡頭設置了毛主席的神位，點燃香燭。我曾請王海容等前往品嘗。

周北方與我探討如何去香港及美國投資股票市場。我報告公司，但因此業務與我司經營範圍不符，當時我司駐華總代表山先生對此沒有興趣。不久，周北方見我無反應，他就從李貴鮮（中國人民銀行行長）處暫借兩千五百萬美元，拿到香港市場虛晃一下，表示他有充足資金。站住腳後，他就將此兩千五百萬美元原封還給李貴鮮。他與港商李嘉誠聯合成立首長四方集團公司。「長」代表李嘉誠的長江集團，「四方」是他與鄧質方（鄧小平之子）在滬成立的地產開發公司，自任總經理，由首鋼張燕林任董事長。這時，首鋼總公司的總經理是羅冰生，他成立首鋼集團公司由冶金工業部副部長畢群任董事長。畢部長曾經訪美，與我認識後，來過五〇二五室與我交談。

首鋼曾接受國家委託任務，以它的獲利，買下一座秘魯鐵礦，這是中國第一次在海外購買礦山。周北方為此，成立首長國際運輸有限公司，購買礦石貨輪運輸秘魯鐵礦砂回國。他請了臺灣的趙耀東之子趙國梁為運輸公司的董事總經理。他介紹趙國梁給我時，我笑稱：「您已打通了兩岸關係。」在兩艘貨輪命名的酒會上（在香港希爾頓酒店大宴會廳），周北方發表演說，大出風頭。他與李嘉誠並肩欣賞船模。酒會後另有晚宴，兩桌只請關係客戶。我亦躬逢其盛。李嘉誠則由其子李澤鉅代表，賓主歡飲。

這時，我司山先生已升任亞洲總支配人，對我說：「現在我才明白周北方的計畫，是否可以考慮合作。」我說：「當初，他無門路時，我方沒有配合，現在他已與李嘉誠等搭上，已不需要我方了。」周北方已成為香港紅人，而每次鄧質方到訪，更是媒體追蹤對象，必須從後門溜出，避免媒體。

有一次，北京規劃局訪問香港，周北方設午宴於日本餐廳款待，請我參加。席間周北方向宣局長表示，請客餐費均是港英資助，因為全是股市上賺來的。

我向周北方表示我司願意合作。他說可以，不妨去紐約股市。我說紐約股市管理正規嚴格，不能亂來。他說他已研究過，可行。因為蔣小明（喬石之子）在紐約聯合國任職，這方面很熟。他說過了春節休完假，詳細研討。

結果春節休假期間，報上新聞報導周北方在北京被捕，同時有陳小同（陳希同之子）等一併被拿，周北方從此進入牢獄之災，最後保外就醫為終。

有一次他來紐約出差，我請他在華爾道夫

大酒店晚餐。出來後他就大顯其偵察兵的才能，立馬分出東西南北，以及所在位置。此人想在官商兩個層面上都能升官發財，如果他放棄處級幹部職務，專一下海經商，則他所犯的罪名，在商界是平常並無犯法，但是作為幹部，就犯法了。

34 首鋼淡出北京

首鋼在周冠五的領導下，與國家採取承包制，成為改革開放的標兵，除了大膽引進二手設備，自身也進行設計改造。它設計了一座矮胖型的高爐，附有行車坡道，小轎車可直接駛上操作平臺。

我由於90網絡自控系統在首鋼得到廣泛使用，以及順利協助買下美國加鋼的整座鋼廠，與首鋼關係密切。這座矮胖型的巨大高爐投產後，首鋼國貿公司邀請我參觀。那天進入首鋼廠區，只見馬路兩邊遍插彩旗，直到高爐的操作面。我還和首鋼人員開玩笑：如此盛大歡迎我。他們神祕地說，可能明天鄧小平來參觀，他們是通過國家科工委鄧楠（鄧小平之次女）關係安排的。但這樣的事，要正式出現才能落實。第二天，果然鄧小平前來參觀了，周冠五率全班人馬迎接。鄧小平當眾表示：「我不懂經濟，讓懂經濟的朱鎔基來看看。」當天新聞播出，接著朱鎔基帶領各部委到首鋼開現場會議。

首鋼努力做好環保工作，整個廠區綠化，並建有一個月季園，巨大的冷卻水池變成一個美麗的小湖，因是溫水，所以可以養非洲鯽魚，供應廚房。

這時，接待外賓的紅樓招待所，住滿了俄羅斯專家。首鋼的人笑稱這些老毛子對煉鋼還很有一手，以前老大哥時期，與蘇聯專家簽約，專家一天的費用，如今足夠支付這些俄羅斯專家一個月有餘。這些專家來時均提兩個空的行李箱，回去時塞滿輕工日常用品及衣物。也有專家不太有本事，虛晃一槍就打道回府。

真是此一時、彼一時也。

北京要強力治理汙染，開始對首鋼進行限產、限排放。

周北方出事後，儘管所牽涉的事情與首鋼無關，周冠五也受到影響，不能完成他的「死在辦公桌上」的豪言，因而退下。冶金工業部畢群副部長成為集團董事長，羅冰生成為集團總經理，開始籌劃如何搬離北京，將石景山區的汙染全部清空。

幾經調研，最後選址在河北省曹妃甸，那是一座在秦皇島及葫蘆島附近的小島。首鋼開始逐步搬遷，買下的加鋼鋼廠無法在北京再建，多年後，以兩億五千萬人民幣轉讓給包鋼。包鋼來找我有關自控系統設備，我提示給他們，可找首鋼電子公司的陳緬仁，他當初已吃透了該整套系統。

至今首鋼在北京已無生產系統，可能在石景山仍擁有大量產業。

35
大紅旗禮車

中國長春第一汽車製造廠（簡稱一汽）製造出大型高級轎車，以其車頭裝飾為一塊類似紅旗的有機玻璃，是為紅旗牌。從此國家領導人乘用的蘇聯製造的「吉斯」、「吉姆」轎車均改用紅旗車，國賓乘用的禮車亦改用紅旗，因其車體巨大而稱大紅旗，國慶典禮的檢閱車亦是它。

一九八一年我司林總裁應中國建材部宋養初部長邀請，組團訪華，中國建材及設備進出口總公司亢祝純總經理，安排了兩輛大紅旗禮車及其公司車與我前往首都機場接機（我已在北京飯店五〇二五室）。我問，我方人不多，為何安排兩輛大紅旗（一輛可乘六人）？他說，為了防止萬一拋錨，另一輛可頂替，足見大紅旗之品質不太可靠。另一說，另一輛是為了國賓迎賓的安全規則作為「副車」之用。

林總裁代表團抵達後，按例貴賓免檢禮遇，順利迅速通關。取得行李後，打開尾箱蓋，發現其可用空間很小，因為有兩個巨大電瓶安放其間，司機說，是用來帶動空調的，因此所有行李堆放到建材公司的公司車中，一行浩浩蕩蕩駛往二十二號國賓館。建材部是以國賓級禮遇接待我司，所以林總裁乘用大紅旗禮車走訪各部門及公司，到外地訪問也是住國賓館及乘用紅旗車。該車外形雖然「壯觀」，但發動機馬力不大，所以行動不很「靈巧」。

B公司的90網絡自控系統首次在首鋼新建的燒結車間使用，該公司總裁M先生訪問首鋼，入住北京飯店。該公司代表租用了一輛北京飯店車隊的大紅旗禮車，在其車頭旁的旗桿上，掛上美國俄亥俄州的州旗，駛往首鋼。M總裁身型巨大，剛好適合使用大紅旗，否則一般小車可能「塞不下」。大紅旗禮車有一獨有的「身價」，就是它可通行無阻，沿途均是綠燈，交警見其駛來立即轉開綠燈。

有一次我與內子及小女三人訪滬，入住錦江飯店，安排住北樓八層的一個大套間，據說是周恩來住過的。次日，我向車隊租車外出，車隊可能認為我的房號是特別，主動提出是否有興趣用紅旗車，並加稱可一路通行無阻，所有紅綠燈都會轉綠燈。我說既然可租用，當然享用。於是一輛大紅旗開來，因是夏天，車內座椅已罩上軟竹席，後座與駕駛座之間有隔音玻璃，後座有操控按鈕，可升降隔音玻璃，防止駕駛員聽到後座交談。

司機向我介紹後座各操縱按鈕之功用，如後座可伸出，使坐者可斜躺休息。他說這是仿造英國勞斯萊斯轎車的設置。前座的背後有兩個折椅，需要時可扳下，這樣後面可坐五人，並說如要與其講話，可升起隔音玻璃。我說不必，還是保持降下，省得麻煩。來到馬路上，果然，十字路口的交警亭上的交警一見紅旗車，立即轉綠燈（那時十字路口的交警亭是在路角處離地數尺高，交警爬上去坐在裡面手控紅綠燈）。我辦事時，內子及小女則乘此紅旗車探親訪友，紅旗車的空調很弱，司機說，發動機馬力不大又不能連動空調，所以空調是另外靠電瓶帶動，功率不大。小女坐在車內滿身大汗，這是我自用大紅旗之經驗。

作者女兒與大紅旗。

美國第三大汽車製造廠，C公司與北京汽車製造廠商討合作，將其生產的蘇式吉普車改進，北京汽車製造廠（簡稱北汽）變成北京吉普製造廠，生產北京吉普，行銷全國。C公司在此成功後，又與一汽談合作，用其發動機重新開發紅旗車。那時大紅旗早已停產，經過研發，製造出所謂小紅旗的國產轎車，但是並不暢銷，市面上仍是合資車廠的產品。

36 中國煤炭出口

一九八〇年代開始，中國計畫大量出口煤炭，為了在價格上不受買方制約，必須配置國際認可的檢樣設備，在出口口岸抽檢煤的品質並出具證書。出口的煤，按質論價。所以檢樣系統是進出口大眾商品的一個關鍵系統，煤也不例外。

引進煤炭檢樣機

在秦皇島建立一個煤檢樣機，成為一個重要環節。我與煤炭部部長高揚文以下眾多頭頭相熟，根據要求，我亦尋找相應的美國製造廠，參加競爭。

美國R公司在這方面有強項的設備，舉世聞名，包括煤檢樣系統、煤裝載系統、火車車皮[1]整車滾翻卸載裝置等等。

煤炭部外事司司長賈蘊真配合推薦。這時，中方已與日方就煤檢樣系統有了深入交流，因為出口主要市場是日本，所以對日本系設備就有傾向性考慮。可是「半路殺出程咬金」，煤炭部介紹中方談判小組研究美制系統作為比較，於是R公司技術專家與我，會見談判小組，進行技術交流。R公司的專家以純熟的技術及經驗，向中方詳細介紹檢樣的方法、規範等等，說服力極強。中方發現R公司所採取的方式，既簡單又效率高，而且具權威性。相比之下，他們以前聽日本介紹的系統，太過複雜，於是中方決定重新訂立規格，取消日方原來推薦的方案。

新訂立的規格是按照R公司的規範（全

---

1 編按：車皮在此指貨運火車的車廂、車斗。

世界認可），因此，重新一輪的競爭開始。中方發現日方的系統過於複雜，重複很多，而美方的系統可謂簡單扼要，恰到好處。最後我方勝出。

多年後，中方主談劉成孝（兗州煤礦研究院總工）退休後向我透露當初談判經歷，對我的談判技術奉承為高手。由於我的「插一杠子」，使得談判重新開始，結果為國家節省了一千五百萬美元。這時我才知道，為何煤炭部待我像上賓。

訂單成交後，接著是中方考察、培訓、交貨、現場安裝、調試等工作，按部就班完成。中方在秦皇島煤碼頭，可出具世界級的煤檢樣證書。

引進煤裝載系統

煤炭部計畫將山西大同煤礦從秦皇島碼頭大量出口日本及其他國內外市場，所以修建大秦線鐵路，進口大馬力的火車頭，煤的裝載等一系列配套設施，均須上馬配合出口計畫。

於是山西省副省長郭欽安帶隊來美考察，主要是考察我司代理的R公司。代表團首站是舊金山。我安排舊金山華人經營的導遊公司接待。

郭省長年齡較大，不喜太多活動，只是坐在旅館內看報休息。那天他在房內看報，旅館服務員進房打掃，他也沒注意是何模樣的服務員，結果其包（內有護照及文件等）被偷走。那是一本紅色護照（高官所用）。代表團立即與我聯繫，我建議立即報警，並報舊金山總領館。幸好警察在附近垃圾桶內撿到了護照及文件，因為沒有錢財，偷的人將包丟在垃圾桶內，總算虛驚一場。

代表團參觀R公司以及煤礦礦場及鐵路運輸，可說是滿載而歸。郭省長表態，大力支持R公司。代表團成員有吳賀忠局長（山西地方鐵路局）及山西煤炭工業廳總工程師張永忠，這兩位也讚同郭省長的看法。

不久，商務談判在山西太原舉行，地點在太原省府賓館。R公司總裁、兩位專家以及我出席。競爭者是美國K公司，其代理是前煤炭部某副部長的女兒。

那時，中國鐵路貨車的車列中所掛的車皮大小不一，這對煤裝載系統造成困難，不可能自動對每一車皮裝載固定數量，只能靠人工目測下面的車皮是何尺寸。對此，吳局長宣稱，將來會特別編組重載列車，專門用來裝煤，列車中的貨車，大小一律，沒有參差，到時，裝載系統可發揮自動裝載的作用。幾天的商務談判，有如諜戰，諜影重重。我知道對方那位女士有很強的背景，而我獲得山西省外貿總公司焦蘭香總經理及其助手秦雲才大力支持，不斷提供訊息，有在樓梯上下交錯時傳告；有在會議室外等等。一時我方占上風，另一時，我方處於劣勢。總之，我方一動，對方就知道並立即對策。

最後一天中午前，秦雲才在樓梯口暗告我方失勢。我們都在餐廳午餐，我對R公司人員說，我去找郭省長及張永忠尋求支持。我去郭省長家，他已轉任山西人代大會主任，但他不在家。我接著趕去張永忠家，他表示盡力。我回到餐廳時，R公司總裁告訴我，那女子見我離開，立即跟蹤。其後，K公司的總裁洋洋得意地走到我們桌前，送了兩張太原明信片給R公司總裁，聲稱你們可能沒有機會再來太原了，這兩張明信片，可留作紀念。R公司總裁將此事告訴我，並感到K公司太囂張。我即與他們商量對策，我請R公司總裁給我最後底價，我去與中方攤牌。

下午，我要求吳局長主持全體中方人員會議。吳賀忠局長在其房間召集所有參加談判的中方人員開會。我提出在座各位，無人可以離開這間會議室（我的目的是封死訊息不外漏，我已知設計院院長是那位女士的人）。在此條件下，我提出一個最後拍板價，不作任何修改。吳局長當場同意，於是我開出底價。焦蘭香坐在我旁邊，大吃一驚，問我是否搞錯了？我說，別緊張，看他們反應。吳局長聽到我的最後底價後，考慮了一下，宣布通知所有人，下午四時在大會議室開會，把訂單交給R公司。焦蘭香總經理鬆了口氣。

下午四時，在大會議室開會。吳局長具體列出訂單內容：四臺裝載機、四臺塔式裝載塔為第一批，以後有後續，全省鋪開。我們在大會議室討論供貨範圍時，可看到K公司人員及那位女士匆匆拖著行李離開。後來據稱，他們氣得連火車票都未訂，就退房趕去火車站了。

山西省的煤炭出口就此使用R公司的裝載系統。

這次談判以出其不意、反敗為勝告終。

引進大馬力火車頭

為了晉煤外運出口及供應國內南方市場，國家計畫建設大秦線專用鐵路，將晉煤從大同運往秦皇島，海運出口及運至南方國內市場。為此，秦皇島建設堆場及煤碼頭，並建設中國首座煤檢樣系統。山西省鐵路局也引進了八套煤裝載系統，用來裝載鐵路車皮及重載卡車。但是中國的貨列運載能力有限，要大規模鐵路運輸，必須有所謂重載列車，每列能拖運一萬噸晉煤，才能發揮效益。於是國家特批了一項專項資金五億美元，進口一百臺六千匹馬力的大型柴電機車（火車頭），由中國機械進出口總公司操辦進口事項，主談是車輛進口小組的老友楊明德。

能生產這樣大馬力機車的廠家，在世界上很少，只有美國的通用汽車、通用電氣以及加拿大的B公司，因為美加都有龐大的鐵路系統，貨運量大，所以研發了大馬力柴電火車頭。我司日本總公司代理加拿大B公司，所以請我參加，幫助談判。我分析情勢，認為三家競爭者，美國的兩家勢均力敵，加拿大的B公司略遜於後，但加拿大政府支持，願以低息貸款爭取這個訂單。整個談判過程，加拿大使館人員盡力服務，包括安排會議日程、接待B公司人員，為B公司傳遞訊息等等，無微不至。我感到與美國使館對民間不提供服務的方針，有天差地別。我向美使館反映此現象，美使館說，不能用納稅人的錢為私人服務，避免有所偏袒，乾脆不管。這是美加不同之處。

我說服楊明德，應該利用加拿大貸款，為國家節省資金。但那時，中國往往以「現金」採購為榮，就像尼克森訪華後，中國以現金一口氣買下十架波音七〇七客機（我曾向民航評論，以那筆資金至少可買一百架七〇七客機，如果採用分期付款的方式）。楊說，資金已到位，不必折騰談貸款。我又建議，是否可分單，不要一百臺全注在一家生產廠，以便有靈活性。楊仍認為一家獨得可有較優惠的條件。最後通用電氣以搭配技術轉讓勝出。

從此，中國也由此學會如何生產大馬力的柴電火車頭（柴油發電機帶動電動機的機車）。中方也配上劃一尺寸的車皮，每節車皮裝一百噸晉煤，每列一百車皮。如此劃一的車皮，對上裝載系統，可自動準確裝載每一車皮，於是六千馬力的大火車頭，拉著重載列車，在大秦線上，日夜奔跑，將晉煤輸出國外以及國內市場。

37 磨軌機車

鐵路路軌經過使用會出現波浪形的不平表面，造成火車行駛時振動，所以一定時期須將其磨平。為此，磨軌機車發明。

世上只有兩家生產廠製造磨軌機車，一家是美國的，一家是瑞士的。我司代理美國L公司的磨軌機車，在大馬力火車頭引進項目中，我方沒有勝出，於是我著力推薦磨軌機車。那是一個加長型的火車頭，在車身下安裝兩排磨頭，對準路軌進行磨削。磨頭可自動調節，由電腦控制上下移動，根據路軌磨損情況，得出所需磨削而調整。磨軌機在鐵路上緩慢行駛，兩排磨頭對兩條路軌進行磨削。

中國機械進出口總公司主管火車設備的楊明德，安排鐵道部相關用戶及研究單位，參加技術交流座談。第一次交流由L公司總裁P先生主講。中方從未見過實物，所以聽不太明白。於是我建議，是否將L公司放在公司接待處的一個模型，帶來講解。P先生說，那是唯一的一個「全真」模型，放在接待處供來賓欣賞，從不移開玻璃罩櫃。最後他同意下次交流時，將該模型帶來展示並講解。同時，楊明德安排我們去豐臺附近察看鐵路路軌情況。P先生發現那裡的鐵軌磨損情況嚴重，有造成火車脫軌的可能。中方代表團訪問L公司，剛好在附近的鐵路上，有一臺磨軌機在工作，中方觀察後，印象很深。

第二次交流時，P先生將模型帶來了。他們搭乘西北航空公司的航班來北京，下機時，將模型忘了在頭頂行李艙內。出關後，我與楊明德在機場迎接（那時期，主方必須前往機場迎客，以便安排前往指定的賓館）。領取行李時，P先生才發覺忘了從行李艙取出磨軌機模型。當即向機場行李服務處提出，去機上拿。機場說，這是最晚的班機，已太晚，只能明天來找。第二天，我們去機場領取模型，結果機場竟說機上並無此模型，並稱西北航機人員亦說沒有。機場清潔人員也沒有發現等等。就此，這個精緻的磨軌機車模型離奇失蹤。我對P先生說，肯定是有人認為這是一個上好的玩具，可帶回家給小孩，而不交出。

再次深入交流時，發現中國鐵路運行情況非常頻繁，平均每隔一段時間（忘了多少分鐘）就有一掛列車通過，根本沒有時間可讓磨軌機車工作。在正常情況下，是磨軌機車工作時，如有列車前來，磨軌車即快速行駛到避車處，讓出路軌，列車過後，磨軌機車再駛回工作處，繼續磨削。但是中方的列車運行量，使得磨軌機車根本無時間磨就得避開列車。所以，磨削路軌，維護鐵路，在中國行不通，只能依靠更換路軌來解決路軌磨壞的情況。

38

現代化衡器的首次技術引進

R公司的煤檢樣系統及煤裝載系統都與稱重有關，故此R公司亦有過硬的名牌稱重器。我向有關外貿公司推薦並延伸到用戶。我與中國輕工業部衡器局李壽仁局長、中國輕工機械總公司衡器處李永才處長，以及武學林顧問建立了良好的關係。

這時，中國要改革衡器，希望予以現代化，即所謂電子秤。於是R公司的產品成為上選。中方邀請R公司專家，前來技術交流。武學林顧問是老留學生，對於技術把關是老手。另一技術審批單位是中國儀表總局，因為電子秤屬一種儀器，儀表總局是一關口，技術水平及品質須獲得其認可。儀表總局局長朱良漪是一位老留美，比較高傲。

技術交流成功後，中方派代表團赴美考察，確認技術及產品均是成熟、可靠的。

中方決定引進R公司的電子秤，這種衡器已不再採用砝碼或彈簧來稱重，而是用傳感器（俗稱秤頭）進行稱重，然後以電子訊息進行打印。

中方將此技術分配給北京衡器廠、瀋陽衡器廠、徐州衡器廠及武漢衡器廠。其中武漢衡器廠廠長王傳詩為人善交際，又熱情。從此中國有電子秤出現，而不再仰賴彈簧秤或用砝碼的天平秤等。

接著，中方須將核輻射企業轉化成為商業化，對象是武漢溫度計廠。原來這家所謂溫度計廠是延用蘇聯的體制，將輻射性產品對外稱作溫度計。武漢溫度計廠面臨困難。中方將開發核子秤的任務分派給它，希望藉此轉化，武漢溫度計廠可以避免倒閉的命運。

所謂核子秤的原理是利用放射性源頭來進行「非接觸」式的稱重。Ｒ公司的姊妹企業ＴＮ公司是這方面的專家。於是我將其介紹給中方。這時，朱良漪局長手上另有一家美國公司，對我的推薦，採取冷處理。我堅持邀請他在訪美期間，抽空訪問ＴＮ公司，他勉強答應。結果，他去了ＴＮ公司，對該公司的技術力量及水平，印象很深，尤其對百分之七十五的雇員是博士學位專家，更是稱讚不已。他回到北京後，來北京飯店五〇二五室，對我說，我的推薦果然上好，也就此將他所熟悉的那家美國公司「貶入」冷宮，並通知武漢溫度計廠，全力與ＴＮ公司洽談，爭取將技術買到手。

ＴＮ公司總裁及總工程師以及我三人，前往武漢洽談。總工程師詳細介紹技術。我們也參觀了武漢溫度計廠的放射性倉庫，倉庫全是很厚的混凝土，從窗外可看到所有「倉庫」均在地下，上面有很厚的混凝土蓋，搬運都用機械手遙控，人不進入。

那時武漢在長江邊新建了一座晴川飯店，是一所涉外賓館，我們三人就下榻那裡，條件不錯，並可觀賞長江景色。那位總工程師倒是一位中菜欣賞家，總是在聊天時，能把所有的菜一一吃光。

中國電子進出口公司（由中國儀器進出口公司分裂出來）參加作為商務談判窗口。合同的供貨範圍是：核子皮帶秤（安裝在輸送帶上的秤所輸送物料重量的秤，故稱皮帶秤）、核子放射源等。武漢溫度計廠選派了陳漢武為首的培訓小組前往ＴＮ公司受訓。

我與ＴＮ公司總裁Ｎ先生，由香港飛武漢，訪問武漢溫度計廠。行前，我通知武漢溫度計廠金開理廠長，強調務必事先替我們買好由武漢去徐州的火車票，我還將日期及車次，明確告訴金，因為我們只在武漢停留兩天，所以由武漢去徐州的火車票，必須事先買好。我們抵達武漢機場，金開理廠長帶領幹部前來接機。我劈頭第一句話就是：「去徐州的火車票買好了嗎？」金開理卻說：「沒有，到了再說。」我非常不高興，埋怨金辦事不力。果然他買不到票。我立即找武漢衡器廠的王傳詩廠長幫忙，他也為金開理的無能搖頭。金開理此人的確無能到極點，仗著是書記，所以將廠長的職位牢牢把住。

王傳詩請他的兒子去鐵路局買到兩張「關係票」，是臥鋪。於是我通知徐州衡器廠來接車。與武漢溫度計廠談完事後，金開理送我們去車站，也不等我們列車開行後才離開，而是將我們送到車站就告別。試想，如果我也不通中文，那我倆如何能找到月臺及列車呢？上車坐定後，衡器廠王傳詩廠長急急趕來，手裡提了兩大包水果。他對金開理的不懂人情直是嘆息。他提醒我，這列車在鄭州中轉，千萬不要出站，只在站內月臺間轉動，同時建議我們多吃水果，少碰茶水等等。他坐到列車開動前，離去。

武漢衡器廠技交。作者（右一）、王傳詩廠長（右四）、TN公司總裁N博士（右五）、TN總工程師（右六）。

結果，我們所乘坐的列車是一輛軍列，因我能聽懂列車廣播，如「列車前方車站是信陽，到站後XX全部下車集合（XX是動物名）。XX另外集中（似乎是指軍官們，也是動物名）等等。過了信陽，列車較空，半夜到了鄭州。我按王傳詩的忠告，不出車站，找到去徐州的列車月臺，是由蘭州去上海的列車。列車到後，在月臺上的人一擁而上，根本無法靠近車門。列車開離後，月臺上的乘客跟我說，像您們這樣有禮貌，永遠上不了火車。

我於是與N先生一同去候車室，當地有外賓候車室。候車室接待員說，可等下一列車。我想，不如去站外購票處，另買鄭州去徐州的車票，可直接上車而不需等中轉。結果售票處無人，因是半夜。我返回候車室，對接待員說，買不到票。她對我說：「我早就說行不通。」於是她寫了一個字條，讓我找月臺上有黃布袖套的人員協助。字條上寫：請將此兩位外賓送上車，去徐州。N先生在香港時買了很多東西，所以他的行李很重，見他又背又提，狼狽不堪。下一列車，是蘭州來的快車，到站後，黃布袖套站臺管理員，將我們送上餐車坐下，然後由列車長安排是否有臥鋪。這時我擔心到了徐州找不到徐州衡器廠，因為我們已經錯過了原先的列車，而我只有電傳號碼與徐州衡器廠聯絡，沒有電話號碼。

上午到了徐州。下車後，在月臺上往外走，遠遠看到徐州衡器廠的人員招手跑來，我心中放下了大石頭。原來，徐州衡器廠的人起大早趕到車站接我們，結果列車沒有我倆人，他們想既然費了這麼大的力，趕到車站，不如再多等幾列車。於是我們倆在徐州獲得豐盛的款待，包括參觀漢墓及漢代的兵馬俑，比秦始皇的小，但是更精緻。晚宴是徐州的特色菜式，有一道「霸王別姬」，原來是甲魚與雞清燉。

金開理最後還是賴帳，沒有付清合同最後款項。我頻頻催電子公司的董藝濱及紀曉梅兩位負責人。他們反映是，很多用戶賴帳，外貿公司已無法承擔義務代付。他們說，曾去武漢溫度計廠催討，而金開理竟然宣稱「要錢沒有，要命一條」。TN公司也就停止放貸並停止與武漢溫度計廠往來。

過了一段時間，陳漢武來找我，表示已另

行成立一家新公司，武漢溫度計廠是股東，坐著分成，他作為總經理負責所有業務，他願付清對TN公司的欠款，希望我說服TN公司，重新繼續業務往來。

陳漢武成立的中紐技術公司成為中國核子皮帶秤的專門製造廠，為鋁礦、銅礦等用戶提供產品。他說中國工人對核子秤仍多有反感，不時有人會把核子秤頭丟入廢棄的礦井中，他們還得派人去找，因為秤頭裡有放射源。武漢溫度計廠全部解散，金開理從陳漢武的公司每年有分成，作為溫度計廠的福利。

39 美國的「和平珍珠計畫」

我司代理的S集團公司是一家生產軍民兩用各種產品的大公司。軍用產品包括海陸空三軍都有用的裝備，民用方面是著名的發電站全真仿真系統，我成功出售了兩套給中國，有關此故事，我另文介紹。

S公司內，軍用產品的經理人員，大都是美國軍方退休人員，因美國制度是在軍中服役二十年即可退休，享受退役金，而這時，這些退役人員，只有四十來歲，正值壯年，所以各大國防工業有關的公司，紛紛聘用，他們既有軍用知識，又有國防部之關係，自然具備很有效的能力開展軍品業務。這些人員領取豐厚的國防部退役金，又任職軍品公司高管，薪金待遇很高，等於雙份高收入。

S公司的W經理是一位空軍退役的上校直升機駕駛員，據稱以駕駛技術高超，聞名軍中。他的助手是一位炮兵退役上校。S公司知道美國空軍有一項五億美元的「和平珍珠（Peace Pearl）計畫」，為中國改造殲八戰鬥機，中方稱殲擊機。

美國空軍援外計畫都帶一「和平」字頭，對埃及的稱「和平玉石」（Peace Jade），中國的是和平珍珠計畫，預算為五億美元，主要幫助中國改進殲八的火控系統。

中方由國防科工委下屬的新時代公司承擔引進工作。我即通過中方外貿系統的中儀公司（中國儀器進出口公司）聯繫上新時代公司，開始推薦S公司出產的「陀螺」。

這「陀螺」（gyro）是戰機火控的靈魂，至關重要。技術交流會上，中方大批人員參加，能出示名片的都是空軍參謀。W經理介紹該公司陀螺用於美國F-16A、B兩型戰機，以色列空軍使用該兩型戰機，成功地對巴勒斯坦作精確的攻擊，因為以色列非常聰明，它能具體地分析出每一個陀螺的特性，從而根據具體特性，選派各架戰機執行任務，做到百分之百的「有的放矢」，使敵人完全無法反抗。中方知道陀螺的特性，但未料到以色列能夠分析出每一個陀螺具體特性的細緻深度。中方問W經理，為何F-16C、D兩型戰機沒有用S公司的產品。W經理說，競爭失敗，被E公司奪標。

中午，中方招待午餐。午宴時，我們主桌多了兩位中方人員，交換名片後知道，是北京國際戰略問題學會研究員陳小魯和北京國際戰略問題學會理事尹志寬。尹坐在我旁邊低聲說，陳小魯剛從駐英使館武官任上返回北京，父親是陳毅。我一看倒是很像。我問陳小魯，我在報章的報導中曾看到有關紅衛兵打鬥，有一頭頭陳小虎是誰？尹志寬笑著說，其實陳小虎就是陳小魯。陳亦笑了，說那是過去的事了。我還追問他上海湖南路二六二號他家房子的事，並說，我的老屋與二六二號相鄰。他說他常去，但不住在那裡。我當然請兩位多多關照這項買賣。

北京新建一國際展覽中心，舉辦了一個軍工產品展，S公司亦參展。保利公司董事長李光在多人前呼後擁之下，也前來參觀。另有解放軍裝備部人員，如羅宇處長等等。

中方代表團來美訪問，參觀了S公司在紐澤西州的設施，並訪問俄亥俄州的安德森空軍基地，即「和平珍珠計畫」的執行處。

在北京商務洽談時，重點討論有關「巴統」的問題。那時世界上有一巴黎統籌委員會（Coordinating Committee for Multilateral Export Controls，正式名稱為輸出管制統籌委員會，簡稱巴統），禁止向共產國家輸出軍品。S公司及我均表示一定要按規定辦事，要合法申請出口許可，不做違法之事。雖有困難，但須努力。

「和平珍珠計畫」中，中方曾有兩架樣機運交美方調研。樣機是拆散裝木箱，空運紐約甘迺迪機場。監運代表團入住一家專門接待中方代表團的、華人經營的家庭式旅館，該旅館亦是我司常用的關係戶，東主與國內關係良好。他當然不知道「和平珍珠計畫」之事，只是告訴我，來了一個代表團，有很多大木箱，並有解放軍二十四小時監護，後來由卡車拖去俄亥俄州。我一聽就知道是樣機運到了。

美方最初在南韓檢查一架中方叛逃的蘇製戰機，意外發現很多部件，只是用鋼材，很重，不像美機全部用合金，材質輕且堅固耐用，顯示蘇聯的設計理念與美方不同，會省錢，但不太認真研究安全耐用。後來，我在銷售比奇「空中國王」小型專機給民航局時，在技術交流中，就出現這類設計理念的問題。民航局追問起落架的壽命問題及機身壽命等等。美方答覆的是，設計按「全安全無損」為原則，無壽命問題。中方才明白，美國設計與蘇聯設計的不同。

後來，由於中方傾向使用E公司的陀螺，因為它用於F-16C、D兩型較新型的機種，似乎訂單將落於E公司。我問新時代公司有關出口許可的問題，答覆較含糊。最後E公司取得訂單。中方再度來美考察時，新時代公司的蔡振德（國家體委主任伍紹祖在軍中時的祕書），特地到我家來說，E公司反口說：出口許可不批准，怎麼辦？我說，這明明是藉口，出口許可及巴統許可，均須努力爭取才有可能得到。S公司當初已經明確保證，必定盡一切力量爭取，貴方沒有重視，如今E公司推託，中方有如吃了顆空心湯糰。蔡懊悔與E公司簽合同。接下來「六四事件」爆發，美國對中國採取制裁，取消了五億美元贈款的「和平珍珠計畫」。

陀螺之事，也就了結。

如果沒有「六四」，中方可在美援五億美

元的計畫中，獲得美方的設計，改裝殲八，大大提高其性能，中美空軍的關係可能大有不同。

S公司向中方推薦火炮控制系統。以色列祕密地私下出讓技術給中國。我們不須再花精力推銷。以色列能做成這些祕密軍火交易，可能與EB公司在中間搭橋有關。

美國空軍會出五億美元協助中方改造殲八殲擊機，可看出中美關係的特殊，表裡不一。

中美關係緊張時，美國國防部曾資助哈佛大學舉辦內部研討會，特請中國中央黨校副校長楊春貴教授主講中國社會情況，我有幸被邀參加。

40 海陸空與海有關業務

生產空軍戰機陀螺的S集團公司另有一個部門，專門於潛艇有關技術及設備，所以我安排其經理與中國船舶工業貿易公司副總經理李堅及高工錢中耀處長交談，有關潛艇的噪音以及因螺旋槳造成的噪音、聲納、探潛等等問題。中方亦去該公司在洛杉磯外T市的辦事處及實驗室參觀。「六四事件」發生後，這些接觸中斷。該經理退休後，移住華盛頓州以風景優美著稱的S市，擔任當地大學客座教授，曾特邀我前往演講中國貿易。

地質部要勘探東海油氣田，經中國機械進出口公司尋找二手鑽井平臺。機械公司船舶進口組的韓穎如委託我尋找貨源。我立即通知我司休士頓辦事處，搜尋有哪家出售二手平臺。地質部海洋勘探經理韓勃（北京解放時進城的老幹部）帶領小組與韓穎如一起前來考察，都是搭乘直升機前往鑽井平臺。成交後，這座二手平臺拖往中國，成為在東海海域工作的中國第一個海上鑽井平臺。韓勃也從此變成好友。

機械公司韓穎如通知我司北京辦事處與我聯繫，委託我與一艘物探船（物理探測船）「奧林匹克號」的東主接觸，準備採購。中方已查明這艘船在尋求買主。我即與東主G先生（公司名與他姓同）聯繫，說出原委，G先生確認要賣，並稱船停在休士頓的外港，並提出詳細資料及裝備，很快我與G先生談成交易。韓穎如女士帶領用戶小組前來休士頓，驗船及最後確認。G先生在鄉村俱樂部大擺宴席歡迎，餐桌上還插上兩國國旗。幸好我事先去檢查，發現中國國旗不對，必須立即更換，但當地沒有五星紅旗，於是我建議乾脆不要國旗點綴了。小組還出海試航，我沒去，因為我怕暈船。回航後，只有一位王姓工程師毫無反應，吃喝照常，其他人員均暈頭轉向。

船上的探測裝備均是先進一流，特別是一條探測電纜，它是關鍵設備。這條電纜裝有一系列的浮游定深度的特殊浮游器，維持電纜在海面下固定深度，由物探船拖著前進，進行探測海底，尋找油田。這種電纜是禁運物資，尤其是美國海軍，絕對不讓出口，因可用它來探找潛艇。中方問我如何解決？G先生認為他遠在休士頓，還是由我就近從紐約去華府打交道。我與華府商業部談判，商業部稱關鍵是美國海軍，絕對不批准出口，「巴統」亦只是看美國臉色。美國准了，巴統也會照批。中方已作好兩手準備，萬一拿不到許可證，就以法國貨取代。我問美國商業部，為何法國在「巴統」眼皮子底下可出口？商業部立即問這是怎麼回事，要追查。我立即支吾過去，免得把法

①作者（中）參加地質部招待宴。左為韓勃經理。
②作者（中、格紋衫）招待地質代表團遊覽紐約世貿中心。左二是韓勃經理，左三是某副部長。
③地質部海洋勘探公司韓勃經理（左）贈送禮品給作者（右），感謝促成購買海上鑽井平臺。

國貨取代之事弄僵。後來雖經努力，許可證還是無法拿到。中方小組在休士頓上船操作培訓，熟悉如何使用各種儀器。我吩咐休士頓辦事處，盡量在生活上給中方小組以幫助。

最後，「奧林匹克號」物探船駛往中國黃埔港，先駛抵香港，將美製探測電纜取下，換上法國製同類產品。但是法國產品精度遠不如美國貨，中方無奈，只好以法國貨取代，然後駛往公海測試。完成後，「奧林匹克號」舉行換旗儀式，降下美國旗，升上中國旗，交接手續隨即完成。中方說，這是中共建國後第一艘懸掛美國旗的船進入中國。我沒有參加換旗儀式，也是因為怕暈船。

物探船的全名是地球物理探測船，用來探測海底地質及油田，配有大量先進儀器，其中有一種重要儀器是美國密西根州安娜堡的D公司製造的。有一次，中國駐美聯絡處的商務祕書黃建謨（中紡系統）打電話給我，託我向這家公司訂購儀表，稱這家公司快要倒閉了，中方的訂單可幫大忙，起死回生等等。後來機械公司委託我協助買下「奧林匹克號」物探船，是二手貨。該船就配備有D公司的儀表。

其後，有一二手鑽井平臺拖到東海，進行鑽探油氣田的工作，記憶裡似乎是春曉平臺。

再後來，海洋調查船的項目中，亦配備D公司的儀表。我問科學專家，是否D公司一度要倒閉？專家說沒聽說過。我想大約是黃建謨吹噓中方的重要性。中方常喜歡「揭人之短」。

中國還計畫購買一艘海洋調查船，此任務自然又落到我身上。我即找到休士頓一家船廠並組織一批科學家前往北京作技術交流。會議在二里溝談判大樓舉行，船廠東主是一位標準「牛仔」，頭戴牛仔帽，腳蹬牛仔靴。他提出船型的形式與中方習慣的船型完全不同。他提出的是海上油田的工作船的形式，船頭高起，船尾平臺式、低下，如此可頂住任何惡劣風浪，而船尾平臺又便於操作各種探海設備。

他又舉出世界各地海上平臺的工作船的性能表現，與此同時，科學家們介紹所配備的設備，以及採用衛星網路通訊等最先進的技術。中方是青島海洋研究學院的教授及專家，提出很多問題，諸如南極、北極考察、浮生物獲取方式、氣候影響等等，並提出要求。

青島海洋研究學院的院長曾教授是一位老留美專家，特到北京飯店五〇二五室與我詳談。他說費了九牛二虎之力爭取到這筆經費，拜託我務必盡心幫助，造好這條海洋調查船。我請他放心。

中方派出小組到休士頓美國船廠參觀，發現該船廠只是在海岸邊（內海灣）的一個船排，無起重機等重裝備。當即詢問美方如何「放龍骨」等重活兒？美方說，可租用吊車，用完退回，不須浪費資金，投資於重設備而長期不用。我說，美國一般船廠都無重裝備，不像中國，船廠吊機如林，廠房宏大，工人無數，但造不出先進船隻。

經過多次交流，雙方達成共識，確定船隻大小，設備供貨範圍等等。最後商務談判也順利簽合同。美國船廠東主在遊覽長城時，初次看到石頭，他在山崖邊挖出一塊石頭，對我說，整個德克薩斯州沒有石頭。我當時沒想到德州是如此一片平原，難怪地下全是石油。

監造小組按期到達休士頓，租下連排屋長住，我也請我司休士頓辦事處U經理，再次予以生活上協助。

想不到過了不久，韓穎如與經理張豪來紐約找我商量，他們稱中國經濟發生困難，外匯短缺，希望取消海洋調查船的合同。張豪是國民黨海軍起義[1]人員出身，英文不錯。這時，我也看到報章報導，中國技術進口公司的楊副總經理（我認識，但忘記了名字）去日本取消了大量合同。楊總只是一味道歉，沒有理由亦沒有解決方案。所以我知道此事非同小可，若

[1] 編按：即重慶號事件。

非不得已，中方機械公司不會出此下策。於是，我與張、韓兩位同赴休士頓，說服船廠取消合同，停止工作。這艘原本將是世界上最新型、最先進的海洋調查船，也就無法誕生。曾教授來我五〇二五室向我表示萬分可惜。他一直期望有一條完美的海洋調查船，結果一場空。

海洋調查船項目被取消實在是一可惜之事，否則這艘先進的海洋調查船可大出風頭，因那時全世界沒有任何國家投資建新的海洋調查船。但是剛巧撞上中國全面收縮外匯，把這筆預算也收進。曾教授徒呼可惜，青島海洋學院的教授及專家們自然也失望得很。

數年後，我見新聞報導，中國自製第一艘海洋調查船「向陽號」出發南極考察，船型仍是一般傳統的船型。

中國機械進出口總公司船舶部張豪經理（後）、韓穎如主管（右）與作者妻女在聯合國總部。

41 海陸空與空有關業務

（上）

一九七〇年代，我司有兩架麥道客機[1]，由租賃合同退下，投放市場。我去中國駐美聯絡處，向商務祕書佟志廣推銷，請他介紹給中國用戶。他的反應是，飛機這件事，不像船舶，二手船舶如壞了，則是在水上漂浮，二手飛機壞了，就要掉下來，人命關天，不主張考慮二手飛機。我向他說明，二手飛機是國際業界通行的辦法，航空公司經常使用二手飛機降低成本，或填補等候新飛機交貨期間的空白，是安全可靠的辦法。他不為所動，認為二手飛機不能考慮。後來中國民航面對國內乘客大量增加，從蘇聯「溼租」了幾架伊留申巨型客機，證明中國對二手飛機的看法的進步。（「溼租」的意思是包括飛機及機組人員。）

我司代理美國比奇小飛機，向日本市場銷售。日本海上巡邏採用比奇「空中國王」型雙引擎螺旋槳飛機，巡邏日本海域，監測及保護漁船活動，同時防止外國漁船侵入。比奇飛機素以高品質、高性能著稱，有飛機中的凱迪拉克之稱，「空中國王」機更是唯一的機型，獲得美國海陸空三軍外加海軍陸戰隊，四個軍種都採用。

我司航空部建議我訪問比奇，向它介紹中國貿易，以及我與中方外貿人員的關係。比奇印象很深，同意將中國市場亦交給我司代理。於是我積極向中方推薦海上巡邏的用途，並放幻燈片，顯示在空中國王機的機身

---

1 編按：McDonnell Douglas，麥克唐納—道格拉斯，通常簡稱麥道，是一家美國飛機製造商。

側面裝上球型窗戶，機員的頭可探入球型窗戶向下觀測海面。空中國王的螺旋槳速度，剛好適合觀測。那時中方並無巡邏護漁的機構，所以沒有落實對象考慮此用途。於是我向中國民航推薦公務機業務，方便外商大企業業務人員包乘，往返國內各地，節省時間。但是這類業務在中國是超前，由於不斷討論空中國王的性能，中國民航對它開始認識很深，並在航空雜誌詳細報導其結構及性能，並有詳細剖視圖說明。

與此同時，中國新建機場，尤其是北京首都機場改建，各新機場設備引進，開始可以儀表導航起降。要保證儀表能精確引導航機起飛、降落，就必須有校驗飛機進行校驗。中國民航為獨立自主，盡量避免雇傭外國校驗機，決定採購校驗機，這就使得空中國王有用武之地。於是我率領我司航空部同事及比奇專家到中國民航總部進行技術交流。專家解釋如何將空中國王的座椅取消，改裝各項校驗設備，以及各項校驗設備的精度、可靠性等。中方詢問飛機的壽命諸如起落架能使用多少次起落？襟翼的上下翻動能翻多少次？這可能是中方受蘇製飛機的影響，因中方以為這些零部件都有壽命限制。比奇專家介紹，美國飛機製造設計標準是「無損壞」，也就是說無壽命，零部件的設計是考驗到該部件損壞為止。所以飛機材質優良、可靠，這對中國而言，是新鮮知識，也加強對美製飛機的信心。

在決定之前，中方按例要考察證實。考察小組到達比奇飛機公司本部，其中有多位機長，包括張瑞甫，他們都有機會在比奇自己的機場進行試飛，很過癮。考察順利成功，為下一步商務談判建立基礎。這時，我已與民航各幹部建立了良好關係，包括蔣祝平局長、郭浩副局長、沈元康副局長、柯德銘副局長、航行司張剛司長等及以下的眾多幹部。蔣祝平是蔣南翔的侄子，後任湖北省省長。柯德銘分管國際事務。

商務談判由民航器材進出口公司副總經理徐政勒主談。他是前國民黨航空起義[2]人員，英文很好，閱看英文條款非常快捷，供貨範圍最後落實，開始討價還價。經過數論談判，最後價格仍有幾百萬美元之差別，雙方已到不能再作任何努力來拉攏差價。我問徐總，經費是否落實在「自己口袋中」，還是只是批准還須報領？他說經費已經落實到民航，在民航財會部，亦即已在口袋中。我說那好辦，有一辦法，買賣雙方不須再作努力讓價或提價，由第三者銀行來填補這個差價。我要求民航在合同裡支付百分之五十定金，那時美國在卡特總統任期內，銀行利息超過年息百分之二十。我將此定金存入銀行，兩年期（飛機交貨期兩年）的利息，就要幾百萬，剛好填補雙方的差價。徐政勒說，中國外貿及民航的合同，定金都是百分之十，絕無可能百分之五十。他拿出購買十架波音七〇七的合同，很厚的一本，約有六、七寸厚。他將其他內容按住，給我看百分之十定金的條款（這十架波音七〇七客機的「推銷員」是尼克森總統），但我強調，唯有這樣，雙方可借銀行之力成交，達成雙贏。徐政勒與民航領導商議，最後同意我的想法。民航與比奇簽合同訂購五架「空中國王」型號專機，兩架為校驗機、三架航拍機（合同簽訂前，民航拿出「中國民航」的字樣及須用顏色，討論如何對機身噴漆）。前面所提技術交流時，關於航拍機的討論，是集中在機肚開口裝上鋼化光學玻璃，以及攝像機如何安裝等等。中方詳細詢問機肚開口會否影響結構，比奇保證它有經驗。

於是，中國外貿史上唯一的百分之五十定金的合同誕生。

民航成立中國通用航空公司，以太原機場為基地，張瑞甫為經理，掌管這五架專用飛機，並建立華北校驗中心，以北京機場為基

2 編按：即兩航投共。

地，屬民航華北管理局，開展校驗工作。中心主任姜忠信是一位七四七客機機長，收入較高，因國際航班每飛一次有一定津貼。他常飛北京及紐約甘迺迪機場，他的收入較高，亦只是月薪總和約一千多元人民幣。我們常說上億美元的七四七由月入千元人民幣的機長全權操控，這個制度有問題。

中國民航的綜合司、計畫司、財務司等積極參與這個購機計畫，因為新機場建成，根據國際民航法，必須通過校驗出證以證明該機場儀表導航安全可靠後，才能正式開通啟用。這種校驗是以校驗機「以身試法」，檢查機場儀表對航機進場時之角度、高度，下降速度以及「盲降」的精度等等進行校驗。後來這兩架校驗機在全國各地到處「奔波」，因為新建機場太多，大家都希望早日通航，校驗中心的任務非常繁重。

首批兩架空中國王機，經大西洋、歐洲由專業飛機交機公司飛抵北京首都機場，因為空中國王是七座位的小型機，航程短，不能跨越太平洋，只能飛大西洋，以便有中途加油的地方，進入歐陸之後，必須事先辦妥飛越各國的手續。該兩機在上海入境，轉飛北京。一旦進入中國，那是中國民航的地頭，一切好辦，飛行計畫等均順利開綠燈。我與我司航空部同事，在北京首都機場跑道，與民航的其他朋友共同等候。最後，空中國王在天際線出現，兩架的距離按中國空軍的空域管制規定，每層空間五百公尺，距離一千五百公尺（這也是中國民航「擁擠」的原因，因為這種規定，使得空間能飛的飛機有限，而中國空域管制屬空軍，民航無發言權）。第一架著陸後，中方海關人員即與機員辦理入境手續。不久第二架也安全著陸。於是中共建國後，第一批美製小型專機進入中國領空並降落上海及北京機場。

比奇公司向我司及我發出獎狀，獎勵成功售出「機隊」。

我亦乘勝大力推薦專機、公務機的業務。

③

①

④

②

⑤

①民航總局郭浩副部長（中）、比奇公司銷售主任（左）、作者（右）。
②作者（右）與民航總局蔣祝平局長（左）交談。
③首架中國民航七四七。
④作者（右）與PG公司航空玻璃部經理人員在北京展覽會PG公司展臺。
⑤空中國王專用飛機在北京首都機場。

我司亦加上加拿大飛機公司的「挑戰者」號大型專機，作為推銷的對象。民航表示，國家沒有批示，無法考慮專機、公務機的業務。雖然所有民航業務必須中國民航說了算，但國家沒有批准，民航也不能越雷池半步。

後來，國家發現專機業務有必要性，所以由空軍出面向加拿大洽購五架「挑戰者」號大型專機。由於是空軍方採購，民航及我司不能介入，我及我司作了開荒牛。中國空軍有了這五架挑戰者號專機後，可隨時搭載國家領導迅速前往各地，而不須再由民航調撥航機成為專機，臨時為領導專用，影響正常旅客的需要。

中國民航面臨日益增長的旅客數量，採取了國際慣例，向俄國「溼租」了幾架巨型伊爾客機。我坐過一次該巨型機，有如俄羅斯的七四七機，但是高翼機，機身離地面很低，入口可跨步而上，不須眩梯[3]，內分兩層，底層是貨艙，二樓是客艙。客艙無內裝修，沒有懸吊天花板，所以就像坐在一座巨大拱頂廠房內，製造手工的粗糙，難以想像。洗手間更無方便可言。可見蘇俄的工藝，不注重細節。俄羅斯機組的乘務員很漂亮，制服也不錯，但她們的服務能力，在中國機組前，只能待在旁邊當下手。中方的機組，以其一貫的中國特色的服務，很麻利，但欠斯文及文明。因是坐幾百人的巨型客機，所以分送茶水飲料及分送食物時，機組人員快速分發，草草收場。俄羅斯的空姐必定是感到「嘆為觀止」。我向民航反映我的經驗，民航說老毛子的價格便宜，溼租很划算。

我與張瑞甫很友好，他任通航（通用航空公司）經理時，我去太原幾次相聚，一方面了解「空中國王」的狀況，他是首先親自駕駛一架空中國王，由四川機場，單發進藏，即只用一臺發動機及螺旋槳，飛進拉薩機場，以考驗該機之性能。中國有一獨特的條件，是全世界

3 編按：即登機梯。

任何國家沒有的，就是購買的飛機要能飛入西藏，在拉薩機場起降，因為拉薩機場海拔超過四千公尺，普通飛機不能勝任起降。空中國王在張瑞甫駕駛下，成功做到「單發進藏」，證明其性能優越。張瑞甫向我訴苦，聲稱太原這地方，要發展外貿，腿比別人短，沒有對外迅速聯繫的條件，雖有空運，但是伊爾十四型老爺機，慢得像牛車，如何與其他城市競爭？他告訴我海南省在成立海南航空公司，高價挖聘機長，年薪三萬元，一套三居室公寓及一輛小車，他也失掉了幾位機長。

那時國內搭乘民航，不能買來回票，而且不能異地預先買票，所以我每次去太原，都是當天往返，早晨由北京出發，下晚返回北京。有一次，太原回北京的航班滿座，我與張瑞甫商量，來一次「開頭葷」，搭空中國王「專機」回北京。他說：「行，四百八十元一小時。」我想還不錯，但細問一下，要負擔來回全程將近四小時，因空中國王的速度慢，這下可要兩千大洋有多，太貴，我放棄此想法。張瑞甫說到時他親自送我上飛機。上機後，他給我安排了一個座位，告別下機。起飛時，我見空姐拿了一個小板凳坐下，原來我的座位是她的。整個航程中，她就有時靠著乘客座椅椅背，立在乘客旁。機上有小板凳，可算是中國特色。空姐說類似之事，常有發生，有的航機帶有折椅，以備「臨時急需」。

（下）

海南省建立海南航空公司，計畫來美採購飛機。我向好友、海南省省長阮崇武發出傳真，請他考慮比奇飛機，因初始時期海南航空只能飛支線，要用支線客機，也就是小飛機，比奇的一九座機型就能勝任。阮崇武是「四八小組」成員之一（中共在一九四八年選派了一批革命先烈子女，由延安「偷渡」到哈爾濱轉往莫斯科學習，李鵬、鄒家華、林漢雄等都是成員），他當上海市書記時，成功地打碰民航的專利，建立了上海航空公司。

結果陳峰到了美國打電話給我，自我介紹，是海南航空公司的總裁，來美上飛機之前，臨時被阮省長叫去，阮省長說，他一美國老朋友有飛機賣，請他考察一下，所以他與我聯繫。我安排他前往比奇公司考察，早上在旅館會面。陳峰知我與民航關係很好，他介紹說，他本是民航總局綜合司（或計畫司，我記不清）的一個職員，到海南下海經商，他認為阮省長能創立上海航空公司，必然知道如何打通關節，讓民航發出許可。所以他就靠上阮省長，促請開辦海南航空。我說，聽說您高薪挖聘機長。他說，完全是謠言，國家有制度，怎麼能付三萬元年薪？都是按制度支付，一套三居室公寓是真的，既然請人家來，總得給人家住處，至於小車一輛，只是一輛自行車而已。

他試飛（乘坐）比奇一九座的一九〇〇型機，以及新設計的機頭有鴨翼、發動機及螺旋槳在尾部的新型座機。他回來向我說，飛機是好，但是他是一名窮鬼，買不起新飛機，只能買二手貨。後來他買了幾架二手貨的低檔捷運小飛機，開始營運。這就是現在服務上佳，國際知名的「海航」的開始。從海南省內飛支線，不碰幹線。

中國民航急需大量駕駛員，在四川的廣漢飛行學院獲得批准，採購八架高級教練機。於是我推薦比奇的「男爵」式小型機及著名的T–36教練機。

我及我司航空部同事以及比奇的專家開始不斷訪問廣漢，進行技術交流，天天往返於廣漢及成都，我們住在成都錦江賓館（那時我司成都辦事處在錦江賓館），長期交流與廣漢學院的領導建立了深厚友誼，包括邊少斌院長、王存浩副院長、吳順義副院長等。最後由於預算限制，中方選了美國P公司的飛機。我警告中方，該公司即將倒閉，如果交不出飛機怎麼辦？是否考慮買四架比奇、四架P飛機，以防萬一。中方認為經費不足，只能買P公司的。

合同簽訂後，賣方果真交不出飛機，全靠中方資助勉強交貨。

後來，邊院長調任天津民航學院，王副院長出任南京航站站長，吳副院長出任民航湖北管理局局長，駐在天河機場。有一次我在武漢洽談「核子秤」業務，離開前，在天河機場拜訪吳順義，他熱情接待，並領我參觀「塔臺」（機場控制室）。塔臺全無現代設備，還在採用「遞字條」的辦法，也就是說從電話收到訊息，寫下字條，往牆上開有的洞口，遞給隔室傳訊息。吳局長招待我在機場餐廳晚餐，期間，助理來報，我搭乘去北京的航班的班機耽擱在廣州白雲機場，因天氣無法起飛，看來要延誤甚至取消。吳局長請他稍後再報。後來果真航班取消了。吳局長就問，場內有無飛機？助理稱有一架去成都的。吳局長吩咐，把那架去成都的改成去北京，於是我可按時回北京。吳順義親自陪我登上飛機後告別，熱情友誼不能忘懷。

在機上，坐在我後面的一位臺灣國語口音的女士，探頭問我是否「大人物」？我問何以見得？她說，在候機室聽到航班取消，大家不知所措，並準備過夜或離開找旅館，第二天再出發。突然又宣布航班可以起飛，不久就看到一位官員陪我出現在候機室，並從免檢通道登機。我說，我只是一個美國商人，不是大人物，那位官員是局長。坐在我走道那一邊的一位男士非常激動地大聲向乘客宣布：「你們看，果然有美國客人！」原來，航班宣布取消後，乘客們在候機室議論紛紛，有人說，如果有美國柯林頓總統[4]在場，航班就不會取消，所以此人聽到我是美國商人，認為太巧，激動不已。那時我與民航有很好關係，所以有方便之門。民航總局蔣祝平局長告訴我，如在機場有困難，可亮出他的名片。

有一次，我與我同事在參訪張家港的一家

[4] 編按：比爾・柯林頓（William Jefferson Clinton, 1946-），一九九三至二〇〇一年任美國總統。

我方投資企業後，趕赴虹橋機場回北京。到達後，櫃臺稱頭等艙無座位，我稱我們是確認機票，為何沒有座？答案是「到太晚」。我說，飛機未飛如何是太晚？那是東航（東方航空公司）服務人員。我說，請打電話給副總張家傑，我要向他投訴。對方一看來頭不對，馬上推說飛機是國航（國際航空公司）的，我們作不了主。我說好辦，請把國航負責人找來，我要請他聯繫國航總經理徐柏園。這一下，對方可能慌了，馬上把國航在虹橋機場的負責人找來，他立即給了兩個座位。我們上機後，發現另兩個頭等艙座位的人注視我們，一臉不高興。我們猜想，一定是機場櫃臺工作人員將頭等艙座位私下給關係戶或友人坐了，對我們卻說沒有座位。我的同事在旁看到我與民航人員交涉的全程，感到不可思議，後來他向我要了蔣祝平的名片加以複印，他說也許有用。

我極力推動專機及公務機的業務，請王海容（國務院參事室副主任、毛澤東的親戚）安排介紹國航總經理徐柏園及民航華北管理局局長尹湰庭，兩人均是七四七的機長。徐柏園則是毛澤東的專機機長。我們在中國大飯店貴賓室晚宴。徐、尹兩人紛紛稱讚王海容組織能力強，並向我詳細介紹，當初王海容如何命令他們將美國季辛吉祕密飛入北京。首先，他倆便裝去香港，再由香港去巴基斯坦，因為如兩人直接從北京去巴基斯坦，必然會引起猜測，為何兩個大機長去巴基斯坦？他們到了巴基斯坦，就登上巴航（巴基斯坦航空公司）去北京的航班，在駕駛室內熟悉一路飛法，然後駕機從北京去巴基斯坦，將季辛吉一行祕密飛到北京。王海容在旁謙虛地表示「沒什麼」。

季辛吉於第一天與周恩來會談時，他帶一厚大黑框眼鏡，中方私下戲稱像熊貓。他由於太緊張而失態，一時掉筆，一時掉眼鏡。於是周恩來建議休會，遊長城輕鬆一下。此事可能也是一外人不知的趣事。老季辛吉當然不會自認此出醜之事。

南方航空公司總裁于延恩同意我的專機、公務機的思路，願意購買兩架比奇噴射機。另文提到美國堪薩斯農會擁有一架性能優越的三菱噴射機。三菱不熟悉美國小飛機的市場，經營數年，失敗告終，並將其三菱噴射機的設計及產權，全部轉讓給比奇。於是比奇有噴射機。于延恩認為，空中國王是螺旋槳式，太慢，由廣州飛北京，耗時太久。他向我解釋，如有這樣的小飛機，他就可免得每次葉選平（葉劍英長子、廣東省省委書記、政協副主席）等要去北京時都得張羅專機、調動航班的麻煩事，所以必須是噴射機，圖其速度，並且必須以校驗機名目進口，因為國家不批小客機，只批專用機。我方必須安排校驗設備可移除，換成座椅，變成客機，需要時拆除座位，換成專用校驗機。

雙方達成共識。我方安排比奇噴射機飛到廣州白雲機場，表演並讓中方試飛。南航總機長楊元元參加試飛（他後來升任民航總局局長），成績很好。晚宴時，于延恩坐在我旁邊細聲說，一千萬美元兩架如何？我說，一千萬兩架校驗機絕無可能，因校驗機設備比飛機還貴，如是一架校驗機，一架客機，即可爽快成交。他說，他只有一千萬，無法加碼，這一千萬是波音給南航的購機回扣，他有權使用，而國家不批客機，必須是兩架校驗機。因此談不成，但我與南航各高層包括財務副總裁等等也成為老朋友。多年後，海航（海南航空）成立專機、公務機業務公司（似乎叫金鹿）引進了比奇噴射機，董事長陳峰可能想起世事的奇妙，當年他買不起比奇，後來還是買了比奇噴射機。

如今中國已有大量私人飛機，民航的條條框框必已改變。從前機長必須由民航派往，所有幹線只能由民航直屬機構飛等等，一去不復返了。

除了中國民航外，我與中國航空技術進出口公司及中國航空工業總公司也有業務往來。

中國航空工業總公司是一部級單位，總經理朱育理總管所有飛機製造業。中航技（中國航空技術進出口公司）則負責航空器材、工具、航空設備等進出口業務，主要是進口，副總裁嚴天南是一書生風格的幹部。總經理是孫肇卿、副總經理有江同、湯小平等，用戶有北京仿真中心、中國航空研究院飛行自動控制研究所等。前者與五〇二所有關，後者在西安，他們要買的商品主要是慣導[5]方面與陀螺有關。我記得他們提出的用途申請（商品須向美國出口管制及巴統申請出口許可），中英文均欠妥，我向他們解釋並建議修改，最後取得許可。嚴天南簽合同並執行合同。用戶不斷訪美，參觀生產廠及技術交流。現在回想，這些可能都與中國研發無人機有關。用戶中，我對北京仿真中心的周浦南及飛行自動控制研究所的馮培德所長，印象最深，所以名字、職稱都記得。

[5] 編按：Inertial navigation system，慣性導航系統，縮寫INS。

①

②

①比奇噴射機在白雲機場。南方航空公司總經理于延恩（左三）、總機長楊元元（右三）、作者（左二）、機組人員（中、右二）、作者公司飛機部經理K先生（左一）。
②比奇噴射小客機抵達廣州白雲機場。

建材一文中的PG公司的飛機玻璃製造部分供應所有美國軍民兩用的飛機玻璃，我與該部總裁及業務代表訪問中航技北京總部。接著訪問西安飛機廠及成都飛機廠。西飛及成飛均生產軍機及民機，瀋陽飛機廠（瀋飛）只生產軍機，所以我們沒有去。中航技也率領他們參觀PG公司在阿拉巴馬州的生產基地，了解波音、麥道等飛機玻璃生產情況，並觀看飛鳥撞擊擋風玻璃的試驗實境。實驗室內有一大冰凍櫃，裡面有不同重量的凍雞，根據不同要求，選擇相應重量的凍雞，放入射炮，向被試驗的擋風玻璃射出，以檢查該玻璃裝在飛機上承受鳥擊的能力。

一次中航技帶領貴州飛機廠用戶來美參觀PG公司，要求試製F–6教練機的駕駛艙的「前面玻璃」，因為中方沒有平整的玻璃基材，所生產的玻璃（那時浮法玻璃尚未在華問世），必須用手工打磨，最後達到平整要求，耗時費力且不可靠。貴州飛機廠設計師顧工，是一位上海藉工程師，經驗豐富。他說這塊「前面玻璃」很關鍵，與火控精確度有關。實際上F–6教練機就是殲六的改型。我見貴州機廠的圖紙都表明F–6字樣。我建議，F這個字在美國或世界上是習慣用於戰鬥機的，在教練機上用F會引起誤解，影響申請出口許可。PG公司按圖紙及要求試製了兩塊樣品，交中航技轉貴州飛機廠認可。受六四影響而中斷。

我後來碰到西飛的副總裁姜洪池，一位山東大漢。他說他在生產高速公路大巴。我笑問，怎麼飛機不造造大巴？他說，中國高速公路建成，中國的客車一上高速公路就散掉，他看到這個商機，立即飛往瑞典與富豪（VOLVO）簽約，組裝兩百輛大巴，這是他牽頭辦到，組裝出的大巴在高速公路上大出風頭。他繼續與瑞典合作組裝大巴。姜總不久退休回山東。

中國民航成立中國航空器材公司，經營航機另配件進口業務。我認為所代理的飛機輪胎及飛機玻璃都是消耗品，應該是好生意，尤其是PG公司的飛機玻璃是獨門生意，於是我與葉毅幹總經理交上朋友，並向他說明飛機玻璃必須定時更換，我已看到中國民航的波音機及麥道機的客艙，有機玻璃窗已有龜裂現象。輪胎方面，我所代理的廠商也是太空機的輪胎的開發廠，品質可靠等等。葉總也認為能直接向廠方購買是一好事，經過一輪努力，終因航空業有一現成的供貨規矩，必須由飛機場統一操辦，其優點是全世界各機場都有另配件點，各航空公司可隨時採用，如果某另件該機場沒有貨，則可在某小時內，從其他地方調撥，保證航機在地停飛時間縮短至最小程度。中國民航亦不能貪便宜，自行採購另配件，只得參與這種計畫，享受航機不因故障而缺另件造成延誤。這筆業務沒有做成。實際上，中國民航的飛機玻璃及輪胎都是超時使用，不知現今有無按規定時間更換。

①PG公司航空玻璃部總裁（中）、銷售經理（左）、作者（右）在西安華清池。
②作者（右）與民航總局領導歡宴。李副局長（中）、管副局長（左）。

42 養雞現代化與肯德基進入中國

中國人對雞很重視，是一珍貴食品，所謂「來客殺雞」也。大規模養雞可以對中國人消費提供豐富來源。

我組織了有關現代化養雞的必需設備，向中方推銷，包括孵化器、雞場設備、飼料廠、屠宰場設備等等。

首先我與廠方專家在廣交會介紹各項設備的優點及美國雞肉及雞蛋的普及供應，價廉物美。中方安排我們就近參觀白雲山國營農場的養雞場。該場雞舍竟然是一座五層樓的鋼筋混凝土大樓，美國專家驚呼，這是雞宮殿不是雞舍啊，資金不須如此浪費。整座樓全是養蛋雞，是萊克亨種白色蛋雞[1]。專家問蛋雞年齡及產蛋量，中方說，平均兩至三歲，大約每年產兩百多個蛋，相當不錯等等。專家指出，年齡太大，產蛋已太少，很浪費，因為蛋雞產蛋高峰應該是每年三百五十個左右，過了高峰期，應該立即淘汰，送往罐頭廠做雞肉或雞湯罐頭。貴方仍再養兩、三年的，吃掉的飼料量相同，但少生產一百個蛋，其浪費之大，實在可驚。中方外貿部門及農場對我們的訪問及介紹，感到很有意義。

中國外貿逐步開放，用戶開始可與外商接觸了，我們也可擴大推銷範圍，直接與用戶介紹為何美國的雞肉、雞蛋非常便宜，主要是管理科學化。諸如蛋雞是籠養，前面飼料輸送帶速度可調節，以保證不讓雞多吃而造成浪費。雞舍衛生、雞糞排除有方，並可改作肥料或

1 編按：Leghorn，臺譯力康雞、萊亨雞。

飼料，因雞糞中仍有蛋白質（先進國家則禁止雞糞作飼料添加劑）。雞舍只需簡易，不必大量施工。放養的雞舍應是網狀地面，雞糞可漏下，然後用刮板從下掃清，運作肥料等等。成功的雞場幾乎無浪費，飼料配方亦幫助增產雞肉和雞蛋。成功的雞場可做到兩磅飼料變成一磅雞肉。

在我們努力下，成功地銷售了大批孵化器、雞場飼養設備、飼料廠全套設備等等。

接下來，大批中方用戶前來美國考察，其中有吉林德大公司、瀋陽肉雞示範場、山東肉食蛋品公司、北京華都公司、湖南天心公司等等。德大公司董事長王秀林更是對考察非常滿意，要積極在國內廣泛介紹，使我印象最深。

有一代表團來考察飼料廠的設備及配方，其中一位年輕團員王國良非常用功，其他團員外出遊覽，他仍留在辦公室抄寫資料，後來他是瀋陽市第一位黨員下海經商，成立飼料設備公司，託我向生產廠購買電子控制板。但他的企業無能力或無資格開出銀行信用證付款，只能現付。於是我與廠方協議，由我司付款，王國良收到貨後，以現款在北京付給我。每次付款時，他都是從瀋陽乘火車帶一公文皮箱，用鐵鍊鎖在手腕上（在火車上時，還另外上鎖鎖在車架上），加上一「保鏢」，一同來京，大衣內還藏一把長刀。他的皮鞋前後都打鋼掌，可以耐穿。來我辦事處時，老遠就可以聽到腳步聲。他打開皮箱，以現金美鈔付我。我總是立即去兌換外匯券，以便證明他不是換來假鈔。我對此並不在意，可是後來，王國良一直對我感恩不盡，不時要我的同事小陳動員我去瀋陽受其款待。最後，盛情難卻之下，我與小陳前往，他全家出動款待，太太更是全身珠光寶氣，皮大衣等。王告訴我，最初五塊電子板使他的企業出頭站住腳，全是我的大力協助，他的成功全仗我，所以他要報恩。他從小陳處知道我的性格及品位，所以絕不提色情之事，請我去有名的茶廳喝茶。茶廳小姐全是大學生，精於順口溜。王知道我喜歡收集順口溜，就拼命請小姐多說。現在他的公司「雙良公司」，據說是全國最大的飼料設備公司，仍然繼續訂購美國電子板，沒有抄襲，當然，他現在肯定有能力通過銀行付款訂貨了。

北京華都公司（北京市畜牧局旗下的公司）亦購買了各種養雞設備等。有一次開會時，他們表示趙紫陽有一指示要「促銷外匯」，他們分配到四十八萬美元，要努力花掉，但想不出好辦法。我想了一下說：買炸雞設備，開炸雞飯店如何？當時他們還完全不知道我說的為何物。

我回紐約後，立即聯繫上炸雞設備製造廠H公司，並往肯德基炸雞餐廳收集了一套托盤、炸雞盒、水杯、紙巾等印有肯德基商標的物件，並拍了餐廳外觀照片，同時亦向預製板公司索取它為肯德基組裝的餐廳資料（預製板公司在建材一文中有提到）。我回北京時，將所有資料向華都公司介紹，華都急於完成促銷外匯的任務，認為此想法很好，又可消費其農場養的肉雞，所以按我的建議訂購了兩輛炸雞車，一套炸雞餐廳設備。炸雞車的車身是美國著名飛機製造廠G公司的特製車輛，通體是鋁製不生鏽，H公司在裡面配上洗手池、炸鍋、冰箱等等，是一個完整的廚房，可以流動賣炸雞。當時華都公司計畫在天安門廣場賣炸雞，預計肯定生意爆棚。兩輛炸雞車及一套固定餐廳設備運抵北京後，趙紫陽的「促銷外匯」計畫突然喊停，並收緊開支，華都一下子變成「無米下鍋」了。

我方安排H公司總工程師按合同前來北京培訓中方人員，該總工程師竟然從未出過州，更不用說出國，是標準美國南部土佬，去中國還須申辦護照。

華都由於一下子全無經費，只好將兩輛炸雞車及炸雞設備暫時停放在和平里小學操場上，設備用油布蓋住，頗為寒酸。H公司總工到場後進行一週培訓。這時，華都公司又發現，天安門廣場不允許有煤氣罐的車輛停放，於是在天安門廣場賣炸雞的發財夢被打破，因為炸雞車裡有煤氣罐儲放煤氣，供炸雞用。後來我看到一輛在國際展覽中心門外，趁著展覽會做參觀者的生意。另一輛停在香山的香山飯店外的車道旁，做遊客的生意。

接著華都公司告訴我，有一家美國公司與他接觸，尋求合作機會，我問是哪一家？華都說出公司名，我立即說：趕快去與他們合作，不要談條件，把他們拉上馬，因為那是肯德基炸雞店的母公司，您們可以與他們合作在中國開肯德基！於是不久，北京前門外中國第一家肯德基炸雞店誕生了！華都將其一套固定餐廳設備入股，美方再加一套半設備，形成世界上最大規模的炸雞店。炸雞車的外形則遭到仿造，有的甚至就是一個外殼，連發動機也沒有，可見崇外之心很盛。

我因此被認定是中國現代化養雞業的祖師爺。

前面提到的德大公司，是吉林省德惠縣與泰國正大集團的合資企業。我司提供的養雞設備亦是正大集團所採用的。正大集團是泰國的一個頂級的大財團，由泰籍華人謝氏家族經營，正是養雞起家。上海的正大廣場是該集團的產業之一，所以德大比較有優勢，王秀林董事長亦可財大氣粗一些。他的積極性對我方固然有利，但我向各設備生產廠提出忠告，這類產品在中國的銷售生命力不會太長，最多「一代至二代」。以後，中國自製的產品會出現。

這時，中國糧油進出口公司也從單一的外貿公司滲入生產企業，與過去的用戶競爭，所以成立了中國畜禽肉食進出口公司、中糧飯店供應公司等等，自己設立生產基地，這樣也成為我們的買家，而不是過去的純粹進出口公司的角色。

養雞設備之外的養豬設備，我並不看好，因為簡單，就是水泥及鋼柵欄等，中方肯定會看了照片就可消化吸收了。

飼料設備倒是從養雞業擴大到魚飼料。上海水產大學、上海水產研究所及漁業機械研究所是客戶，建立了很好關係。有一次，我與他們在我司駐滬辦事處洽談訂單，按習慣，用普通話交談。他們不知我懂上海話，竟然用上海話在他們之間商量對策，全被我聽懂了，談判自然順利成交。

如今，美國的肯德基、麥當勞、漢堡王等快餐店的炸雞塊（雞肉攪碎後壓成塊）已全是從中國進口了，這又是一個「河東、河西」的例子。

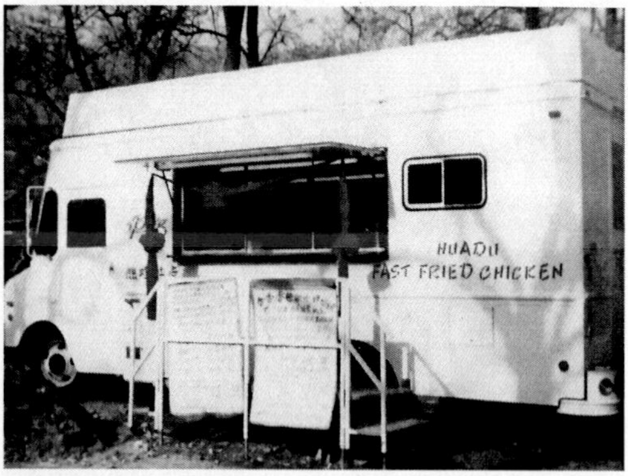

華都炸雞車在北京香山。

43 全真仿真模擬器

一九八〇年代，中國進口了六十萬千瓦的火力發電站，要操作如此龐大的發電站，必須有全真的仿真模擬器進行培訓，不能在電站上嘗試操作，否則一不小心，整個電站炸飛。當時李鵬擔任電力部部長，為此準備進口兩臺全真模擬器。所謂「全真」就是強調百分之百的仿真。

我司代理的S集團公司在華府郊外的銀泉市的公司專門生產各類仿真器，參加競爭。這時李鵬已經升任總理，但仍關心這個引進項目，所以我有機會結識很多電力部高幹及技術人員以及多位顧問。北京電力科學研究所所長及專家也參加技交。那時華能集團公司成立，我認識了它的總經理劉金龍。這兩臺模擬器將設置在石家莊，所以電力部（那時還稱水利電力部）華北電管局管轄此事。我與局長張紹賢成為老朋友。華能國際電力開發公司也參與洽談此業務，外貿歸口是中儀（中國儀器進出口公司），於是我與中儀總經理張漢臣及副總經理張汝恩有交道。經過技術交流，訪美參觀工廠，最後成功進入商務談判。由於李鵬醉心此項目，準備好了較好的預算，所以談判不太艱巨，比較順利，最後成交。兩臺全真仿真六十萬千瓦電站模擬器在石家莊建成。

中方派代表團在美國銀泉市工廠實習培訓，共派了幾個代表團，翻譯是游女士，她很能幹。後來我見新聞報導，鄧小平參觀深圳的成功企業，其中一家名稱亞洲仿真中心，老闆就是游女士，並有照片登載。該企業與華為同樣是佼佼者。顯然，游女士在多次實習培訓中，領悟到仿真的真諦，於是下海創業，成立了仿真中心。

據說李鵬一直關心此項目。模擬器安裝使用後，他還去參觀視察。

模擬器裡採用的設備是B公司產品，該產品也是我代理，另文「90網絡」中有詳述。

這是中國第一次有模擬電站控制。

全真仿真器公司代表訪華。經理夫婦（左二、三）、作者司機小吳（左一）、作者（右一）。

44 火鳥消防車進上海

我向機械公司（中國機械進出口公司）推薦美製火鳥消防車。那是一輛巨型消防車，配有世界上最高的工作平臺，可上下、左右、前後自由伸展，最高可達五十公尺。火鳥車號稱比雲梯式的消防車更有效。

有一天，火鳥消防車的製造廠通知我，接到一個從中國機械進出口公司發來的詢價，請我跟蹤聯繫。我說，必定是我不斷推薦的結果。顯然，機械公司試圖跳過我司代理商，而直接與廠家接觸。

我去北京，在二里溝談判大樓與機械公司代表李愛文洽談，重申這個廠家由我司代理，廠家全權委託我洽談，李愛文表示明白，她的助手谷永江則在旁做筆記（谷永江後來成為好朋友，且迅速升任機械公司總經理、外貿部部長助理、副部長、世貿組織談判代表以及華潤公司總經理等職務。最後一次與他交談是在香港華潤公司）。談判很順利，廠方報價含一週培訓。成交後，李愛文透露用戶在上海，將來培訓在上海進行。中國的外貿初期，賣方不知用戶是誰，直到最後開放，用戶才可以自己洽談進口業務。

火鳥消防車運抵上海後，廠方派一名專家到上海，培訓地點在人民廣場，在廣場大道旁圍起一臨時圍牆，火鳥消防車就停放在裡面。我曾去參觀，上海消防局組織了一個五人小組專職使用此輛巨型消防車。第一天培訓完畢，專家請上海小組試行操作，結果已相當熟練。專家來我飯店報告，印象很深，他說，在沙烏地阿拉伯培訓時，培訓了一個月，那些學員仍要問這個手柄的作用、那個手柄是什麼等等。三天之後，上海小組就能全部達標各項操作，在規定時間（一分鐘或三分鐘，我記不清）內將消防車準備就緒，進行救火（包括車到目的地、停下、接上水管、拉出四條支撐架、伸發支撐腳座、躍上操作平臺、升起平臺，掌握水炮等等），不需一週，培訓就順利結束了。專家對上海小組大加讚賞。

由於談判很順利，我就猜測訂單可能就此一項，不會有下文。這臺巨型火鳥消防車進入上海後，從無重複訂單。很可能是既用於消防又兼做樣車，進行仿造。據友人說，曾見過這輛紅色消防車在路上開過。

45 海南行

海南島開放後，我司日本總部組織代表團往訪，沒有什麼結果。

我向老朋友經委幹部前朱鎔基祕書梁志宏反映，他說：「你們安排得不對路，我來為您安排。」於是他聯繫海南省經委，並請我前往。我司北京事務所所長佐先生聞訊，願參加同往。我們兩人由北京飛海口。海口機場當時相當簡陋，海南省經委派員接機，安排我們兩人入住海南省委招待所：瓊園，那是一座園林賓館。配給我一個大套間，浴室其大無比，浴缸是埋入地下的形式，所以需要「步下」進入浴缸。傍晚，服務員來煙燻驅蚊。這時海口充滿下海經商的幹部，市面上餐廳、商店林立，但已有投資地產失敗的，到處可見停工的僅完成一半的建築。

省經委安排我們參觀需要投資的客戶，其中一家就是知名的椰子汁廠。當時是冬季，工廠無果汁加工，所以正在生產機製年糕。整個廠區破破爛爛，廠房的玻璃窗大半破裂，我們開會是在工廠大門旁的門房，工廠領導介紹情況，希望引進透明塑膠瓶的罐裝生產線，以增加較現有的鐵罐裝更受歡迎。其他果品加工公司領導亦一起參加座談，但整個環境就像剛打完仗，殘破得很。因為是國防第一線，早期沒有建設。我們在海口周遊了兩日，印象不深，打道回北京。

46 美制特殊設備的推薦及引進

自一九七五年廣交會開始，我向中方推薦各種美製設備，當時成交的有美製叉車。後來我在北京飯店五〇二五室儲存大量各種設備的產品說明書，不時分發給中方有關用戶。

這些設備有：CB壓縮機，用於管道輸油輸氣用；BH泵，用於管道及核電站冷卻水；GA特殊工程機械，用於築路、挖渠、冶金工廠等；VA大力真空吸汙車，用於市政工程清潔下水道（其吸力可吸取十公斤的石塊）；特殊橋梁維修車，配有液壓伸展臂，上有工作臺，工作人員在工作臺上操縱伸展臂，可自如伸達橋梁外側或橋梁底部進行維修工作；KT機械手，用於鋼廠、水泥廠等；R公司的片式彈簧；CD的種籽篩選機；DO的離心榨汁機；LU公司的梳棉機；火鳥高空消防車；高空工作臺車；機場緊急救援車等等。其中某些獲得引進，例如火鳥消防車落戶上海，有些可能被消化吸收，有些則於後期由其他渠道進入中國。

現介紹成功引進的各種設備：

KT公司生產的機械手，是履帶自走式，用在中國鋼廠轉爐的停爐期間拆卸耐火磚或水泥廠轉窯的耐火磚，大大縮短了停爐時間，因為轉爐熾熱時就可進行拆卸了，不像人工須等候冷卻後再進入拆卸，而且拆卸快速。這就提升了中國轉爐操作水平，超過日本，因日本始終是人工作業——由於日本鋼廠面積狹小，轉爐的操作平臺很小，無法容納機械設備，所以不可能使用機械手，全部依賴人工拆卸耐火磚。寶鋼轉爐車間訂購一臺，鞍鋼、本鋼及首鋼等都有採用。首鋼在購得美國加鋼的整座鋼廠中就配有兩臺ＫＴ機。

各水泥廠則遲遲未下決心，直到臺灣水泥廠在江西瑞安設立合資廠，配備各種進口設備，我前往推銷，臺方人員熟悉ＫＴ的拆窯機並聲稱早在臺使用，可能由臺調撥ＫＴ機來大陸。

Ｒ公司的片簧是中方搜尋的對象，它是一個圓片式的彈簧，彈力巨大，用途之一是迫擊炮底的彈簧，用來彈出炮彈，中方將這技術及設備全部買下。

ＣＤ的種籽篩選機，東主是德國裔，所以品質特別堅固耐用。篩選分級各類種籽，一氣呵成，除了在我售與東北的三條玉米種籽加工生產線配套，另外有不少中方用戶引進單機。

ＤＯ的離心榨汁機，可高效榨取果汁，使浪費趨於零。美國各大果汁廠均採用。經過多次技術交流，最後中方食品工業認可引進。現在美國進口大量中國果汁，很可能ＤＯ機立下汗馬功勞。

ＬＵ公司的梳棉機也是名牌貨，中國機械進出口公司將我提供的資料分發用戶，獲得重視。於是廠方代表與我見面，我現身說法，介紹性能及特點，最後獲得引進，設備遍布河南等中南產棉區，並遠及新疆農墾某師的棉田。代表團來ＬＵ公司考察時，順便遊覽可口可樂發源地的一座小屋，以及可口可樂工廠。因為ＬＵ公司與可口可樂在同一地方。我亦向代表團介紹可口可樂的中文名，是我舅父羅長海的好友蔣彝教授，在一九四〇年代應可口可樂公司全球招標中文譯名，中標獎勵二十四英鎊。

當初推薦的機場緊急救援車，現在已在各大機場的車庫中見到（新聞報導介紹各機場中）。

ＧＡ特殊工程車是按人的手臂動作原理設計的一種挖掘機，後期在中國的公路上見到。

一九九〇年代，我司深圳辦事處同事張帆接到一個詢價，要求訂購兩臺高空水泥泵車，他立即與我聯繫，我說一上來明確訂兩臺，很可能作樣機用。我們提供了美國名廠產品，成交很爽快。這種高空水泥泵車是有一液壓伸長臂，附帶管道，水泥通過強力泵，輸送到高層建築。很可能這兩臺樣機造就了中製水泥泵車遍地開花，配合房地產開發工程的蓬勃興起。

BH泵被選中為中國石油天然氣總公司用於管道局的管道輸油用。這時期中國的改革開放已是全民皆商，幹部紛紛下海。前大慶陳姓書記有一女兒移民加拿大，成立商貿公司，回北京進行貿易活動。她堅持介入，並聲稱具有影響力。剛巧中國石油天然氣總公司有一代表團參加紐約的一個研討會，我碰到老朋友李天相，這時他已退居二線，擔任中國石油天然氣科學技術委員會主任，以及中國石油學會理事長（我與他相識起於一九七〇年代，中國能源代表團訪美，他是團員之一，團長是化工部部長孫敬文），他介紹我認識石油天然氣總公司新任總經理陳耕，我向他們兩位反映陳姓女子干預BH泵採購之事，他們表示「沒法管」。李天相還特別對我說：「平總，想當年我們做貿易都是公正、乾淨、正派，不像現在。」

我還推薦了P公司的穀物提升機，希望國營農場及農墾師可用於穀倉建設。

掃街車那時不適合中國國情，中國發明了人力掃街車，是一輛三輪車，由人力踩動，在天安門廣場及北京馬路上使用。紐約市長訪問北京時，看到這種人力掃街車嬌小玲瓏，可在狹窄街道運作，大感興趣，訂購了五輛，準備在紐約使用，結果運回紐約後不能使用，因牽涉太多工會法等等。似乎現今中國財大氣粗，也許大城市已出現這種美製掃街車，或者消化吸收的產品出現。想當初，大雪之後，街上、公路上，機場，立即有大量人力清掃，如今全部機械化設備，已替代大部分人力。

47 引進擴孔鑽機

中國要擴大基建工程，建設立交公路及橋梁、大型建築等，都須管樁基礎。挖掘管樁孔的要求，上了議事日程。

天津探礦機械製造廠的業務水平，沒有什麼大作為，國家特批，轉型生產大孔徑擴孔鑽機，以應付市場需求。這是一個國家項目。

我一貫推薦的ＲＤ公司擴孔鑽機，剛好對正此項目，於是天津探礦機械製造廠李廠長兼書記，帶隊參觀ＲＤ公司進行考察，考察結果認為，對象對路，可進行技術引進。雙方開始在天津進行技術交流，然後進行商務談判。為此，我們有機會訪問、參觀天津的旅遊景點，包括天津的老洋房區、天津勸業商場等等。我的感覺是，天津這座號稱中國第二大洋化的城市，與上海相比，簡直差遠了。天津探礦廠頗盡地主之誼，盡力接待。

由於是國家項目，天津市也重視。天津探礦機製造與ＲＤ公司的擴孔鑽機有類似之處，所以雙方技術交流很順利。商務談判時，由天津外貿主談。這位主談手，不知何故，非常莫名其妙，對技術談判達成的協議，諸多挑剔。大家均感不安，最後他竟然宣布所談不算，重新談。ＲＤ公司的副總裁大怒，拍著桌子，站起來指著這位外貿人員大罵無信用。雙方暫時休會，由中方進行內部協調。我也立即找天津市的領導，建議能否另行安排外貿的主談人員。

這時，中國外貿業務已由用戶主事，外貿部門不再有獨斷專行的權力。復會後，這位外貿人員處在很被動的地位。天津探礦廠採取主動，最後確定供貨範圍為全套圖紙及兩臺樣機。於是天津探礦機械廠成為中國獨家生產擴孔鑽機的工廠。

後來，我詢問天津探礦廠業務如何，該廠樓姓總工大嘆苦經，聲稱一言難盡。所有配件加工廠聽到這是國家項目，天津探礦廠有外匯，是肥肉，大家不是同心協力，一起搞好項目，而是紛紛抬價，要求高加工費，以致天津探礦廠被這些配件加工廠拉倒趴下，製造出的大孔徑擴孔鑽機的成本也就居高不下（國家投入的外匯，須計入成本回收）。工程買方仍然雇傭農民工「下井挖」。這樣，成本還比購置一臺鑽機划算。

天津談判期間，主方曾招待一頓在天津技校食堂貨真價實的晚宴。天津技校是培訓廚師及飯店服務員的學校，所以該晚宴的服務及菜色，均體現一般宴會的本色。

當然我們也去了狗不理包子原始店，但是味道一般，不知其名是從何而來。

現在，中國到處大規模搞基建，很可能天津探礦廠的大孔徑擴孔鑽機，最終得到了揚眉吐氣。

①擴孔鑽合同簽訂。作者（左一）、R公司總裁（右二）。
②擴孔鑽合同文件簽署。作者（簽字者）、樓總（左二）。
③天津探礦設備製造廠引進美國擴孔鑽機。R公司副總裁（坐左二）、李廠長（坐左三）、作者（坐左四）。

48 食品機械現代化

隨著改革開放，中國對食品結構也進行改革，優化品種，於是對食品製造機械有了新的需求。

我司成功銷售三套義大利麵條生產線給中國。該設備生產廠在紐約布魯克林區，所以中國用戶的培訓代表團，全程住在紐約的家庭式小客棧。三條生產線是包括一條專門生產長式的義大利通心麵條及各種寬、狹的麵條；兩條是生產各式形狀的短切式的「義大利粉」，其中有中方特定的「雙喜」字義大利粉。長條形的生產線分配給太原，短切形的分配給襄樊。

這時，北京開辦了一個國際食品機械展覽會，生產義大利麵條機的D公司，安排了一條日產半噸的小型生產線參展，並安排了半噸小包裝成品作為參展禮品分發。每天下午四時，派發小禮品。每到派發小禮品時，觀眾必定擠滿展臺，爭取拿到小包義大利粉，展臺也被擠倒，以致每次派發時，還須請警察維持秩序。

中國也開始流行膨化食品，我司安排介紹美國W公司專製膨化食品的蒸煮擠出機，中方亦派出吉林省計委胡凱主任親率代表團來美考察，其代表團成員希望用W公司的蒸煮擠出機製造豆製膨化小食，作為出口商品。

那時玉米糖漿流行，大有取代白糖之勢。我司代理的P公司，具有專門提煉玉米糖漿的技術。這時期，我司與中國食品工業的機構及各食品研究所，多有往來，進行技術交流，見證了中國食品現代化的過程。

中國還希望生產西式火腿，不像金華火腿式的乾硬。

我介紹了火腿生產機，其實火腿生產機與水泥攪拌車的那個迴轉大筒是同一原理，亦是同一發明人，將選好的豬肉塊與鹽水一起放入滾筒，慢慢迴轉揉製，如此鹽水能完美地滲入肉中，鹽水也就變成了肉價，所以這種火腿機是一種一本萬利的生產設備。用戶在河南漯河，生產廠專家多次前往培訓及技術交流。後來該用戶變成雙匯集團，把美國著名的火腿集團收購了。

49 單體速凍設備進入中國

中國過去食品冷凍及保鮮，是用傳統冷藏方法或脫水，即所謂冷凍食品缺乏鮮味。脫水蔬菜及瓜果，也缺乏新鮮感。

在冷藏方法發展過程中，出現了單體速凍法及其設備，其特點是，以快速急凍方法，迅速將冷藏物冷凍，這樣冷藏物仍是個別單體，不會結塊，由於快速冷凍，海鮮產品例如魚、蝦及貝類產品的細胞壁來不及破裂即被凍住了，這樣細胞肉的水質不會外流，仍然保存在細胞內，這就是鮮味的來源。

美國一家最大型的食品公司，具有這方面的能力，在西雅圖工廠設有這種技術及設備。由於業務調整，暫停此類服務，相關銷售人員面臨失業之苦。於是群向當時總工程師建議，請他接手，繼續製造設備供他們銷售。該總工程師是香港裔華人歐先生，在大家推崇下，向公司承包下單體速凍設備業務，自行創立公司，並將生產設施遷移至加拿大溫哥華市的列治文區，定名A公司，以專門生產單體速凍設備聞名。客戶有麥當勞等大公司（薯條是典型代表）。

我司西雅圖分公司水產部經理向我推薦該公司，我前往拜訪參觀，認為是一項值得向中國推薦的設備。於是我向中國食品工業有關領導及單位，推銷A公司產品，歐先生也跟隨我，向大家介紹單體速凍的優點及其節省能源的潛力。因為食品如能集中在工廠中清洗，整理並速凍，要比各家各戶在家中清洗處理可節省大量水及能源。

經過努力，中方認識到單體速凍的優點，

開始引進Ａ公司的設備。中糧禽肉進出口公司率先引進，以改進出口產品品質。接著，河北省唐海縣下屬的國營柏各莊農場的對蝦生產場，也訂購用來急凍對蝦。我與歐先生親訪各蝦場，那時正值中國對蝦由於養殖過度，造成病害，各蝦場正處整治、消除病源，然後休養階段，須經數年才能恢復。接著，擴大銷售到蔬菜速凍生產線。歐先生詳細介紹如何收割蔬菜、清洗、漂湯、單體速凍，這樣蔬菜仍是保持原樣，清潔、新鮮、味道不變。

上海水產大學冷凍權威徐世瓊教授、中國水產科學研究院徐萬義所長及漁業機械儀器研究所俞燕駿等，均熱情成為義務推銷員，協力推廣Ａ公司的設備。Ａ公司的設備在歐先生的研發下，達到世界獨創的地位。

這時，浙江省有世界銀行貸款開發灘塗項目，寧波市也成立寧波市利用世界銀行貸款開發灘塗的項目，在象山市開發灘塗。其中有一招標項目是一條每小時半噸產量的貝類、魚蝦單體速凍生產線。項目顧問是徐萬義及俞燕駿等。於是招標技術規格基本照抄Ａ公司的設備規格。我與歐先生親往象山現場考察，象山縣縣長親自陪同到海邊查看。象山縣後升為象山市。世界銀行貸款開標，Ａ公司設備中標。於是，一條現代化的單體速凍生產線在象山落戶。

Ａ公司的單體速凍生產設備在華打開市場，中糧禽肉進出口公司、上海食品公司家禽部、山東諸城外貿冷藏公司、山東肉食蛋品公司、山東諸城禽肉公司等，均是用戶。歐先生與我也走訪山東煙台、威海衛的用戶。這時，不少臺資企業來投資合資企業，他們已熟悉Ａ公司的產品，於是也變成了客戶。其中在與上海二十一世紀冷藏運輸公司洽談訂單時，正值冬季，室內比室外還冷。二十一世紀公司是臺資企業，負責人鍾國鈞不習慣如此寒冷，頻呼不習慣，並向我與歐先生致歉，因是建設時期，沒有取暖設備。

Ａ公司業務鼎盛，但歐先生卻萌生退意，

向我表示願意出售公司。我司青島辦事處小蔡即拉到澳柯瑪（AUCMA）集團作為對象。我前往澳柯瑪工廠參觀，驚見它正在為美國奇異公司代工生產冰櫃，這是一了不起的成就。澳柯瑪集團書記兼董事長魯群士，是接手承包一座處於困境的小冰箱廠，然後迅速起死回生，發展成大型企業。澳柯瑪生產冰櫃與A公司速凍設備接近，所以收購A公司是一上好投資。魯書記與我在工廠餐廳貴賓單間午餐，交談順利，約定前往加拿大看廠。

魯書記帶領祕書及副總裁于錦波來到溫哥華，參觀了A公司，並審查資產帳目。歐先生要價三千萬美元，一口價，沒有討價還價。這是一樁好買賣，因包括工廠地產、原料及設備。但是魯書記表示澳柯瑪雖是所謂「私企」，但這種事，他不能說了算，須獲上級批准，所以必須回國內申請。我另外建議他注意，如果拿下A公司，他可以有大批「可移民」機會，利用雇請華工而移民，中方肯定有很多人願意「高價」加入。這項合法的「偏門業務」，可能獲得遠超三千萬美元的利潤。當然，如須報批則等於石沉大海，不會有結果。

最後，歐先生反而以五千萬美元將公司賣給一家美國大公司，他本人則按條件，擔任兩年顧問作為過渡，之後他就成功退休。

單體速凍也為中國食品工業現代化立下汗馬功勞。

作者（左）、歐先生（右）。

單體速凍設備業務洽談。作者（左一）、歐先生（左二）。

50 越南行

我與A公司東主歐先生在中國促銷單體速凍設備，正好越南開始開放，我的助手北先生調任香港公司，於是請他協助安排前往越南試探市場情況。那時，香港也剛開始與河內通航，似乎是港龍航空公司的班機。

到達河內後，機場格局與國內相似。我們住在河內賓館，服務員彬彬有禮，服務周到，能收取小費，收到小費時，其感激程度很深。我司河內辦事處指派一位華裔小姐為我們與河內的越南進出口公司聯繫拜會及開會。該小姐精通英語。河內辦事處經理告訴我們，所請的越南雇員有兩種，一種精通法語，一種精通英語，招聘時，用東京總公司的英文及法文考卷，一般在東京能考上六、七十分即可合格錄用，而在越南，考分都是一百，這些雇員都能獨立工作。我們的這位小姐與進出口公司的打交道及談判，就可看出其能力，不像在中國，我司由外企服務公司分配來的雇員，只能做助手或跟班工作。

越南的進出口公司的名稱與中國國內完全一樣，所以我們走訪了機械、輕工及食品公司，因這些公司業務可能與單體速凍設備對口。

開會時，桌上的茶具很精緻，是配茶碟的茶杯，不像國內一律藍白有蓋的大茶杯。茶壺、茶杯等一套放在桌上。幹部談吐都斯文有禮。

我們參觀了越戰紀念館，那裡陳列了許多美國的戰利品，如飛機、大炮、坦克等，也參觀了胡志明墓。我司辦事處是一座老洋房，雇有廚師，我們就在辦事處午餐。我首次享用火龍果，外形及味道均屬上乘。老洋房靠近河內的中心湖，想必是以前法屬時期的富戶或法國人的產業。

訪問完河內，我們一行三人轉飛胡志明市（西貢），航機上的越南客服員都很漂亮，穿著越南裝，上身類似旗袍，下擺開到腰際，前後整個兩片下擺，輕曳飄動，很是婀娜。在南方，女士都穿這類服裝，而且多是白色，潔白不髒。胡志明市非常繁華，毫無共產黨統治的味道，與河內相比，景象大不一樣。馬路上摩托車成群，但不亂。我們住的新世界旅館是香港新世界集團所建。馬路上，每隔一段就會有一水龍頭。我們看到，當地人經過時會沖洗腳及所穿的膠拖鞋，原來這樣保持清潔、衣衫潔白。少女們駕著摩托車，所著「旗袍」下擺隨風飄揚，是一道風景線。

在河內時，我們去舊有的大都會旅館享用法式大餐，品質極佳。胡志明市則更多上好法國菜。據說越南的法式長棍麵包及可頌，比法國正宗的還好。我司當地辦事處同仁介紹了一些當地的特色餐廳。由胡志明市我們飛回香港。

作者（右一）、歐先生（右二）、北先生（中）。

51 易貨貿易

紙漿、牛皮卡紙、瓦楞芯紙及新聞紙，是中國輕工業部每年進口的常規大宗商品。美加西海岸的大木材公司是供貨商，尤其是美國的W公司供貨最多。

我司為了擴大貨源，日本總部的紙漿經理金先生，特來紐約，會同紐約紙張部經理田先生及我，同往加拿大東北部新布藍茲維省的木材公司進行訪問，開拓出口中國市場。那是加拿大東北部的一個偏僻省分，其旁的諾瓦斯科西亞省是濱海省分，兩處居民稀少。我們的班機因氣候原因，降落在另一機場，然後用大巴將乘客轉送原定降落的聖約翰市，於是我們半夜才到達預定的旅館。由於延誤，原定的客房已分給其他客人了。我問前臺，我們三人是否要睡馬路？前臺很禮貌地笑答：絕對不會。過了一會，領我們三人去一大套間，配有三個額外睡房。原來這是英女皇訪問時下榻的套房，之後就空關不用，房內有大幅女皇伊麗莎白的標準像，富麗堂皇，還很年輕。服務人員叮囑，不可碰女皇臥室的任何東西。我們三人剛好分占其他臥室，這亦是一特殊的經驗。

次日前往各木材公司訪問。由我遊說中國市場的前景等等。該地區，地方不大，很容易遍訪各地。返回後，金先生努力向中方推薦加拿大東北的貨源，中方則以運輸不便、運費太高，難以考慮。

與此同時，美西的L公司積極與W公司競爭，希望我司能將其紙漿出口到中國。這時，中國處於外匯極度短缺，要求我司以易貨方式進行交易，亦即物物交換的原始貿易形式，提供給我的是中國各「名牌」衛生卷紙（捲筒衛生紙）。我提問，中國是計畫經濟，怎麼會生產大量過剩的衛生卷紙？中方反應是，反正只有此衛生卷紙可作為付款。那是堆積如山的衛生卷紙。談交易時，變成大談衛生卷紙，亦是一種笑話。

成交後，我立即電傳我司在全世界的一百一十五家分公司，通知他們幫助協力推銷中國的衛生卷紙。

最後，總算非洲的辦事處將此事解決了。大批衛生卷紙由中國運往非洲，沒有運來美國，否則將走投無路。

我向輕工部表示，這一宗易貨貿易，只能做一次，下不為例。

52 優質卡通紙箱生產落戶上海

中國改革開放後，日本多家著名電器製造廠如松下（Panasonic）、日立（HITACHI）、東芝（TOSHIBA）、夏普（SHARP）等紛紛在中國設廠生產，但他們遇到一個普遍的問題，就是中國的卡通紙箱[1]品質不過關，往往在貨達目的地時，方正的卡通箱變成了球形，對箱內的商品缺乏保護力，於是各電器廠要求日本國內著名卡通紙箱生產廠，到中國設廠生產紙箱，用來包裝日本各電器廠在華生產的產品。

該紙箱廠的老闆長先生是一位獨裁老闆，他願意投資兩億五千萬美元在上海設廠，條件是：他要見到上海的兩位領導人——吳邦國書記及黃菊市長，見到後即拍板，不須研究。

我司總部駐華總代表山先生請我幫忙安排，因為按中國規矩，領導至多見一人，不可能見兩位。可是長先生的條件就是只要見到兩人，就拍板兩億五千萬美元投資。

於是我找上海外事顧問李儲文先生，介紹這位長先生的古怪要求，並請他看在兩億五千萬美元投資的份上，務必設法安排拜見吳、黃二位。不久我得到認可，但是這樣使得上海外經委不愉快，認為我沒有經過他們而自行安排。

吳邦國書記在某天下午，在新錦江會客室接見代表團。他以驚人的記憶列出一長系列有關上海的經濟數據。接見完畢後，代表團成員依次退出。我向吳書記說，晚間有一便宴，是否請出席。他禮貌地說已另有安排。

1 編按：紙箱的英文為carton，以音譯為「卡通箱」。

我隨即請外經委王祖康主任，他卻沒好氣地說，事先沒有通知，不能參加。我準備退出時，忽然看到黃菊從旁門出來了（完全不是外經委向長先生解釋的，所謂黃在外地），我即與他打招呼，可惜長先生等已在外面。他笑稱，見了吳書記已夠了。顯然，李儲文先生是落實安排見吳、黃兩位的，但是外經委就是插一杠子，只見一位。

晚宴在靜安賓館舉行，中方出席的是以上海輕工局局長鄭國培為首。長先生又認為沒有市長，不夠面子。山先生又來與我商議，如何辦？我說，這位長先生真是莫名其妙，須知，上海輕工局局長能出席已是大面子了，上海的局長已是大官。我打電話給李儲文先生搬救兵，李先生說，顧傳訓副市長就住在隔壁，離靜安賓館很近，可請他來參加宴會。我立即下去到大門口專候顧副市長。他到後，電梯服務員立即開動一座專用電梯，將我兩人送至頂樓。服務員們見是顧市長來了，馬上服務不同。

席間，顧市長作了不少指點迷津。鄭局長亦安排在「星火基地」撥出地塊，給長先生建廠。於是，著名的日本紙箱在滬生產。

其實，中日都是使用美國的牛皮卡紙及瓦楞芯紙製造卡通紙箱，但是成品的品質就是不一樣。

兩億五千萬美元的投資條件居然是見上海的兩位頭頭，可算是獨一無二的條件了。

53 紙漿模塑

中國鐵路產生「白色汙染」，原來每條線路在客車賣盒飯的時段，兩邊扔滿空飯盒，造成「白色汙染」。鐵道部為此出了紅頭文件，要求整頓處理，取消泡沫塑膠飯盒（包麗龍[1]），於是有關單位急求取代品。

我司代理的加拿大E公司，專長製造紙漿模塑機械。該設備當時主要產品是鮮蛋盒，北美的紙漿模塑蛋盒全是該公司機器生產的。那時世界對泡沫塑膠的包裝，已開始認為不能「降解」而造成環境汙染，希望以紙漿模塑取代。所以我問E公司有無可能製造紙漿模塑飯盒來取代泡沫塑膠飯盒。E公司當即試製，並成功製出樣品，耐油耐熱，可盛裝食物四十八小時無滲漏。於是我向中方推薦用紙漿模塑飯盒替代泡沫塑膠飯盒，首要對象是鐵道部。

唐聞生時任鐵道部國際司司長，她安排鐵道部相關單位與我方技術交流，地點在鐵道部。我與E公司的專家C先生參加技術交流，中方大批人員出席。鐵道部已將取代泡沫塑膠飯盒的任務，交給部內貴州研究所開發，所以中方主談是貴州研究所的主任。會議開始時，唐聞生突然出現，介紹我是辛亥革命老人的女婿，吩咐中方多照顧。她離開後，我向中方人員宣稱，我做業務，從來不提背景，全是自身能力，大家不必在意。

中方提出中國缺乏木漿，但貴州有大量竹子，是否可能有竹漿？說來事巧，E公司的東主約翰先生是紙漿專家，曾經參加聯合國專

1 編按：即臺灣俗稱保麗龍。

家團來中國協助研發竹漿，所以C先生答稱無問題。接下來是成本核算，C先生已有詳細分析，按設備成本，廢紙紙漿成本、假設人工成本等，算出，大約人民幣一毛至兩毛一個。中方說，泡沫塑膠飯盒是七分一個，而且有大批小型生產廠，如取代，會造成大批小企業倒閉，工人失業。另外現有採購系統與這些飯盒供應商有千絲萬縷的關係，不易打入等等，只能慢慢研究。

E公司東主約翰先生（左）與作者（右）討論紙漿模塑。

我們轉向中國包裝公司介紹，取代泡沫塑膠包裝材料，改善環境。包裝公司亦認識到泡沫塑膠無法「降解」，在自然環境中不會消失，是一公害。技術交流中，分析紙漿模塑包裝的承重能力。C先生說，泡沫塑膠包裝的特點是承重力大，是一好材料，但是是一公害，遲早會淘汰。紙漿模塑包裝暫時只能用於二十寸電視、電腦、普通家電，冰箱太重，不能用紙漿模塑。數次交流，中國包裝總公司召集了眾多單位，包括長虹電視機廠等參加，但最後只是交流而已，沒有實際行動，我們可能做了開荒牛。

中方有幾個代表團，參訪E公司在加拿大多倫多的工廠，詳細考察紙漿模塑機（生產一打裝鮮蛋盒）的製造，E公司很大方，任由代表團拍照、錄像。這些可能成為消化吸收的重要資料。

與此同時，有一上海張姓商人來紐約找我，計畫在上海設立三條紙漿飯盒生產線，並前往多倫多參觀工廠。他告訴我們，單單上海市每天供應民工的飯盒就須上百萬個，所以市場廣大，前途可觀，說得頭頭是道。我與C先生去上海訪問，他帶我們去浦東參觀場地，是為建浦東機場而置換的區域，有優惠條件，那時浦東機場還在籌劃階段，征地工作已完成。張先生還說，準備在附近建造一批別墅開放，到時候送我一套。他說這個項目須中央批准。我說好辦。我即去信朱鎔基請他批准。

在浦東考察廠地時，E公司專家C先生提供三條生產線大約需要的廠區面積，以及水電需量。廠地就在浦東機場旁邊，機場的平整土地的工作已開始，徵地換得的民工崗位已上崗工作，在機場工地上做土方工作。我們可遙看工程情況。當地幹部很興奮有新工廠落戶，接著拉大隊去三甲村午餐。該處是靠長江邊，有海鮮水產供應，照例又是豐盛宴會並有中華鱘。我說這是第一類保護動物，怎麼上桌了？鎮長說沒有關係，請品嘗。其實就是一塊塊厚實的肉，並無可口之感，遠不如鰣魚。

回美後，我司北京辦事處來電傳稱，國家計委要找我，問我是什麼人。北京辦事處稱我是美國公司的副總裁。國家計委表示請我速到北京有事相商。我到了北京，與計委官員聯繫，原來是有關張先生在滬的三條紙漿模塑飯盒生產線的項目。我請兩位官員晚宴。他們說：「您與首長的關係一定很特別。」我說：「首長是誰？」他們說是朱總理，並說朱總理一般不批文件，但我的信他批上：「培炎：請辦理此事。」（當時計委主任是曾培炎）。我說我完全不知內部情況，看來朱老闆確給我面子。他們亦大笑，並稱已行文上海，辦妥此項目。

我很高興，並通知上海張先生，中央已批。我到了上海後，出席張先生召集的會議，有相關官員出席，看來很像樣。他發表講話，我聽上去似乎不太對勁。後來發現，他根本沒有在上海立項，上海要他補辦手續，結果此項目變成是平白由中央批給上海一個項目，上海必須倒過來補辦立項申請等等手續。我埋怨張先生太差勁，讓我失面子。但他當然興高采烈，獲得此項目。

結果他的集團內訌，大家爭這塊肥肉，互相拆穿，都是開放初期下海經商的人，官商不分的角色，出面的民辦銀行也駕馭不了，最後不了了之，一場空。

在此過程中，張先生曾說，在可行性研究時，上海路邊攤販不願買紙漿模塑飯盒來裝他們的盒飯，而他們每天使用大量飯盒用來賣飯給民工。他們是小本生意，紙漿模塑飯盒太貴。另外，泡沫塑膠飯盒生產廠如倒閉也是問題。我建議張從大公司著手，可在紙漿模塑飯盒的模具上挖一塊活用模塊，刻出不同公司的名稱，例如錦江、新雅等等，按不同訂單換上這塊活用模板，大公司即有自己名字的飯盒，又可環保，一定行得通。但是沒有實現。

後來，移民港商看到這商機，在深圳設廠訂購E公司設備，生產紙漿模塑包裝材料，供應深圳、東莞的用戶。

如今，紙漿模塑包裝材料已普遍取代泡沫塑膠，除了大件電器仍用泡沫塑膠。最近，紐約市已禁止飯店使用泡沫塑膠飯盒，違者罰款，必須改用紙質。麥當勞等快餐系統則早已取消泡沫塑膠產品，改用紙質。

54 鋼纖維生產工藝引進中國

黑龍江省委書記楊易辰帶領中國農業代表團應美國農業部邀請，訪問美國。美國農業部邀請我協助接待。楊團長對我的協助及能力大為欣賞。回國後宣布，任何單位要開發與美國貿易，可找紐約姓平的那位。於是黑龍江慶安鋼鐵廠廠長程龍保通過黑龍江機械進出口公司田文章副總經理，找上門，請我尋找鋼纖維生產工藝的擁有者。

原來程龍保廠長是一位喜歡鑽研的人，他在圖書館遍尋新興題目，發現鋼纖維生產是一項值得在中國發展的項目，於是他及田文章用電傳與我聯繫，介紹目的，請我尋找鋼纖維生產廠。我得知訊息後，即請我同事李先生查找美國的鋼纖維生產廠，結果其中一家就在紐約皇后區，我便就近先選該廠為目標，前往洽談。

說來亦巧，該D公司的東主牛先生是鋼纖維生產工藝的發明人。我與牛先生初次見面即交談甚歡。老先生對我印象很好，當即將代理權授予我司，並取消原來的代理商E公司（即在浮法玻璃項目中提到的E公司，因兩者都是猶太人辦的公司，所以D公司原先順理成章請E公司代理）。我順便參觀了工廠及生產過程。牛老先生說這是他不斷琢磨，想出來的辦法，是一門生產藝術，不是技術，必須不斷操作予以熟練。我將D公司介紹給慶安鋼鐵廠，程龍保很高興，希望深入接觸。

這時，八九年的「六四」風波發生，美國禁止與中方往來兩年。我通知程龍保，我方不能前來中國。程龍保回覆提議，是否可在深圳見面，因深圳是開放城市，在中國海關的境外，中方可申請特別路條前往，而外方進入深圳不須簽證。我調查後發現，我方可去香港，然後從香港轉入深圳，如此並不違反美國政府的禁令，因美國人可自由出入香港，不須簽證。於是雙方約定在深圳洽談。D公司的牛老先生亦將此業務交給他的兒子牛先生跟進。

我與牛先生飛抵香港後轉赴深圳。我司深圳辦事處派車來羅湖關口接我倆人，並定好銀都飯店客房。司機將我倆送到銀都後，提醒晚上會有人打電話進來。該飯店是新建的，條件很好，賓客也多。次晨，在咖啡廳用早餐，見到不少漂亮少女，衣著時髦。我問牛先生，昨晚有無收到電話？他說有，但他拿起話筒說「哈囉」後卻無反應。這與我的經驗完全相同。我接到三次，但都是我說「哈囉」後，無下文。最後，我以中文「喂」應接，對方立即發聲說：「我已在大廳，請開房門。」我說：「什麼？」她說：「我們剛才不是說好，您會開房門等。」我說：「我已睡了大半覺，何來什麼見了面說好的等等荒唐話！」我當即掛斷。由此我才知是怎麼回事。不久，司機來接我們去我司辦事處會客室與慶安鋼鐵廠開會。司機一見我就問，晚間有無人來電話？我當即責問，是否他將我們房間號碼告訴外人？他說不是，乃是飯店人員與外私通，將來客訊息告知，以便職業女郎打電話接洽賣淫。這時，中國建材設備進出口公司的亢祝純也趁著我在深圳，來洽談PG公司的業務。他參加早餐，並指認那些時髦女子都是女大學生，進行兼職生涯。

慶安鋼廠程龍保向牛先生介紹，他想引進鋼棉生產的設想及前景，以及他如何在圖書館裡查到鋼棉生產（鋼棉是中國對鋼纖維的俗稱）。牛先生詳細介紹各種鋼纖維的用途，由「零號」至「五號」不同粗細，並展出樣品。「零號」很細，有如絲綿，用來打磨高等家具及鋼琴的表面；「二號」用於廚房清潔；「三號」代替石棉，用於汽車的剎車片等等。由於那時中方尚無對石棉下禁令不准用，所以程龍保是看好廚房用途的市場。程龍保等表示，一旦開禁後，即赴美考察。

牛先生亦強調，這門工藝是他父親獨創，並無專利，因為真正更硬的技術或配方，是不會申請專利的。因為申請專利，就必須將詳細在專利中列明，這樣反而會被競爭者學到關鍵。D公司的工藝是藝術，所以不申請專利，就像可口可樂的配方，永遠無人知道，就是它不申請專利。程龍保保證絕對不偷技術，而是出價引進。

美國開禁後，慶安鋼廠邵廣軍廠長帶隊來紐約考察D公司，這時牛老先生夫婦已移居以色列（他們是死忠猶太人，對以色列至為忠誠），業務全都傳給兒子牛先生。程龍保則他調，不再介入，但是鋼棉的進入中國是他首創，其功應予認可。牛先生也回訪慶安鋼廠，由我助手李先生陪同，雙方合作協議順利達成，由黑龍江機械進出口公司簽合同。慶安鋼廠向D公司訂購兩條生產線，D公司向慶安鋼廠訂購一定數量的切碎鋼棉。

消息傳出後，中方有其他用戶也想加入這類生產項目。湖南冶金廳計畫在珠海開設鋼棉生產廠，派出董覺民與我方接洽。於是珠海鋼棉廠成立，林禮武為書記，董覺民為廠長，沈廣泰、張治等為工程師。中方見到此業務有外方返銷產品，紛紛「另起爐灶」成立鋼棉廠，全是現有鋼棉廠的職工將設備技術等偷出，另外設廠加入競爭。其中張治最為成功，設立廣州鋼棉廠，自己向國外市場推銷。

董覺民與林禮武等合作並不愉快，於是向我方提出成立合資企業，由他主持。他與牛先生及我在珠海海邊茶室商談此事。我認為，珠海已有珠海鋼棉廠，應該在中國另選合適的城市設廠，辦合資企業。董覺民立即答應去找。不久，他電傳給我，找到張家港，很理想。當地政府亦歡迎。我立即拍板，因為剛好我在北京受到貿促會的推薦，請我重視張家港，如今董的報告亦說張家港好，所以我立即拍板。事後董一直堅持認為，我早知張家港，只是考察其能力是否能找到張家港。

董積極操辦合資企業的所有手續。合資企業由董覺民、Ｄ公司、我司亞洲投資公司及張家港開發公司組成。我建議我司不必分神費力參與組建，任由董一手操辦。牛先生與我及董覺民在張家港開發公司總經理韓澄東陪同下，到處尋找合適地點，同時拜會張家港的各位領導，如書記、市長、副市長，均表歡迎支持。我對張家港印象很好，該市長要學新加坡，所以城市很美且清潔。我向眾人表示，雖然我不會回國定居，但如果回國，必住張家港。

合資企業定名ＤＺ鋼纖維公司，由董覺民帶領八人小組到張家港建廠。他精打細算，租住民房兩間，因小組中有一女士，單住一間，其他男士合住一間，兼作董之辦公室。在走廊裡架起爐灶作廚房。董以堅固呢包木箱（木箱外包堅固呢，外觀不錯）作為其辦公桌。他很快建成兩座廠房，並將原有的一排破倉庫改建成宿舍。Ｄ公司的設備運到後很快安裝調試。我司日本總部亞洲總支配人山先生（前文卡通紙箱項目中駐華總代表山先生現升任亞洲總支配人）帶領同事與我前往參觀。我說，如果我方派一代表參加組建，則一天的房費可相當於董的八人小組一個月的費用。山先生很滿意，當場向全體員工致意並贈送兩臺大型日立彩電給員工消遣用。後來彩電運至，董將它們放在餐廳，供大家觀賞節目。

我每次訪問張家港，韓澄東總是大盡地主之誼，盛情款待。大閘蟹、三魚宴（刀魚、鮰魚、河豚魚）都是當地名菜。ＤＺ公司很成功，成為張家港第一名出口企業。

數年後，董認為珠海的優惠待遇遠比張家港強，於是ＤＺ公司董事會同意在珠海設廠。董覺民即在珠海特區地域內找到一塊廠地購下，建立新廠。這次建廠，比較原來張家港初建時期，財力雄厚，很快一座現代化工廠建成了，員工宿舍整齊漂亮。珠海鋼棉廠在林禮武、沈廣泰經營下，較為疲弱。我也不時提醒董覺民，要開發國內市場，並把上汽集團介紹給他，開拓剎車片市場。DZ公司珠海廠很快超越張家港廠。慢慢張家港廠逐步衰退，最後停產，只剩一塊廠地為有價之資產。

DZ公司每年盈利。我司亞洲投資公司負責人富先生稱，該項目投資是他的一顆明珠，不須勞神費力，不須監管，每年有上好的分利。

加拿大的剎車片專門公司，見到鋼棉已在華生產，於是就近在深圳設廠，利用中國生產的切碎鋼棉生產剎車片，供應中國及國際市場。

切碎鋼棉用在汽車剎車片上，取代石棉，市場龐大，中國成為主要生產基地。美國的生產能力下降，轉移至中國。D公司牛先生及我是主推手，董覺民則始終尊稱我為「總設計師」。

如果中國廚房清潔鋼棉塊也得到廣泛使用，加上大量汽車、卡車的生產，中國的鋼棉產量將是驚人數量。

作者（左四）訪問珠海DZ鋼棉製造公司（中美日合資）。總經理董覺民（左五）率領導層合影。

其實，石棉是一種絕對上佳的耐磨材料，但由於會造成矽肺[1]，全世界禁用。鋼棉的剎

1 編按：Pneumoconiosis，吸入矽塵導致的職業病，為常見塵肺病形式之一。

車片用久會有噪音（石棉就不會）。所以，切碎鋼棉的品質是避免噪音的關鍵之一。豐田車的高檔車則採用銅棉，而不是鋼棉，以求減低噪音。

我也曾將此工藝介紹給鞍鋼及首鋼，我甚至曾建議首鋼收購ＤＺ公司，但這些鋼鐵大佬認為鋼棉生產是小兒科，不是大動作。

55 三進中南海

（上）

八九年風波，美國對中國進行制裁，美商不得去中國兩年，同時，對在美的中國訪客或移民，只要是在八九年六月前入境的，全部給予綠卡，成為永久居民。

兩年開禁後，朱鎔基作為上海市長率領十個市長（包括上海市）代表團，作為中國第一個政府代表團對美進行親善訪問，按後來朱市長在演說中表示「來消消氣的」。我得知訊息後，立即電傳朱市長，邀請在紐約餐聚。

美國各團體以美中貿易全國委員會牽頭，在紐約舉行盛大午餐會，由商界與代表團會餐，地點在紐約曼哈頓中城一頂級著名學府的俱樂部舉行，我也躬逢其盛，參加了這次午餐會。在俱樂部迎接代表團時，朱市長的得力助手葉龍蜚（上海外國投資工作委員會常務副主任，主任是朱市長兼），首先從樓梯走上來，見到我時，立刻說電傳收到了，實在無法安排。接著朱市長上來，向我拱手，說在紐約只有兩晚時間，實在無法餐聚。我頻說理解，其實我明知不可能請到，只是以電傳預先邀請，表示敬意。

午餐時，朱市長演講並回答問題，應付自如，然後他說，不能以一個人占據全部時間，讓其他市長也回答提問。結果其他市長根本不知如何回答紐約人的尖銳提問，朱市長再度解圍說：「看來此事還得由我來頂。」

事後，有一天我拜訪我嫂嫂的表兄，美國花旗銀行二把手賈先生，與他在其辦公室的私人餐廳午餐。他說，中國市長代表團來紐約時，早餐會是紐約銀行界招待（我參加的午餐會是商界），而他是花旗銀行二把手，變成當然主持人。他與朱市長對坐（西式長臺布置），可是他說，可能朱把他當成翻譯，所以只是與他左右兩邊的美國佬交談。我說，朱市長不會如此水平，我說有機會在北京，我會安排你與朱再次單獨見面交談。

後來，在北京有一次大規模的中外投資合作研討會，由世界各大商行贊助，花旗銀行是主要贊助商之一，我司亦是贊助商。賈先生要出席作主題演講，我也出席參加會議，於是我倆約好同時赴京，並借此機會，在北京與朱副總理見面（這時朱鎔基已由上海調回北京出任副總理）。

研討會在中國大飯店大宴會廳舉行，規模空前，中方各省市領導均參加，我結識了很多省長、市長，包括陝西省長程安東、新疆自治區李東輝副主席、海南省長阮崇武、寧夏自治區白立忱主席、江蘇省王榮炳副省長、湖南省唐之享副省長、河北省宋叔華副省長，以及眾多市長，包括大連市、唐山市、貴陽市、重慶市、馬鞍山市等等。尤其大連市有玻璃項目及馬鞍山市有馬鋼的90網絡項目，所以相談更歡。湖南省唐之享副省長更說我是湖南女婿，應多到訪湖南。

王海容來電話稱，需要賈先生與我的簡歷，這是外事程序。我當即回答，請不要按正規外事辦，只是私人會見，不發表新聞，所以不提供兩人的簡歷。王海容的確辦事能力強，立即辦到。約在下午四時。與此同時，大會安排李鵬總理接見各大公司頭頭代表，賈先生就託辭由其助手代表出席。其助手是花旗銀行新加坡分行總經理（後來出任馬來西亞財政部長）。

這時突然王海容來電話說，李鵬要見賈，因為他聽說賈是嚴家淦的女婿，每次去臺灣都與李登輝打高爾夫球。只是賈有興趣與朱談銀行業務（因朱是中國人民銀行行長），而與李無共同語言。但是總理要見，如何能拒絕？於是我問司機，從人民大會堂到中南海紫光閣需要多少時間？他說：「七分鐘可趕到。」於是我與王海容商定，三點半在大會堂見李，一般標準會見時間是二十分鐘，然後立即趕赴中南海，總算兩不誤。可是後來，李聽說賈要見朱交談，馬上不高興而取消了接見。與此同時，參加李鵬接見的主要代表已風聞，李總理要先與花旗銀行代表單獨見面，所有代表須在大會堂會議廳等候。

王海容事先囑咐我，不得用出租車，因中南海不准出租車進出。我說我會用公司的車。進入中南海即有開導車，引領至紫光閣。這是我們第一次進入中南海。朱副總理與賈分別坐在主、賓座位（就是報章經常刊出那對座位及中間的茶几）。我坐在賈的旁邊，李偉（朱的大祕）坐在朱的一側。王海容坐在李偉旁邊。王海容安排了一位新華社的資深攝影師，坐在她旁邊。朱賈兩人大談銀行經。保七（保住百分之七的增長）、銀根等等，足足談了一個小時。李偉不時看表。最後我插言，是否總理另有事？他說羅幹在外已等候多時，於是我們告辭。這時王海容建議由攝影女記者為我們拍照留念。於是大家排在拍照的屏風前拍照，然後又在紫光閣外面拍。第一次進入中南海與朱鎔基暢談順利結束。

我們回到中國大飯店，在大堂休息等候。賈的助手從大會堂回來，這位助手是馬來人，所以較黑，進來時我倆才發現，是在走廊裡見過幾次，因客房相鄰。賈介紹助手A先生給我後，A先生不知賈與我去了哪裡，頻說賈幸運，沒有參加李的接見。因為大家都知道李要先與花旗銀行的代表單獨見面，大家必須等候，突然通知出來，李總理提前接見代表，於是李的單口發言提前半小時上場。冗長的發言，大家只能聽。A先生說，一個小時的單口發言讓大家打瞌睡。他對賈說：「如您去了也倒楣。」

接著我碰到大會主催人之一港商黃先生，他則豪言，他提出要促進投資，必須能「繁榮娼盛」，強調昌字帶女偏旁。我說「當真？」他斬釘截鐵地說絕對說了「娼」，這樣才能吸引投資者。他是印尼僑生，改革開放後，在中國大力收購企業。朱鎔基對他很不滿。他跟我說有一次，在寧波收購企業，晚上寧波市長向他訴苦，說當地人埋怨他賣企業，責問他：「老婆賣不賣？」黃對他說：「您應該回答『對的，老婆也賣，然後我可娶一年輕漂亮的老婆』。」寧波市長聽了倒胃口。

王海容第二天將所有照片送來，該資深攝影記者只收內部成本價，共人民幣三千元（照片都放大的）。賈即通知花旗銀行北京辦事處拿出三千元現金支付。

花旗銀行北京辦事處在北京仿膳飯莊，為賈先生開設盛大招待會，我也在會上介紹很多老朋友與賈寒暄，包括貿促會副會長安成信（前國務院祕書長）、工商銀行周道炯行長等等。賈先生回美國後，向我兄嫂等親友說，我在北京人面很熟，全是大人物。

（中）

我司室社長升任日本總部社長，公司安排與中國最高領導見面，以增進我集團對華貿易的地位及業績。通過有關友好協會的協調，最後取得中方同意我方拜會江澤民主席。

我方組織拜會人員。室社長請我以我司美國公司的副社長身分為代表團成員之一，在整個代表團到達中國等候接見期間，我安排了參觀西安兵馬俑及碑林。由我的老朋友陝西省長程安東接待，獲得貴賓禮遇（程安東的女婿至今仍與我司有合作）。

後來，接見時間確定，我司立即組織車隊。室社長坐一號車、山副社長、亞洲總支配人及中國總代表坐二號車，我與室社長祕書及北京總代表坐三號車，其他成員分坐其他車輛，浩浩蕩蕩駛往中南海西門。一號車內坐有友好協會的譚幹事，向門衛出示文件，車隊獲准駛入，在門內廣場聚齊。中南海的開導車已在廣場等候。

開導車的人員鏢氣十足，向我司車隊司機命令「緊跟」，隨即上車等候我等齊備，一切就緒，開導車即疾駛領路，一號車緊隨其後，二號車等車隊緊跟。開導車拐彎往瀛臺飛車，一號車跟住了，但二號車沒有跟上，往前直駛，以致整個車隊跟著二號車一路往前，馬上發現「迷路」而停下。那邊，開導車與一號車抵達瀛臺時，發現掉了車隊，開導車立即回馬尋找，與我車隊會合後，開導車還訓斥二號車的司機。室社長則一人光桿司令等在瀛臺車場內。

瞬間車隊到齊，人員全部集齊在瀛臺門外。然後瀛臺門打開，江澤民主席站在中央等候，室社長與我等排隊進入，一一與江主席握手。我加稱了「老學長好！」江回稱「不敢當」。

賓主坐下，江與室社長坐主位，江的旁邊有友好協會的陳會長，而室社長這邊就是我方整個代表團排坐幾排。室社長向江主席一一介紹代表團成員，介紹到我時，由日文改為英文，用我英文名，稱是我社美國公司副社長。雙方翻譯均是中日文而已。室社長突然用英語，我方翻譯只能意譯翻出我的中文名及職稱，中方翻譯不知室社長所云。江主席聲稱明白。其實，事先均有提呈代表團成員名單、隨員，則無名。室社長介紹時，江主席手握名單，顯然，江已被彙報我方背景，並知室社長英文流利，所以交談中大談〈聖母頌〉（AVE MARIA）音樂。室社長則回應「大國領袖果然知識淵博」。

接著，江主席指著牆上掛的詩詞「但願人長久，千里共嬋娟」，就是世界和平之意，足見中國自古就崇尚和平。室社長在事先也做足功課，熟讀唐詩並隨身攜帶唐詩的小型本，以備應對。

期間，多名女服務員不斷換茶及遞毛巾。

這些女服務員個個亭亭玉立，極其漂亮，可能電影明星也要自嘆不如。一色高衩紅旗袍，所以茶水費八千大洋。據透露，這些姑娘均選自農村，文化程度極低，根本聽不懂會談內容，所以根本不需擔心她們會外泄各會議內容。她們每三年換一次，任滿回鄉嫁人。

二十分鐘標準會談時間到點，室社長起身告辭，我等均隨之起立。江主席站在客廳中央，突然宣稱：「我的體重兩百磅，沒有人能推倒我。」接著又提醒我等與地方洽談項目時，要注意，因為地方往往吹噓過多等等。江主席送我等出廳，並目視我等上車，車隊駛離。開導車將我等車隊帶至西門，我等就駛離中南海。

事後，我等談論江主席之體重是否真有兩百磅，因他看上去並不胖。

此次拜會，費用甚巨。中國特色是外賓拜會主人，費用全部外賓支付，中方亦多出一創收機會。總之，開導車、茶水招待等費用均由客人支付。「牽線搭橋」方的酬勞更是巨大。但是「物有所值」，所以牽線方也是「獅子大開口」。

（下）

中南海毛的故居對外開放，我請司機小張購票同去參觀。我的週末例行活動，是讓小張帶我「遊覽市容」。小張是我的包車司機，海軍復員，由「前任」小吳介紹接手。小吳則是坦克駕駛員，進入首汽任司機，兩人均忠實可靠。

小張將車在指定停車場停妥，我們兩人就步行（似乎是東門）與其他參觀者排隊進入。八三四一人員一律穿西服維持秩序，沿路有纜繩拉起，觀眾依次前行。

在我們身後是三位上海人，兩女一男，似乎是來北京出差的，他們用上海話交談。不時說「朝前軋」。他們擠推我們倆。我對小張輕聲說「不讓他們擠」。我就頂住他們有意慢行，並對他們說「請守秩序」。他們還是推我。按規矩，排隊是應該不碰觸別人，但他們沒有這套，就是擠，也真是本事大，他們不管「御林軍」的維持排隊，不久竟然已「遙遙領先」於我們，很快進入豐澤園。我對小張說「果然本事大」。

我們進入豐澤園後，見到毛的臥室兼書房，他的那張大床等等。

不久開放取消，我慶幸得此一難得之機會再進中南海。總計三次進中南海，分別去了不同的地方。第一次是紫光閣，第二次是瀛臺，第三次是豐澤園。

56 停車場、停車庫

中國轎車市場發展，北京出現停車難的局面。

首鋼的一位職員劉燕榮脫離首鋼加入另一單位，著眼開發停車業務。他請我介紹紐約大都市如何解決停車場地的辦法，於是他們組團來美考察，我介紹他們觀看紐約有些停車場使用機械提升車輛，這樣同一場地可有兩層停車，他們認為很簡單實際。於是我帶領他們參觀設備製造廠，位於紐約長島。廠方熱情接待，並介紹正在研發三層機構。小組成員又拍照又詳細詢問液壓提升系統之原理等等。他們同時也查詢到一家製造廠製造鏈式提升機系統，位於紐澤西州。我聯繫上那家廠並陪同他們前往參觀。

但是該廠零亂並不起眼，所謂鏈式系統，是一巨型高架建築，大約六、七層高，掛有一環形巨鏈，鏈上好像菜籃似地掛有一個個停車板，車子到達停入底部的一個停車板後，鏈條的一個大齒輪轉動，將有車的停車板轉移，另一空的停車板補入停車位，讓另一輛車進入。代表團對該系統印象不深，擔心不可靠，萬一出故障如何處理，並無妥善方案。他們對長島的工廠的產品抱有信心，表示回國後下訂單進口。長島工廠的東主還表示，他的南非合夥人發明了電腦控制的自動多層停車建築，並提供資料及放映錄影帶。

代表團回國後，竟無下文。後來我與司機小張在週末「遊覽市容」時，在北京西四逛街，發現路邊的自行車停放處，出現了雙層停自行車的連排架。自行車可停兩層，我猜想可能是該代表團的作品。

劉燕榮加入了一個新單位，是建設部的部屬機構——中國房地產開發公司，其上司機構是華通公司，劉出任中房停車場開發公司經理。他又來找我，要去長島的公司考察。我說，上次考察食言沒下訂單，如今對方可能不接待。他說，這次考察由華通公司總經理任前帶隊，他原定是部長祕書，調任華通公司，有實權，肯定會下訂單的。我與他約定，起碼訂購十套作為開始。他同意。於是我發邀請，讓他們申領護照，再次去美使館辦簽證。代表團有華通公司的任前總經理及中房公司（中國房地產開發公司）的高層及劉燕榮，到達紐約後，向我介紹北京如何急需解決停車場的問題及居民停車如何困難等等。長島工廠見到買家會訂購十套，亦就理所當然讓客人參觀。事後，再度放空，無下文。劉燕榮表示無能為力，因太容易仿造。

這時，前文有關鋼纖維業務的東主牛先生的姊夫S先生找我，稱他發明了一種電腦控制的自動停車系統，克服了實際上類似系統的缺點——取車太慢，所以各停車場仍依賴人工駕駛。他是花了二十年研究得出此方案，希望有人合作投產。他稱已獲其老友英國名建築師福斯特（Norman Robert Foster, 1935-）諾言，如樣機出現，他首先訂六套等等。我看了其資料及模擬錄像帶，認為其思路有道理，人工停車，車庫占地大，因需駕駛斜坡車道，造價亦貴，即便使用電梯，也需駕車於車道運送車輛。

剛好我見報載新的五年計畫中，有開發立體車庫的內容。於是我去信曾培炎（他任華盛頓中國使館的商務參贊時結識，後來任國家計委主任），推薦S先生的發明。不久我收到一份電傳，聲稱該單位是國家定點開發立體車庫的領導單位，邀請我參觀並介紹所發明的系統，並詢問來訪代表團成員及隨員等，以便接待。下具「二重」，完全是官氣十足的公文式文件。我當時不知「二重」是什麼，我隨即答覆，我與S先生夫婦前來參觀，並無其他成員，更無隨員。到了北京，我從北京辦事處才了解到，「二重」即中國第二重型機器廠，另一家是「一重」，中國第一重型機械廠。

我與S先生夫婦（二人均以色列藉，由於S先生飲食有特需，所以總是夫婦同行）飛往成都，二重副總工程師陳曉慈親來成都機場迎接，車隊駛往德陽，入住二重自建的賓館。當晚二重常務董事曾祥東設宴招待，稱受中央領導指示與我方交流，對此特別重視。照例，又是一頓盛宴。

次日開始交流。陳曉慈主談，曾祥東到場打招呼，然後離去。陳給我一份立體停車庫開發手冊翻看，其中目錄有簡圖，代表各檔次的停車系統。最高檔的是電腦控制。我向S先生一一翻譯介紹，然後歸還手冊。其中液壓提升型就是類似長島工廠的款式。陳介紹中國有很多單位想開發停車系統，所以國家指定二重為領導單位，看來他們已做了不少開發工作。

S先生介紹，他是二戰時，英國皇家空軍戰鬥機駕駛員，有一次失事，導致腿部受傷，所以行走稍跛。陳即請大家向老英雄致敬。S先生進行技術介紹電腦控制的自動停車系統，普遍缺點是車主前來取車時等候時間太長。二重表示開發時有同感。S先生說經過多年研究（他本人是建築師），所有系統均已達極限，不能再快，關鍵是每一動作連續發生不可能再快。他的系統是將動作同時並行，這樣解決時間問題，從而有可能使取車的時間達到只需一分鐘。他一說，二重就恍然大悟，所謂同行容易溝通，陳曉慈馬上明白這關鍵。

技術交流很順利，接著參觀工廠，規模宏大，沿途有中文路牌，顯示出是軍工企業，例如「重炮區」等等。在一車間，有一臺巨型德國車床，其長無比，很少見。陳說是用來車削潛艇的螺旋槳主軸。我看到的中文路牌並未向S夫婦翻譯。

S先生向二重介紹了德國大眾汽車廠在其廠區建築的一座巨型電腦控制自動停車庫，由兩座圓塔建築組成，當時停取車的速度不夠理想。大眾車廠只能用其顯示概念，不能商用，因無商業價值。

二重對技術交流很滿意，決定簽意向書，由S先生公司提供技術諮詢，二重負責細節及製造，並希望我司在全球推廣開發出來的產品。S先生說，估計技術費大約兩百萬美元。二重認為合理。賓館招待周到。由於是二重自建的賓館，所以費用由二重作東。陳說，以後再來，可住外面的星級賓館，設備更講究。陳本人還是政協委員，與我很投機，事後不斷通話聯繫。

S先生回去後，起草技術合同。他的合夥人W教授，是以色列頂級技術大學教授，相當於美國的麻省工學院教授。W教授認為他有經驗與中國人打交道，知道中方的要求，所以將技術合同的價目提高到五百萬美元。S先生通知我，我堅決不同意，並指出S先生有失諾言「兩百萬」。S先生說無法，因兩人是平等合夥，他請我在W教授來紐約參加聯合國某會議並前往麻省理工學院訪問時，與他詳談。W教授到紐約後，我與他交談，他說他經手不少以色列與中方的交易意向書，在合同過程中，中方總是不斷有額外要求，所以他必須將全額提高到五百萬。我為之氣結。

二重收到正式技術報價後，陳曉慈立即追問：不是估計兩百萬，如何變成五百萬？因此告吹。

但是我想，二重已有很多開發工作，聽到S先生的關鍵思路或概念，如何縮短停車取車時間，他們一定能自身繼續研發而得出結果。

我亦將此技術向各地產開發商介紹，其中上海某建築設計院張院長，聽說能一分鐘取車很感興趣，但因無實樣，不敢投資開發，最後我亦放棄。

多年後，大約二〇一〇至二〇一一年，我一老友清華大學建築系的彭教授來電說：您多年前不是推銷自動停車系統嗎？現在有一實力單位願意投資開發，可請發明人前來辦講座。我說，我已無興趣折騰，但可通知S先生。彭教授熟悉國際慣例，即與S先生商妥請其來北京技術交流，並支付五千美元的演講費。S先生夫婦前往，演講中，中方提出問題質疑，S先生無「實物」可證。中方有些「專家」又提出「高見」，認為S先生的計算不可能等等。同時，彭教授的祕書在北京收集各已建自動停車系統包括空軍醫院的停車樓等，並拍下錄像傳給我看。

彭教授的友人在中國「專家」等的「高見」下，不敢投資開發。

其實，進入兩千年代後，我已在電視上，看到北京已有「刷卡」停車，我問小張在哪裡，他不知道。我在福州與福州二化談PVC項目時，在賓館附近看到一座機械停車樓，我相信中方必已開發出「立體停車庫」。所以後來彭教授友人願引進S先生的發明，我曾詢問是否真意？

總之，停車場業務，我做了開荒牛。

如果當初二重與S先生能合作，則以二重的生產設備及技術力量，必能實現S先生的發明，從而有一先進的電腦控制自動停車庫問世，而普及全世界。

長島的那家停車機械製造廠，則將其液壓兩層停車架，開發成五層。在紐約曼哈頓，很多停車場採用。

近年報載，北京大興機場配有自動停車樓，其描述的機器人用叉式將轎車的四輪托起，搬運至指定的車位，其概念與S先生的第一代搬運小車相似。S先生後來發現，用叉式小車將須停車輛的四輪托起搬運較耗時間，所以，後來新一代的系統，採用「輸送帶」式，即搬運小車（中方現稱機器人）是一寬的輸送帶，所停車輪可輕易搬上，不須配準四輪，隨即搬至指定車位，又可縮短停車及取車時間。

57 第三屆中美工貿交流會

中美之間建立了工業貿易對話機制，所以每年輪流在中美舉行工貿對話會，開了兩屆後停擺，因遇上八九風波，美國對中國進行制裁兩年。

美國對中制裁開禁後，第三屆中美工貿交流會在美國西雅圖舉行，我亦躬奉其盛，美國駐華大使李潔明[1]亦趕來參加，我與他在華盛頓熟識。

中方由國家計委主任呂東帶隊，團員有各部委官員及企業領導，其中有我的老朋友梁志宏（朱鎔基任經委副主任時的祕書）及汪師嘉（已由大連副市長調任經貿部）。會議開始，外面馬路有示威喊口號，是兩股人馬，一股高舉著雪山獅子旗要求西藏獨立；一股是抗議六四鎮壓。

我邀梁志宏及汪師嘉等外出午餐，正門目標太大，我們想從邊門出去，「避人耳目」，結果一出去就有一群人衝來高呼「劊子手」。梁志宏那時是中國經濟學會理事長，頻頻建議大家不出聲。其中領頭的一位婦女，立即指著梁說：「就是你們這些老東西殺了我們多少好的大學生！他們都是好學生，但被你們殺了。」接著要衝過來，被警察擋住，警告必須保持距離，不能碰到身體。於是我們能安步當車前往附近餐廳，午餐後返回會場。

李潔明大使氣吁吁地從外面走回來，我問他什麼事，他說剛才與示威者理論，稱他們全是膽小鬼，有本事去北京示威，我李潔明就是

1 編按：李潔明（James Roderick Lilley, 1928-2009），一九八九至一九九一年任美國駐華大使。

在北京不斷向中方抗議。示威者被他罵得啞口無言。他中文很流利。

下午座談時，中創公司的勞元一起身介紹其公司經營的情況。他穿著體面，完全像西方高層業務人士。他聲稱全世界旅行談業務，有航空公司常客優待，每到目的地均租車自駕走訪客戶等等，一派外賓辦業務的氣派，後來才知道他是中創公司的初創人員之一。不久之後，紐約唐人街傳出黃金詐騙案，數百華人上當受騙，損失幾百萬美元。幕後主持人是勞元一，他亦就此被美列入禁止入境人士，一旦入境即捉拿歸案。我想，中創乃當時中國四大公司之一，經手項目均是過億的，為何勞元一如此差勁，騙人幾百萬美元。

中創全稱是中國新技術創業投資公司，由張曉彬等建立。張曉彬任總經理，他是前衛生部長崔月犁的長子。陳偉力任副總經理（她是陳雲的長女）。勞元一是副總經理之一（他父親是安全部官員）等。這些人均在美國名校畢業，所以想按照西方模式開辦公司。那時四大公司是榮毅仁的中信（中國國際信託投資公司）、鄧樸方的康華集團、王光英的光大集團及中創。

中創一上來以創業姿態，發展業務，到處投資，一時風頭十足，結果很快欠下一屁股債，朱鎔基拿出一百億清盤了事。張曉彬則在美國居住大洋房當寓公，拒不回國。

第三屆中美工貿交流會部分中方代表團。汪師嘉（中）、梁志宏（右三）、作者（右四）、勞元一（左一）。

康華最後亦由於「倒爺[2]祖宗」的不雅名譽而關閉。

光大則始終沒有「出人頭地」，雖然它有總部在香港的方便，但可能王光英的能力有限，所以作為不大。我有幸認識幾位光大的「開國元老」，在港無所作為。

中信雖然總部登記在北京，分部在港，但是辦得很出色。初期可能有榮毅仁的親戚捧場，因中信的啟動資金是五十萬而已。中信香港的頭頭榮智健是榮毅仁的獨子，初到香港時在我司香港公司的工廠任職，他交給我司不少原料貨源，我司香港公司又轉給我尋找客戶，不久他就自立門戶，成為中信香港老闆。

2 編按：指從事投機事業，以此牟取暴利的人。

58 人造纖維進入中國

中國紡織品進出口總公司（簡稱中紡）是負責中國紡織品及原料的進出口業務。我有幸從一九七〇年代即與該司高層有良好關係。

中紡的進出口業務經理毛季直是一實力派人物，手中握有大權，手下大將有王鐘善、叢文池、鍾倫懋、王紹宣等，副經理徐守藏（我在廣交會與他結識）。我第一次拜會毛季直，洽談甚歡，他邀請我晚間在新開的王府井烤鴨店晚宴。我赴宴時發現，毛季直與徐守藏均在。席中，毛說：「我們的美棉貿易已由港商某人（我熟識）操辦，不必平經理費心了，但是人造纖維方面的業務，就委託您代辦。」我聽了很高興，說：「多謝關照。」陪同出席宴會的有鍾倫懋及王紹宣。王對我說：「中紡從來沒有兩位經理同時出席宴會，這次是兩位正副經理同時出席，足見對此宴會的重視以及您的面子大。」我說：「希望今後有好買賣。」

美國的人造絲有強大的競爭性，因人造絲的原料是紙漿，美國有大量供應，因此美國的人造絲（RAYON）有競爭力。中紡就通過我司訂購長纖維人造絲，用來織布或混紡。還訂購特殊人造纖維，例如杜拜公司發明的防彈纖維克維拉（Kevlar），這種纖維用來紡織防彈衣的布料，亦可製作輪胎的簾子布，用來製造防彈輪胎用在裝甲車上。這種纖維是禁止出口類，必須申請巴統許可。但是五百磅以下作為研究用，不受限制。所以中紡訂小量合同。中紡對我說：「好傢伙，這纖維比黃金還貴。」後來他們告訴我，這種纖維非常銳利，上到織機，織機的橫檔鋼板很快就被其刮穿。

中紡也試訂碳纖維（Carbon fiber），那時碳纖維還是新發明的產品，用途不像現在普遍。毛經理帶隊來美考察都很風光，住一流酒店，不須像一般代表團，出差費用很低，還得住小旅館。我接待他們參觀人造絲工廠，港商則負責參觀棉花生產，回程時經夏威夷遊覽，代表團自理。

王鐘善後來主理服裝，再後來調任中紡美國公司總裁，退休後另組私人公司，繼續紡織品業務。叢文池主理坯布業務，後期也調任美國公司，在紐約住了一段時間，然後回北京退休，其子叢軍則在美經商。

我也向他們推薦了軍用頭盔，那是用克維拉防彈纖維與環氧樹脂混合模塑成型的，取代鋼盔，比鋼盔還強，鋼盔已過時。王紹宣對克維拉纖維特別有興趣，我亦提供了多套防彈衣、防彈背心樣品。現在解放軍的頭盔形式就類似我當初提供的頭盔的樣子。

中紡公司原料進口經理毛季直（左）與作者（右）。

中紡的另一位經理（綜合處）齊一光也很幫忙，他就是初期在廣交會指示上海分公司接受我方要求，在所訂購的服裝上用我方的品牌的那位經理。上海分公司不如廣州分公司開放，廣州分公司很爽快，同意在我方訂購的堅固呢牛仔褲上用我方自有品牌。而下屆廣交會，我方向上海分公司訂購燈芯絨褲子時，上海堅決拒絕使用我方品牌，必須使用上海品牌。我找齊經理申訴，齊經理立即下令上海分公司照辦。為此，上海的加工廠代表很高興，接到了訂單，而主談的上海代表則滿肚子不高興。

中紡率先在美國成立公司，在紐約曼哈頓西四十街，購下整棟辦公樓，舉行展銷會，接待中方用戶代表團，之後逐步與美國廠方直接交易，我方的代理業務也就退出舞臺。

59 寶藏、巨額存款單

改革開放後，美國花旗銀行進入中國，引起民間「發現」大批巨額存單。

我本人直接接觸到多起，而且介紹人都是「有頭有臉有來頭」的，令我不解為何會有如此低下的騙局？

有一次我去長春，會見長春市長米鳳君，談有關糧倉及糧食輸送設備之事。米市長的招待晚宴，在座的有吉林糧油進出口公司經理及長春煙酒局局長等。散席後，煙酒局李局長對我說，有一友人從農村獲得二十塊金牌，是四川軍閥田頌堯在美國花旗銀行的五億美金存單。我笑說，田頌堯我聽說過，但那時候他未必能有五億美金現款存入美國。再者，如真有其事，鄧小平早就將金牌拿到手，申領這筆鉅款，因當時的五億美金現在已成天文數字，中國的現代化也可一步到位，不必費勁了。他說無論如何與此人見面再說。

我問，為何會有如此騙局？騙什麼？糧油總經理（想不起姓名）說，這些騙局一般是如您同意辦理，他們會說如此重要文件交給您，您應出一份一定金額的擔保抵押。這樣，您的擔保是真的可換錢，就騙到了一筆款子。

到了北京，此人按約來看我，給我看「金牌」複印件。我一看，笑說，為何這裡（下角）出現VISA卡字樣？田軍閥時，根本無VISA。但是我說，我要拿回去給我表兄看看，他是真正的花旗銀行二把手，賈先生本在電話中就說，不值得一看。我說，你看了可知道是如何笑話。後來在一次拜訪中，我將從中國帶回的「巨額財產的金票」給他看，他說其實那時候花旗銀行的名字還沒有，是其他名字，而且一九四九年後，花旗銀行被掃地出門，所以大陸任何財產申訴，花旗銀行概不負責。

另一次是「湯恩伯的巨額金條存單」，聲稱湯逃離上海時，沒帶走。我看湯的英文名拼法是典型的普通話拼音，不會是當時的英文拼法，請來人省省力，少費心事。

新時代公司的蔡某也拿來幾個存單，他是伍紹祖的祕書，來頭應不小。我都當場指出破綻，更不須拿去銀行審查。

還有一次是號稱蔣介石撤退時，在貴州山洞裡埋了大量寶藏，現有地圖到手，是當初經辦人沒有來得及逃走而留下的云云。所有這些故事都無例外地稱某農民拿到手，藏起來等等。

可見那時，改革開放，也讓民間引發發財夢，而相信的了亦不少。

長春市長米鳳君是一回子，但特喜歡豬蹄，我回請他第二天午宴，糧油公司經理囑咐我，點豬蹄在宴會菜單中。開席時，我向米市長說，有紅燒豬蹄上桌，結果他完全不碰。他走後，我問糧油經理，他說：「壞在您提醒豬蹄，以致他不好意思不遵回民習俗，如您不提，他肯定大快朵頤，大吃一頓。」米市長官運亨通，直到升任吉林省委書記，在書記職位上出事，遭雙開，那是後話。

60 外貿公司

中國外貿部是中國對外貿易部之簡稱，後改為外經貿部（中國對外經濟貿易部），最後變成現在的商務部，部址在北京長安街。

外貿部屬下有八大貿易總公司，在各省市設有分公司，進行進出口貿易業務，這八大外貿公司是：

- 中國機械進出口總公司，經營機電設備業務，簡稱機械公司；
- 中國技術進口總公司，經營技術進口業務，後改為中國技術進出口總公司，可能表示中國已有技術可出口了，簡稱中技；
- 中國化工進出口總公司，經營化工原料及產品包括化肥，簡稱中化；
- 中國五金礦產進出口總公司，經營金屬材料如鋼材、鋁材及礦產業務，簡稱五礦，著名的中國出口礦產是鎢礦。

這四家公司集中在北京二里溝，共用一座談判大樓，俗稱進口大樓。

- 中國紡織品進出口總公司，經營紡織品如布匹、絲綢及服裝等。簡稱中紡，後來絲綢分出，成立中國絲綢進出口公司；
- 中國糧油食品進出口總公司，經營糧食、油料及食品業務，簡稱糧油；
- 中國輕工進出口總公司，經營紙張、紙漿等原料及輕工業品業務，簡稱輕工；
- 中國土畜產進出口總公司，經營木材及土畜產業務，簡稱土畜。

這四家公司集中在北京東華門，其大樓俗稱出口大樓。

我與這八家公司都有業務往來，從總經理

到業務幹部都有良好關係，這些總公司的總經理是屬副部級幹部。

有一次，在我司林總裁訪華在人民大會堂舉行的招待會上，中紡公司圍坐的一桌，有一位新面孔，是一位安靜、樸素的女士，中紡老友介紹稱是：「朱友藍，新來的幹部。」後來，我有幾次在王府井大街，看到她騎自行車上下班，不久她變成中紡公司總經理。一九九五年，我司日本總部室社長訪華，拜見江澤民後，拉隊訪問香港，與香港主要中資機構頭頭會面，包括中國銀行黃滌岩總經理、中信泰富的榮智健總經理，以及華潤集團的朱友藍董事長及佟志廣副董事長。朱友藍已從中紡調任華潤。會議在華潤大廈頂樓會議室，朱友藍進來是一身華服，頭髮已不是以前直髮的素裝，而是有髮型，坐下開會時，手持香煙配有細長精緻的煙嘴，一派女強人的姿態，與以前的素裝完全不同，談吐口氣豪爽，建議簽訂合作備忘錄。華潤是外貿公司在港的總窗口。

中銀黃滌岩總經理則在中銀七十樓宴會廳設午宴接待，室社長還另請我以美國分公司副總裁身分發表意見。午宴後，黃總分贈我方每人一塊有機玻璃壓製的中銀受權發行的百元港幣。

室社長也會見港資企業，包括新鴻基、長江及嘉裡等集團。這時，距離香港回歸只有兩年。

61 貪官

中國的外貿一向公正清廉，只有後期進一步開放，外貿亦可由單位自行經營，官員紛紛下海，所以我打交道的眾多官員，幹部都是「清官」，最後只有三人出事查辦。

薄熙來，從金縣任職開始，升任大連市市長，然後任遼寧省省長，任省長前，他夢想當外交部長，去北京參加兩會時，組織大連群眾歡送薄市長。在北京沒有被任命外交部長，打道回府，大連群眾又是歡迎薄市長回來。他仿效歐洲，在大連建立了一支美女騎警隊，成為旅遊景點。他同時在大連鋪種大量草皮綠化，但耗水量很大。遼寧省長當完後，他轉任商務部長，接吳儀的班，看不起吳儀。調任重慶書記後，更是大權獨攬，鑄了十二座鍍金觀音送人。

米鳳君，初認識時，他是長春市長，那時我與吉林省有糧倉業務，我的印象是米市長很隨和，後來他升任吉林省書記。我是在報章上看到，他因貪腐被雙開。

王雪冰，在紐約任中國銀行紐約總經理時認識，他是北大荒知青，較為驕橫，任滿調回北京。他希望去香港中國銀行，但香港中國銀行黃滁岩拒絕收他。他憤而離開中銀，反而當上中國建設銀行行長，不久他又返回中國銀行，當上一把手，在黃滁岩之上。這時，他委託貝聿銘設計北京新的中國銀行，在西單，實際是由貝聿銘兒子辦的貝氏建築事務所承辦。貝氏曾問他對他的辦公室有何要求，他說：「隨便，不知我會否用得上。」建成後，貝氏邀請我參加開幕典禮，貝聿銘及其弟貝聿昆亦參加。王結果被雙開了，可能與周永康有關。

62 一中的由來

一九八〇年代，我在紐約一個午餐會上與辜振甫先生交談有關兩岸關係。辜先生頗同意我的看法，並稱兩岸應該談談了。不久，汪辜在新加坡會談就發生了。最後達成「九二共識」，但亦就此無進展。

一九九六年，我去函江澤民主席，稱兩岸談判必須有創新的方式，否則不會有進展。我建議創新三個出發點：第一改國號，因兩岸都互不承認對方的國號，不如取消中華人民共和國及中華民國的稱呼，全改為中國，英文亦就是世界上普遍稱呼的「CHINA」，簡單明確，不會出錯；第二改國旗，因五星紅旗所代表的大星是共產黨，四個小星是工人、農民、資產階級及小資產階級，現如今，中國已消滅了階級，五星紅旗的意義已經過時，或者如希望仍用五星紅旗，則不妨將其意義改成：大星是中國大陸，四顆小星代表臺灣、香港、澳門及西藏，如此，臺灣可放棄其青天白日滿地紅之旗；第三，改國歌，〈義勇軍進行曲〉為國歌已不合時代，而臺灣的國歌原是黨歌，建議採用〈歌唱祖國〉，曲調不錯，歌詞略加修改，很適合成國歌。

這三點達成協議，其他細節可詳談。

這封專函也抄送朱鎔基總理。

一九九六年年底，我攜眷訪問香港、北京及上海。在北京期間，我宴請劉華秋（中共中央外辦主任）。劉華秋只願意在釣魚臺就餐，於是我請王海容幫忙，在釣魚臺國賓館訂餐。王海容訂了原來江青住的樓，參加晚宴的有劉華秋夫婦、王海容、唐聞生及我們一家。我們先在客廳聚會。客廳布置全是官式，上方兩個主位，兩邊各排出一排座位，每兩個座位間有一茶几。我與劉華秋坐在上位的兩個座位，面對整個客廳，其他人，我內人及兩位女兒與王海容、唐聞生及劉夫人，坐在側面的座位聊天。

我向劉華秋提起，有一專函給江主席，提出三個創新談判的想法。我將三個「新觀點」向其說明。他認為很有意思，並問有無回覆。我說沒有，並認為即使同意，可能也不會承認誰起的頭。劉認為值得考慮。不久，服務員進來，請我們去旁側的餐廳用餐。原來劉夫人是釣魚臺管理局局長，所以廚師、服務員特別起勁，菜式額外豐盛。我不喝酒，劉說，釣魚臺的紹興酒特別好，於是上了紹興酒，大家淺嘗後果然與眾不同，於是接著慢慢喝。劉吩咐服務員拿出兩瓶送給我。宴會盡興而散。

服務員給我帳單，王海容說是特價，包了整座樓，就我們一個活動，人民幣一萬多一點，可謂物有所值。

不久，中方提出兩岸談判，只要是一個中國，什麼都可談。是否與我的建議有關，就不得而知了。

劉華秋本可升任外交部部長，但他不是錢其琛嫡系，未獲錢支持，所以改任中共中央外辦主任。他是中美關係的主要人物，多次出訪美國，解決兩國間的問題或麻煩。

中共中央外辦主任劉華秋（左）與作者（右）在釣魚臺。

63 法國干邑

法國白蘭地葡萄酒乃舉世聞名之酒，而其最高級的一種稱干邑（Cognac），其名取自產地，法國干邑省。該地區多石灰岩土質，適合葡萄生長。葡萄要想在石灰土質上生長，很難生根，於是葡萄根愈發拼命向下躥生，則葡萄結果愈好。加上干邑的氣候，使之干邑只有出自干邑省的最好，舉世無匹，仿製也不可能。

我有一友投資干邑省的一家酒莊，有興趣開拓中國市場，希望我協助。他請我去干邑參觀這家酒莊。該酒莊已有四百年歷史，仍是家族經營，經理是蘇先生，是年輕一代，調酒師是其堂弟。蘇先生引領我參觀其酒窖，裡面有儲存干邑的大橡木桶，桶外都掛有鉛封的紙條，由干邑商標控制局簽發證明，內裝的干邑是哪一年份等等，非常嚴格。

他又開車引我周遊干邑省，風景美麗，農田均是向日葵，路邊農村多有美食，三星級的餐廳時有在路邊出現。有一次停下車午餐，我說來一個快餐趕時間，以便下午與銀行會議不會遲到。蘇先生說，必須至少三道菜，否則廚師會不高興，必須慢慢欣賞，所以歐洲人會享受，不像美國人的工作狂。那是路邊一家「農村」中的三星飯館，果然味道極佳，其牛油味道之美，無與倫比，塗在長棍麵包上，就吃這個開胃牛油麵包，就已足矣。車在鄉間公路上穿梭行駛，遇上溪流則可見全身赤裸的女士們游泳，晒太陽，毫不見怪（如是現在，中國遊客必定自拍取景）。蘇先生駕車帶我去附近大西洋海岸沙灘，觀看天體人員，只見沙灘上，男女赤裸全不見怪。

我住在一所莊園式的旅館。蘇先生讓我參觀了他們家族的「祕藏」，原來他們購下了一座廢棄的石礦洞，所有石灰石均開採光，用來在全國建屋用，剩下一巨大洞穴，裡面的溫度及溼度，剛好達到存放干邑的理想條件。所以他家的干邑比任何人都好，甚至四大名牌都不及他的品質。另外，在其酒莊的酒窖房，進門有一巨大籮筐，裡面堆滿瓶裝干邑。按習俗，任何進門的客人均可取一瓶作紀念。我亦依俗取了一瓶。後來我太太在參加鄰居的聚餐會時，帶了這瓶干邑赴會，很多善於品嘗的人說，從來未嘗過如此美味的干邑，問她如何得到的。蘇先生也成為好友，直到現在。

蘇先生又帶我參觀干邑鎮及干邑品牌控制局，介紹如何控制品牌，不容造假。

干邑四大王牌：軒尼詩（Hennessy）、人頭馬（Rémy Martin）、馬爹利藍帶（Martell Cordon Bleu）及金花[1]，均設有遊覽節目，供遊客參觀。蘇先生帶我參觀了最大的軒尼詩酒廠，其宏大的酒窖堆放了大量橡木桶，裡面應該全是干邑。蘇先生向我耳語：「可能很多是空的，只是壯聲勢，表示存量充足，因為干邑是期貨市場商品，直接代表價值，可作投資對象。」酒廠的外牆上多長黑色黴菌，蘇先生說，這就是「天使份額」，因干邑在橡木桶中不斷發酵，每年會流失百分之三到空間，所以稱作「天使份額」。直到干邑裝入玻璃瓶中，發酵才停止。

干邑又分三種檔次，按年歲分，有VS、VSOP及XO。以XO最精貴。我決定試推XO級到中國市場，因性價比高。

干邑省共有一萬多戶農民種植葡萄，九月分採下葡萄釀酒，所以每家所釀的干邑味道都不一樣。農民將酒液賣給蘇先生這樣的酒廠，包括四大王牌的貨源，也是從這些農民而來。

蘇先生定了一個牌名並進行登記，我將其音譯為「福祿壽」，我也由我司出資三千美金

---

[1] 即卡慕（Camus），港澳地區舊稱金花。

①作者（中）、蘇先生（右）、調酒師蘇先生堂弟（左）。
②作者（左）與蘇先生討論干邑包裝用於中國市場。
③作者（右）與河北省農業局白智生局長（左）參訪王朝葡萄酒廠。

訂購了一批樣品。干邑的另一銷售要點是瓶子的式樣設計，蘇先生選了一個上好的式樣，我亦予以認可。

我每次去中國，帶兩瓶樣品（海關許可每位客人免稅兩瓶酒、兩條煙）入境，因酒類是禁品，必須海關完稅才能入境。我與糧油公司酒類負責人洽談，並到廣東、福建比較開放的口岸的糧油公司促銷，也在北京與管理免稅商品的商店公司負責人洽談，建議如何繞開四大王牌控制的業務。但都是由於酒類進口要先付百分之一百三十的巨額關稅，即使供方可放帳，進口單位要預付相當全額，難以與四大王牌競爭，而四大王牌已占領市場，獲利豐厚，財大氣粗。

接觸不到一年，糧油公司告訴我，已在市場上看到我的瓶子了。我說這酒還沒出廠，如何市面上已有？肯定是仿造。糧油說，毫不奇怪，市面上的紅葡萄酒，喝了嘴唇像塗了口紅，造假已成風，有人去飯店高價收購空酒瓶，然後灌裝假貨出售。

經過努力，我亦放棄這業務。據蘇先生說，近年干邑已有很多中國人來投資，他有很多接觸，去了深圳幾次。也許可能有一天，有中國人收購其產業。

我們全家，有一次去法國遊覽，從巴黎搭高鐵去干邑。蘇先生父子盛情款待，並建議我們去南部名城貝利芝遊覽，我們去了，那是法國與西班牙接界的邊境城市，臨大西洋海岸，入住的旅館就是二〇一九年法國舉辦的G7峰會的地方。途中經過波爾多酒鄉，入口處已出現中文歡迎招牌。遊覽了幾家酒莊，因不飲酒，所以沒有品嘗。

我亦請蘇先生用電腦打印製造我的姓名品牌及室總裁的名字，各製了一瓶XO干邑。我將室總裁牌的干邑送給他，他是品酒專家，取得法國頒發的證書。他後來告訴我，味道非常好，很難得。

蘇先生帶我們全家去參觀了法國前總統密特朗[2]的墓，密特朗家是經營醋廠，蘇先生說酒與醋有連帶關係，酒釀壞了就變成醋。

蘇先生收藏年輕畫家作品，我的畫家小女曾贈送兩幅油畫畫作給他。

法國葡萄酒商與中方合作在河北省種植葡萄，並釀造王朝葡萄酒，有王朝乾白及王朝紅葡萄酒，一時宴會上，除了茅台等白酒，王朝葡萄酒大出風頭，尤其是王朝乾白。我在河北國營農場管理局白智生局長（他是北大文學系畢業，很有文采，是李克強同學）陪同下參觀了王朝在天津的總部。

後來糧油公司在王朝的葡萄園旁，另辟土地種植同樣的葡萄，用同樣方法釀造了長城葡萄酒，行銷國內外，這亦是一中國特色。

2 編按：法蘭索瓦・密特朗（François Mitterrand, 1916-1996），一九八一年至一九九五年任法國總統。

64 奇遇

在北京，一次週日與司機小張，按慣例「遊覽市容」，車至西單，覺得步行更好，小張停妥車後，我們開始逛西單大街。路邊有一地攤，擺著宣稱由鬼谷子的後人傳授，獲得真傳，能不問任何問題，猜出姓。我輕聲向小張說，他肯定猜不出我的姓。於是我付了十元人民幣（猜錯退錢，所謂包退還洋）。忘了詳細過程，只見他有很多張硬紙，取出一張上面有大約一、二十個姓，其中有「平」字。然後他立即手指「平」字。接著小張也試，也是對的。其他路人嘗試，也無錯誤。每次猜完，他給每人一張小紙，是油印的個人的簡單運程，大體上不錯。

有一次，我訪問成都，我司成都辦事處經理磯先生陪我遊覽成都，諸如武侯祠、杜甫草堂等。在杜甫草堂，有一人跟隨我，說我面相很好，願否聽說一下？我說不必，他還是死纏，磯先生跟我說：「平樣到底是大老闆，如何我與您同行，他不理我，不說我的相貌，而是只緊跟您？」我大笑，還是不理那人，最後他放棄。

與室社長同遊三峽時，遊船「三國號」上配有一小和尚算命。我與社長夫人及顧問夫人以及女翻譯，請其看手相算命，竟然大多算對。他也給每人寫了一張「命書」，從其字體可看出，他文化很低，他稱是「師父傳授」，也是不可思議的事。

在北京，遇到一位美籍華裔商人，聲稱願意幫助推銷二氧化碳乾洗機。他是氣功修煉者。週日，他建議同遊長城，我讓他與我同坐我的車，其他人坐他的奔馳車。兩輛車飛馳到公路買路錢收費口，只見他的車衝過不付費，在車中我與他交談，獲得不可思議的內容。他說自小出生就有心跳過速之病，醫生說活不過三十歲。有一天，在九龍彌敦道（他是香港人，移居美國）見到一位和尚擺地攤，他與之搭訕，和尚稱來自大陸，他問和尚如何進入香港？和尚答稱就是自行步入，語氣似乎有隱身術。他問和尚，心跳快有無辦法？和尚說氣功可治。於是他安排和尚住宿，學習氣功。果然將心跳過速治好。和尚說要去美國，他說不可能，去美國不容易，不像來香港，和尚說可以去。後來他在舊金山街頭遇上這位和尚，後面還有一群追隨者。和尚向他說：「你看，我不是來了！」

和尚教他的是基本氣功，王芳（公安部長）介紹了一位北京氣功大師給他，他深入學習後，不久就可達傳授徒弟的水平。我挑戰式地問他，既然如此有效，為何不給鄧小平治病？他說，陳姓師傅是在為鄧發功，延續生命，以便能於九七香港回歸時，親自參加。後來鄧自己不願再受痛苦，要求放棄去香港之願。那時，四川省在京蓋了四川大廈，但是一直沒有封頂，因為「高人」說，封頂就會導致鄧去世，因此四川大廈在鄧去世後才封頂完工。

車到八達嶺後，大家爬長城，我與他在城下繼續交談，同時我暗示司機小張去打聽，為何他的車能不付買路錢。他說他治癒格達費[1]夫人的婦科病，他發三天功，第一天止痛，第二天止流血，第三天痊癒。他因此可隨時見格達費，不須預約。如不信，他可帶我去見格達費。他又治癒了四位非洲國家包括安哥拉的總統，所以他有安哥拉鑽石礦開採權。

晚間，他在京城俱樂部宴請我們（京城俱樂部是在榮老闆的中信公司所建的大樓頂部，

1 編按，穆安瑪爾・格達費（Muammar Muhammad Abu Minyar al-Gaddafi, 1942-2011），曾長達四十二年統治利比亞，是阿拉伯國家執政時間最久的國家領導人。

採取會員制，這時中信當權的是王軍，王震之子）。我的日籍同事有「網球手臂」症，很痛。他當場發功，在其手臂上，大約離開一、兩寸，用他手慢慢來回移動，不久疼痛消失了。第二天也沒有復發。

我將我所聽到的告訴同伴，同伴等均感驚奇，問我信不信。我說雖然不信，但似乎又是事實，特別是他當場治癒「網球手臂」，大家也無話可說。小張也告訴我，他一眼看出他的車的車牌是安全部的，所以公路收費口不用付費，後來與該司機聊天，確認。其實那時公家的司機都不是吃素的，小張亦肯定是一員，不過他對我非常忠心，數年後，我去瀋陽，在北京機場又巧遇他，他介紹同行的是一位中國駐非某國大使，兩人去瀋陽公幹。他還提起為何我沒有帶我太太去舊金山讓他為她治腰骨痛，我說已經好了。真是一位奇人。

有一年，我們全家住上海浦東香格里拉，早上在餐廳用自助早餐，我與我的小女兒在取食品時，有一和尚到我跟前說：「這位先生面相特好，是否願意借一步談談。」我的女兒問我什麼事？（我們說英語），我說，他稱我的面孔好。回桌後，她向她姊姊笑稱有和尚說我面孔好。我走到和尚所在的桌子，還有一位似乎是師兄，端坐在那裡，口稱施主請坐。他們介紹是九華山的和尚，奉師傅命，下山結緣。看了手相及面相，說了一通，就拿出本子要結緣，我給了一張百元大鈔，他們竟說不夠，我立即反應是騙錢，起身離開，回到我們的桌子。太太及兩位女兒均問如何，我說，這兩個和尚倒亦下了本錢，坐在香格里拉餐廳行騙，因為一頓早餐自助餐很貴。

從北京飯店五〇二五室搬出後，我每次去北京都是住中國大飯店，週末，如不外出「遊覽市容」，就去相連的國貿商場閒逛，或觀賞溜冰池的人們滑冰，經常會有人趨前說「先生，面相很好，要否說幾句，看看相」等等，我均予以不理。

65 香港特首

香港回歸前，港人人心惶惶，紛紛移民加拿大、澳洲及新加坡等地，以加拿大最多，令溫哥華及多倫多繁榮得很。

我通過李儲文向江澤民進言，選用陳方安生為特首，而非董建華先生。因董是一位好人但不能勝任特首。陳方安生已是港方二把手，僅次於港督彭定康，顯然能力強，對香港自然熟悉非常，而且在國際場面亦能應付自如。中方認為陳完全是英國訓練之人，不能相信。我說非也，如能選用，她很可能反而非常忠心辦事，認為中方抬舉她，如中方選用她，必定會在全世界引起強烈反響，認為中國大度開明，真心要執行港人治港。同時，也是一塊最佳安民榜，可穩定港人之心而不再移民海外。但是江還是選用董，導致特首連連失利。如當初就選陳方安生，很可能局面完全不同。陳亦不會站在「民主派」方面而是執政派。

我與時任港澳辦副主任的陳佐洱在香港午餐時，也提出此想法，他說不太可能，並提起六〇年代受「文革」影響，香港發生暴動，當時採取留港的人都發了一筆財，相反採取離港的人都是賤賣房產離開，損失很大。這次，同樣會發生，留港的人肯定發財，因中央會辦好香港，由港人治港。

66 三個代表的由來

二〇〇〇年五月，美國哈佛大學舉辦一內部討論會，內容不對外，由美國國防部資助。中方由中央黨校副校長楊春貴教授帶隊參加，我亦有幸躬逢其盛，受邀參加。

討論會的主題是中國今後十年的發展，即到二〇一〇年中方的基建、人文等的情況。我當時感到美國國防部能資助這個討論會，可見美國對中國的重視，而中美表面關係緊張，但私下，中央黨校副校長來作主題演講，則又是另一情景。

討論會分析中國會出現中產階級，各專家認為有十萬人民幣的可屬中產階級。我則認為中國已無階級，不必去研究「中產階級」。

哈佛著名的國際權威教授杭亭頓（Samuel Phillips Huntington, 1927-2008）以研究政府學問著稱，他發表演說，認為中國現政府不合法，他說毛澤東主政可稱合法，因他打下天下，接著鄧小平主政亦可稱合法，因他有打天下的功勞，但是江澤民主政，既非民選又無建國之功勞，所以不合法。這個論點當然進入楊副校長的耳朵。他回北京後，一定向江澤民稟報此看法。於是三個代表的說法證明中共政權的合法性，被提出來，要全國人民學習，估計就是由此產生。

數年後，另一場合我遇到中央黨校另一訪美代表團，由中央黨校常務副校長虞雲耀帶隊，成員有負責兩岸關係的教授等。虞雲耀副校長問我有沒有到過黨校？我說曾去過宿舍區，拜訪老朋友光大公司副總裁潘梁先生。他說現在黨校大變樣，風景秀麗，歡迎我參觀訪問。

67 有線電視機上盒

美國有兩大電視機機上盒生產廠，一家是GS，一家是科學大西洋。這兩家都有在華銷售業績。我司與GS公司在日本及世界其他市場有業務往來。

GS在中國的一家分銷商，業務很好，希望擴大訂貨，需要GS公司財政支持，即放帳更多數量。GS不願作財務支持，於是將該業務推給我司。我司電子部頭頭O先生即找我諮詢，我因從無接觸機上盒業務，也不知中國有線電視市場情況，於是馬上進行市場調研，並與這家分銷商聯繫。

原來這家分銷商是北京的一對夫妻，留學加拿大，先生學電腦電子，太太學財會，畢業後成立公司進行有線電視業務。男的在北京銷售，女的在多倫多管財務及向GS下訂單。我參觀了他們的門市店，配有各種有線電視所需零部件及電纜等。這時我發現，原來中國有巨大的有線電視市場。我又通過好友七九八半導體研究所所長楊先生介紹相關業務的官員，參觀了北京有線電視臺，並參觀了幾家分銷競爭代理店，均稱用戶帶了現金上門採購及建立有線電視網，生意紅火。同時，GS公司也擔心中國會將其加密的機上盒解密，請我調查。

我司O先生覺得既然是好買賣，就乾脆收購這家加拿大的夫妻老婆店[1]，於是這項目由財務放款變成收購。我司財會部開始審查該公司帳目，發現該公司雖然獲利很多，但應付帳款亦多，按我司的財務制度，格格不入。我問

1 編按：中國會將夫妻共同經營的商業模式稱作「夫妻老婆店」。

這位女士，是否糊塗帳？她誓言絕對正確，因她是專學財會。我問她，最終結帳時，如何處理？她解釋說，業務是一直往下進行的，沒有停頓，如滾雪球，一路滾，只有停了才會有問題，但是不會停。我問，一旦停了如何辦？她堅持不會停等等。我也聽不明白，但她亦說服不了我。我司財會也弄不懂對方的財會制度，但與我司的標準制度對不上號，於是雖是賺錢的買賣，但怕有陷阱，公司不同意收購。對方亦空歡喜一場，繼續經營。

同時，我繼續市場調研。原來中國無線電視覆蓋不良，中國的地貌高低不平，多高山，所以電視接收不良，於是有線電視應運而生，而且並無完善的條規監管，民間很易集資建立當地的有線電視網，利用現有的電話線安裝，只要分線到各家家戶戶，各家各戶也願支付月費，享受看清晰的電視節目。

楊先生安排我們參觀上海八三〇研究所，該所正自主研發中國的機上盒。孫所長向我介紹，中國的設計思路是「土法上馬」，與國外的思路完全兩碼事。所以加密後國外無能解密。他並舉例為證：最近中方向臺灣發射導彈，飛越臺灣再擊中所有目標，臺灣無法察覺，因中方的導航設計是「土法」，洋人完全不知，所以臺灣的美製雷達偵察不到。八三〇所又稱中國上海航天技術研究所，被國家定點開發有線電視機上盒，實驗室內一面牆整幅布滿電視螢幕，進行測試不同反映等等。

在滬期間，與上海有線電視臺臺長胡運籌，及上海廣電局總工孫士衡等有良好交流。上海有線電視收費是靠居委會大媽逐戶收的，鄉鎮則靠村委會，偷裝現象很嚴重，在付費戶的電纜上裝一三叉接頭，就可接給另一戶免費看。如兩戶非親非故，則分擔月費等等，中國特色。

當時還了解到各地如何能集資迅猛發展有線電視，現在事過境遷，也想不起細節了。

北京七九八所最後倒閉，廠區變成現今著名的藝術文化區七九八。

68 二氧化碳乾洗機

液態二氧化碳是一種強力清潔劑，應用在太空環境中。美國一家太空工業公司將其開發到民用，設計出乾洗機，不用水，只用液態二氧化碳及適當化學添加劑。第二代樣機試製成功，在美國拉斯維加斯商用設備展會展出，吸引很多觀眾。

該項目負責人是一位美籍華裔科學家趙博士，他請我將該發明介紹到中國，可減少用水消耗。

我把重點放在北京及上海，認為這兩個地方實力強，較可能接受並開發第三代或第四代樣機進行商業化。北京各科研單位包括二氧化碳專家參加座談，還有前普藍士乾洗店的人員（普藍士乾洗店是中共建國初期由上海支援首都的企業之一）等。由於是新發明，趙博士按國際慣例不能透露任何訊息，若有興趣，必須先出十萬美元不可退的「閱讀費」才可了解大概。這個條件，自然行不通，於是轉赴上海。

由於這臺設備是高壓型，所以先找上海重型機械廠，在上海重型機械廠會談。那時國內企業紛紛在「轉型」的指導下找出路。上海重型機械廠在閔行，亦想開發新業務，認為有能力製造高壓設備，但無資金，希望進行合作生產，由外方提供資金及技術，中方出製造。但這條路不通。

正章乾洗店亦是參加座談的一分子，當時正從日本引進了一條新的生產線。我說：「如用二氧化碳則乾洗溼洗可變成一碼事。」上海糧食局亦表興趣，表示旗下有眾多糧店分布在各居民點，可改成洗衣店配上二氧化碳乾洗機，但也是無米之炊。當時可口可樂已進入中國，並與糧油合資建立灌裝廠，液態二氧化碳供應不成問題。

最後與香港某地產集團在滬的投資機構洽談，大家有共同語言，熟知國際慣例。該集團在五原路買下兩棟老洋房改為辦公室，兩棟老洋房是相鄰的兩座花園洋房，在五原路三八〇號，配有廚房。談判時，午餐就在辦公室享用。二樓則為休息、接待客人用。老闆是兩兄弟，主要業務由老大在港主理，老二則在美進行學術研究及投資。老二在二樓向我展示其收集的古董收音機。

總顧問鄭先生主談，很順利，同意支付十萬美元不可退的款子，以便能閱覽發明的內容。我與趙博士參觀了該集團在奉賢的金屬加工廠，以便確定將來加工二氧化碳乾洗機的能力。原來該公司除了投資建造大樓，還有公路旁高架鋼筒廣告牌的業務。我在去奉賢的公路上就見到高聳的大連實德廣告牌，推銷塑膠門窗。

有一次談判時，老大剛好訪滬，參加打招呼，原來他與我司室社長熟識。該公司買下乾洗機的發明，但是沒有在上海開發創造，而是老二交給他的一位朋友，是工程師，在美國繼續開發研製（可能他要照顧該朋友）。聽說最後由於化學添加劑的配合不理想，沒有真正達到商業化。

69 九一一

二〇〇一年九月十一日，天氣特別晴朗，藍天白雲。我這天參加了一個與中國代表團共進早餐的會議。

中國代表團是由國家計委、財政部、稅務總局及海關總署組成，來美國考察稅務制度及關稅條款。

會議在紐約曼哈頓第五大道的大學俱樂部舉行。中方的一位稅務教授擔任翻譯。早餐後，會議進行不久，主席宣布：剛接到消息，紐約世貿中心及華盛頓美國國防部被炸，全國交通中止，會議暫停，提前結束。那位翻譯不知何故，只是簡短地傳譯云：「主席宣布發生狀況，會議提前結束。」我當時起身，補充完整情況，一時代表團全部驚呆了，馬上問我，第二天要去歐洲國家怎麼辦？我說，可能可換乘歐洲國家的班機前往。那位教授說，他不敢置信聽到如此突發的消息，不敢翻譯，怕是聽錯了。

於是大家離開會場，代表團返回所住旅館，我亦步行回公司。公司離開大學俱樂部不遠。回到公司所在大樓時，發現警察林立，不准進入，所有人員均撤出在街上。我上前試想擠入大樓，警員說：「這裡緊鄰中央火車站，已封閉，請離遠一些，不要靠近。」這時，我看到我的祕書劉小姐及助手徐先生，均在馬路邊等候。於是我設法打電話給家裡，可是路邊公用電話亭全部排長隊，各種謠言也可在馬路上的群眾間聽到。我靈機一動，可去羅斯福酒店大堂打電話。我走到萊辛頓大道（Lexington Avenue）上的羅斯福酒店大門時，只見門衛在大叫大吵，我問何事如此緊張？他說：「全沒了！全沒了！」他指著萊辛頓大道往南的道底說：「這裡看去可看到世貿中心兩棟大樓，現在全沒了！」我一看，果真只有煙霧，兩棟大樓影子都沒有了，這時我才感到事態嚴重。

我與我妻子通電話，她說我女兒已有電話來問這怎麼辦？我妻告訴她前往一友人之家等我。於是，我電話友人，她說我女兒正往她家走（全市交通立即停頓）。於是我與劉小姐及徐先生打招呼，先行往我友人家走去，不久到了友人家，小女已先到，我即請友人一起出去午餐，她說其表弟正從華爾街步行前來，她必須等候，不能離開。於是我與小女找了一家餐廳，在臨街的玻璃窗前坐下。餐廳的服務員大都已離去，因須步行回家，只剩下小部分繼續營業。小女告訴我，她到學校大門口時（她是柏森斯藝術學院二年級學生）親眼看到一架飛機撞入世貿中心，一時大量閃光碎片炸開，那種感覺終身難忘。學校立即停課，她就往我辦事處走去，打算找我。她的學校在十四街，我的辦事處在四十三街。她剛進入我的辦公大樓，裡面的人正全往外擁出來，小女跟著人群退出，原來這時大樓被封閉，全部人員撤離。

我們倆坐在餐廳內，我往外看，只見人們默默地走過，有的停下觀看餐廳內的電視，畫面全是被炸的實況。這時整座城好似被炸懵了，大家均默默無聲，一路步行。

我們坐在餐廳內，一時看看電視所播實況，一時看看路上行人的情況，直到下午四時，火車恢復行駛，我們得訊後，大喜，立即走去中央火車站，乘車回家，沒有勞累。

第二天上班，祕書劉小姐說，走了三個小時到家，鞋亦走破。

我在離開早餐會後，走在第五大道上，見到市長車隊往南衝向世貿中心現場。那時還不知情況之嚴重，後來從電視上才看到災情。

中國財稅代表團如何離開美國，就不得而知了。

中資公司很多在世貿中心租用辦公室，包括我熟識的中石化及中化等。世貿中心倒塌，我不擔心他們的安全，因為他們都是十點鐘才去辦公，所以他們全都逃過此劫。

70 有色金屬

一九八〇年代初的一天，林總裁來電話請我去其辦公室見一位客人。原來是他老客戶A公司的一位國際副總裁。A公司是美國最大的有色金屬巨頭，這位副總裁知道我司有中國貿易部拓展美中貿易，他前來找林總裁協助，所以林總裁請我參加交談。A公司邀請了一個中國冶金部代表團訪美，參觀其在加拿大的鎳、鉻礦及工廠，希望我協助接待，全程由A公司招待。

次日，代表團抵紐約，他與我乘上兩輛凱迪拉克禮車前往甘迺迪機場迎接。代表團被安排入住華爾道夫大酒店。A公司正如一般美國公司，安排代表團行程時，全是業務性質，並未考慮觀光遊覽的內容，翌日下午即轉飛加拿大。代表團是以冶金部高鐵副部長為首，包括冶煉司趙司長等的五人團。我在上午帶他們匆匆坐著凱迪拉克禮車，走馬觀花地看了一下知名景點，如自由女神、世貿中心、聯合國等，午餐後即前往紐約北郊的威斯特徹斯特郡機場，搭乘A公司的專機飛往加拿大蒙特婁市。晚宴時，A公司的礦場及工廠負責人員出席，其中有一位華裔工程師。於是我與副總裁耳語，明日參觀工礦可由此君負責介紹，我不必前往，他當即同意。代表團參觀完後，當晚，A公司又招待在其專用包廂觀看冰球賽。包廂內酒水菜餚豐富，第二天代表團回國。整個過程高規格，豪華接待，加上機票，費用不少，但是就是缺遊覽，這就是中美貿易的外行表現。

美國俄亥俄州的K公司是著名的合金鋼製造廠，生產的碳化鎢是高速切削的刀具鋼上的鑲塊。我在廣交會將這公司向交易團推銷，我建議K公司向中方直接採購鎢以促進其產品銷往中國。K公司同意我的想法。我向廣交會五礦代表團詢價，五礦報出價，有效限十二小時，因為鎢為金屬期貨。我說中美之間時差已十二小時，如此有效期不現實。幾經說服，小組組長出面，同意特例給予三天。K公司訂了一些貨。由於廣交會每六個月開一次，K公司嫌麻煩，進行這樣直接貿易，同時中方並沒有採購其產品，它還是仍舊向一家由晚清時湖南富商成立的貿易公司（專門經營鎢及桐油業務）購買鎢。

美國R公司製造的農用小飛機是王牌產品，用於噴灑農藥。它的管道及噴嘴都是用鉬鋼製造，抗腐能力特強。我向中方推薦該機，中方介紹，當時中國只在東北使用飛機噴灑，使用蘇製安II型老式雙翼機，機體肥大，航速慢，噴灑系統只是普通不鏽鋼，經不起農藥腐蝕，但國家無預算開展飛機噴灑，鉬鋼也是中國的缺貨。

去年《紐約時報》長篇報導，F公司以二十億美元將其在非洲剛果成立的巨型鉻鉬礦並有多種共生礦，出讓給中國鉬公司（F公司也是磷肥協會會員之一，生產的磷肥當年行銷中國，我與之很熟）。歐巴馬[1]總統政權不知此類礦產之戰略重要性，沒有對F公司施以援手，緩解其財政困難，而F公司看到中國鉬公司有中國國家銀行財務支持，財大氣粗，洽談利索，迅速成交。F公司在剛果這個優質礦山（礦石已是鉻金屬）經營數十年，建立了學校、醫院等等，一下以二十億美元低價拱手讓給中國。美國現在後悔不已。鉻是電動汽車的電池原料。

中國電網公司現在是中國營業額最大的公司，它在全國建立了巨大電網，肯定使用了大量電纜。一九七〇至八〇年代，我向中方推薦

1 編按：巴拉克・歐巴馬（Barack Obama, 1961-），二〇〇九至二〇一七年任美國總統。

美國電纜製造公司Ｐ公司（該集團公司有一產品市政清道車，專用於清掃馬路），電纜是所謂鋼芯鋁絞線。高壓電情況下，電線會產生集膚效應，即電子會集聚在電線的表面流動，根據此原理，高壓電纜產生，其結構是中芯是鋼絲或鋼纜，按其尺寸大小而定，外面是鋁絲六條、八條等（依電纜粗細而定）絞饒而成。鋼芯取其強度，可在高架塔間拉緊不會引伸下垂，防止晃動造成危險，外包鋁線用來導電。

中方介紹中國的定點工廠湘潭電纜廠與我方技術交流，先在北京接觸，然後在湘潭工廠中直接進行。初次見面時，湘潭電纜廠的吳姓總工自我介紹，他當年留學美國，畢業後就是在Ｐ公司實習，回國後，就以在Ｐ公司實習的印象，琢磨製造電纜，但是印象有限，產品很有缺點，而且不會製造連續不斷的長纜，如今我司與Ｐ公司前來技術交流，推銷製造設備，他很興奮，所有技交均由我的助手李先生陪同Ｐ公司頭頭及專家前往湘潭進行。我以為有吳姓總工美言Ｐ公司的聲譽，這筆交易成交當不在話下，所以敦促Ｐ公司積極推進，湘潭電纜廠亦派團參訪Ｐ公司。但多次技交之後，並無下文。顯然，湘潭電纜廠消化吸收技交之關鍵內容，解決了生產上的難題。我方作了一次貢獻。

在網上曾看到介紹中國工匠的辛勤驚險工作，其中之一是高架電網安裝，工人爬在高架塔上，沿著電纜爬行，電纜的接頭的鋁絞線鬆開，他用雙手將它們繞合，驚險萬分。

71 宴會點滴

中國外貿業務中，宴會是一必要環節。每當一筆交易成交後，外商必舉辦「慶功宴」。廣交會上，能辦對外宴會的餐廳酒家有：大同、大三元、北園、南園、泮溪、廣州等，以北園及泮溪最貴。

在北京，對外的餐廳酒家有：同和居、曲園、全聚德、鴻賓樓、便宜坊、松鶴樓、東來順、仿膳、四川飯店、豐澤園、晉陽飯莊、烤肉季、烤肉宛、頤和園的聽鸝館、翠華樓等等，以仿膳、豐澤園最貴。另外各賓館亦對外辦宴會，例如北京飯店、新僑飯店、民族飯店、友誼賓館等等。

中方往往會安排歡迎宴會，外商則辦告別宴會。交易談成則外商辦慶功宴。宴會由主人提出消費標準（每人多少錢），酒家按標準配置菜單，布置場所。宴會桌上往往每人面前三個杯子，一個為白酒用，一個為紅葡萄酒用，一個為飲料用。白酒是茅台、五糧液之類，紅酒則有通化葡萄酒或王朝葡萄酒。宴會桌是圓桌，主位在上正中，第二主人在主位對面。第一客人坐在主位右邊，第二客人坐在主位左邊。如果第二主人也很重要，則可將第二客人坐在第二主人的右邊。

菜單打印在印花菜單上，往往會有所有參加者簽名，外商帶回作紀念。

第一道拼盤是工藝菜，用各種食料拼製成豪華圖案，再配一些雕刻，如將蘿蔔之類雕成各種動物等等。

接著就是山珍海味。宴會中頻頻祝酒，氣氛熱烈，祝酒原因亦「豐富多彩」，依主客的性情而定。

酒家偏喜辦外賓的宴會，因為收費高。中方的宴會是按「內賓」價，很便宜。

我的宴會標準總是每人五十元人民幣（外匯券），司機每人十元，菜式很豐富。後來，價格上漲，每人一百元的標準，只是普通看得上眼的宴會而已。但這些都是老話。當時司機是一吃香的職業，收入高，因為幾乎每天有宴請。有中午，有晚上，又可跟著外商進出友誼商店。

有一次，加拿大舉辦展覽會，我司代理的一家設備廠有加拿大分廠，也參加展出，並雇請了兩位北京大學女生協助照看展臺，接待參觀客人。女大學生說可帶我們去「群眾餐廳」「晚宴」。於是我們組織了十個人，湊足一桌人數，有加拿大使館的祕書等。該「群眾餐廳」在前門外，離全聚德烤鴨店不遠，僅隔兩個店面，有兩層樓，面積相當大。我們大桌在二樓，坐下後點菜，當然沒有菜單，於是與經理商量菜式，倒亦能提供不少菜。點完後，上啤酒，沒有茅台之類供應。接著上菜，很豐富，大家稱讚女大學生介紹不錯，沒有她們，我們進不了這「群眾餐廳」。結帳時，我一看帳單，只有幾十元而已。本來說好大家分帳，大家問，每人付多少？我說不必了，算我的。我們十個人「大吃大喝」，花費竟然比對外宴會餐廳一人的消費還便宜。缺點是，加拿大使館的人要去洗手間，服務員稱，只能去馬路上的公廁，要走一段路，而且路邊公廁，絕對不適合加拿大使館的女祕書方便。那真是要命！我靈機一動，去附近全聚德借用洗手間，因都是外賓，全聚德允許借用。

可知開放初期，民間的消費與外賓的消費的差距，極其巨大。

我與同事也嘗試過，去當地的「餃子樓」吃蒸餃、水餃，店面沒有裝修，方桌、條凳，吃飽亦就每人一元左右，包括冷菜及啤酒。

我較喜歡在仿膳飯莊宴請，因它的地點環

境優美，是慈禧太后欣賞北海風景的地方，所以，裝潢也是按原來宮殿復原，其菜色是慈禧太后的菜譜，較為清淡。慈禧太后喜愛的甜點：芸豆卷、豌豆黃及小窩窩頭，則是每次桌上的必備「裝飾」。尤其是小窩窩頭，更是上好的「遊客故事」，服務員必是介紹：當年八國聯軍攻入北京，慈禧帶著光緒倉皇出逃，西幸西安，途中飢寒交迫，地方官呈上當地老百姓的食物，窩窩頭，慈禧吃後感到美味難忘。回宮後，下令御廚烹製，但是味道總是不對，屢試屢敗。其實她當時是飢餓不堪，以致吃到窩窩頭時，感覺美味無比。後來御廚用上好的細玉米粉加上蜂蜜等精料調製成窩窩頭，慈禧才嘗試認可。於是小窩窩頭（不能像民間的那麼大）成為她的甜點。

仿膳（意模仿御膳）是第一家有第一批從技校培訓出的服務員，都是淳樸美麗的小女孩，那時還沒有制服，這些小姑娘就穿著她們自己的乾淨衣服。

我常在仿膳宴客，所以與其經理王師傅成為好友，每次去，他都親自招呼，有時即使「客滿」，他也會設法另外開一廳房接待。

有一次，由於商務談判重要且時間長，不能間斷，以致正碰上美國感恩節期，我們均不能回美過節，只能滯留在北京。我請美國客戶到仿膳歡度感恩節，雖無火雞，大家興高采烈。服務員上了一道菜，王師傅介紹是紅燒犀牛肉，我一聽，馬上停止熱烈交談，追問王師傅：「什麼？您說犀牛？是否吹牛，哪來的犀牛？」他說真的是犀牛，是北京動物園裡的犀牛，太老了，要「處理」，並說仿膳與北京動物園有協議，一旦園中有動物需「處理」，就交給仿膳「解決」。我們品嘗著，覺得不錯。感恩節沒有吃到火雞卻吃到了犀牛，可謂人生難得之事。

72 入住賓館或飯店

（上）

一九七〇年，我第一次參加廣交會，被分配住在廣州三元里賓館。賓館管理及服務人員均穿解放軍制服。我要求了一個大套間，目的是讓家母及親人來團聚時有地方可住。入住辦理登記後，交出證件，賓館稱須將證件送交公安局代辦「居住」手續，次日再歸還。接著，一位穿軍服的女服務員前來為我提行李及公事包。我看是一女孩，不能讓她提行李，何況就是一小旅行箱及公事包。我說我可自理，她堅持要為我拿，我只得放棄，由她代勞，但是覺得不自在（另外一次女服務員為我提行李是在東京入住旅館，服務員輪到一位女孩，為我搬行李及引領去客房，那是一個大行李箱）。

套間很大，面對一游泳池及花園，花園對面，據稱是江青的住所。我通知上海家人來廣州團聚，家母、家姊及其子與舍妹四人乘火車來廣州，我要了賓館的上海牌轎車前往火車站迎接。到了賓館後，服務員對她們的行李，一概不聞不問，竟無反應。服務臺則拒絕辦理入住手續，稱這賓館是對外，不能住內賓（這時我第一次聽到「內賓」的稱呼），而且人這麼多，如何住？我說，我的套間臥室有兩張床，客廳有多張沙發，他們四人可睡。我可睡地鋪。接待女士稱：「您是我們的客人，我們須對您負責，不能讓您睡地板。」我說：「那是否可介紹另外的旅館，讓他們入住？」她說：「您不是已經在『釣魚臺』訂了晚餐？（『釣魚臺』是該賓館的一個景點，面對金魚池），你們去吃晚餐吧，吃了再說。」結果吃過晚飯去前臺查問，該女士說已辦好了，你們回房吧。

我們到房間一看，原來他們在臥室裡重新安排了五張床（可見臥室之大），我們每人有一張床。整個入住期間，服務只對我這位外賓，對我家人則是零服務。

後來參加廣交會是住流花賓館，因是專業旅館，我家人來住，則須多開房間即可，並無內賓外賓之分。

我參加美國公司後，由港商變成美商，廣交會接待單位亦由「三辦」（第三聯絡辦公室，負責港澳、東南亞等客商）轉至「一辦」（第一聯絡辦公室，負責歐美客商），派住東方賓館，隨後漸漸受到款待。每次到會，朱祕書都會預先拿到房號，我倆總是在接待處閒聊，而其他賓客則在接待處爭吵分不到客房。有的被分至遠處其他旅館，有的則分為睡大廳或走廊，有的憤而當場離開回香港。朱祕書總是要我等這些人散去後再辦入住手續，否則其他賓客會責問，為何此人有房間？

那時廣交會上，一辦的大賓館是東方賓館，二辦（對日）的賓館是廣州賓館，後來加上新建的白雲賓館，三辦的是流花賓館等。後來港商胡應湘等在東方賓館旁邊建立了中國大飯店，港商利民澤則建立花園飯店，於是每次廣交會，我入住中國大飯店，就在廣交會大會會址的對面，很方便。

有一次，我在廣交會介紹PG公司的玻璃製造技術，中技公司代表團建議我去北京，向總公司介紹，並為我辦了去北京的路條，於是我初訪北京。中技公司安排入住民族飯店，那是中共建國初期十大建築之一的民族文化宮的一部分，開會地方是北京二里溝談判大樓。中技公司有車接送。中技公司以為我是玻璃專家，所以聯繫建材部有關官員參加技術交流。

中化公司邀請我洽談磷肥業務，安排住北京新僑飯店，該飯店頂樓餐廳也是國家招待會的場所之一，以罐燜牛肉西餐著稱。中化公司招待週末遊長城，節日時，主方在新橋飯店訂購食盒及啤酒飲料，由司機領取放在轎車行李箱內，然後前往八達嶺。遊完長城轉向十三陵地下宮殿。在十三陵有一招待所，裡面有很多單間客廳，各單位事先訂到客廳。到達後，在接待處取得分配到的房號，進入客廳休息。這時，司機就取出食盒，每人一份，並取出鉛桶到室外水龍頭處取水，將啤酒飲料放入鉛桶「冰鎮」。

那時，只有新僑及北京兩家飯店有食盒供應，其內容是一塊炸雞、一套三明治、一個白煮蛋及一個蘋果等。用膳完畢，前往定陵地下宮殿參觀，然後回北京。後來，這些景點都開發了餐廳酒家，中方不再需要隨帶食盒飲料招待客人遊長城了。

我有一次被安排北京飯店西樓，蘇聯專家設計，我認為地點很好，而且東樓更氣派（中方自力設計），希望主方每次安排住北京飯店。主方說，每次均由旅遊局分配，不能自主。那時北京的涉外飯店是北京飯店、民族飯店、新僑飯店、前門飯店、華僑飯店（這兩家主要接待華裔）、友誼賓館及後起的西苑飯店（帶有旋轉餐廳於頂樓，成為著名景點）。深入開放後，合資飯店湧入，新增建國飯店、長城飯店、長富宮飯店等先驅外資飯店。

入住辦登機手續時，登記表的格式並不「科學」，填表空間往往無法填，特別是住址一欄，很小一格，外賓往往不知如何填。另外，要交出護照，由飯店去公安局辦入住手續，往往使外賓不安，因為習慣是護照不離身。我總是要向他們保證放心，第二天就可取回。

有一次，我是機械公司的客人，分到北京飯店入住東樓，於是我就乘機不退房，離開時預付一個月房費，以便下次再來，從此長住北京飯店五〇二五室達十五年。

在上海，多數入住錦江飯店北樓。有一次我與妻子及小女美美入住，被分配到八樓一套間，據稱這是常給周恩來住的。有一次是夏天，我與磷肥代表團訪華，到上海，中方帶我們入住靜安賓館，那時靜安賓館剛由市委招待所改成賓館，而且是中央空調（上海第一家），外面酷暑，一進入大門，冷氣襲來，頓時涼爽非常，於是對靜安賓館留下印象，以後數度入住。

上海錦江飯店的中樓，以前是公寓住宅。我住過一個三套間的客房，有客廳、餐廳、廚房、臥室等，全部家具都是舊時留下的皮沙發、餐臺、餐椅及臥床等。美國尼克森總統首次訪華，在滬就住中樓。

有一次，我與我司服裝專家由北京飛上海，與中紡公上海分公司洽談業務，入住上海大廈，兩人各分到了套間。我的是三套間，有陽臺，可俯視蘇州河，家具也全是舊時留下的大皮沙發、餐臺、餐椅、臥床等。

上海和平飯店則每層對著黃浦江，設有大套間，按各國風味設計，有英式、西班牙式、法式、日式等等。我司上海事務所租用日式套間為辦事處，而經辦建設寶鋼事務的則另設事務所於上海大廈。

後來，上海有龍柏賓館、太平洋賓館及希爾頓賓館出現，我多住太平洋賓館，取其近機場。那時上海開始出現交通擁擠，在市區塞車三小時乃平常事，所以有時辦業務只在太平洋，中方前來洽談，談完去機場，根本不涉足市區。數次入住希爾頓，行李服務員則以為我拿行李為榮，因為我已經使用新流行的「衣袋」式軟行李包，即所有西服可整套掛在裡面，內衣、襯衫、領帶、皮鞋等，各有分袋放置，然後對折扣起，可手提或掛在肩上。每次入住及離店，行李員均搶先服務。

去小地方，都是住當地縣委招待所，房間都有浴室，但帶異味，毛巾、浴巾均是印花的而不是白色或素色，且帶異味。原來，中方設計的下水道都省去在洗臉池及浴池下方的U型彎頭，他們認為此U型彎頭是浪費，但不知此U型彎頭是保存積水，從而封住下水道下面的異味不會反沖。由於沒有此U型彎頭，中國的賓館（幾乎到處都是）的浴室異味刺鼻，難以入眠。我後來的辦法是，每逢入住此類賓館，立即將浴室裡的洗浴液等倒入排水孔，並用淋浴帽將排水孔的蓋子包住，然後蓋上，防止異味。

（下）

上海有兩座國賓館，一座是瑞金賓館，一座是西郊賓館。改革開放後，這兩家賓館對外開放，西郊賓館是部分開放。

我與PG公司玻璃纖維代表團入住瑞金賓館二號樓，那是一座老洋房，裡面擺設都是舊時留下，飯菜很可口。我們是與上海建材局及上海耀華玻璃廠玻纖部談合作生產，並獲得朱鎔基市長支持。經過數次訪問，雙方達成共識，耀華的玻纖廠廠長石宏藏也積極配合，最終在靜安賓館的慶功宴上達成意向書的內容，準備簽字。

那時期，中國貿易的合同幾乎全是有修改的版本，匆匆簽字，因為都是在外方離去前才達成協議，所以沒有時間重新謄清，打印清潔版本。但PG公司一位代表認為版本多有修改，不夠漂亮，他「自告奮勇」，願帶版本回希爾頓酒店，請業務服務處的小姐重新打字整理。所以玻纖的業務談判是從住瑞金賓館到住外資的希爾頓酒店，可見改革開放的速度。我和他開玩笑：那你不是錯失美味菜餚了？另兩位PG公司代表向我耳語：「他是乘機避開中國菜，因他生性不喜歡中國菜。」於是我們開始宴會。當我們在享用甜品時，他帶著整理好的意向書文本趕來，雙方在整潔的文本上簽字。這是我經歷的合同或協議唯一的一份全無修改的版本。他得意地向我說：在希爾頓高興地吃上一個芝士漢堡包，並將芝士拖長音說出。

我與PG公司的塗料部經理入住西郊賓館，這次訪問是與上海汽車公司及有關外貿公司洽談汽車塗料的底漆上塗的陰極電泳法。西郊賓館只將外部一部分對外開放，其他仍國賓館用。

在杭州，我與太太及女兒住過西冷賓館旁小山上的「國賓館」，那是一九八〇年磷肥代表團的訪華活動。在那小山上有數座隱藏在樹林中的小洋樓，面對西湖。

我第一次訪問大連，被安排住大連賓館，那是日本占領時期建造的大和飯店。早餐時，餐廳經理似乎面熟，他不斷注視我，我也奇怪，從來未到過大連，如何會有熟人？結果，他問我，最近有沒有去過華盛頓？我才想起，他是中國駐美聯絡處（尚未改成使館，因尚未建交）的廚師，曾在午餐時服務過我數次。

我司林總裁代表團訪華，前往大連訪問，我們是被安排住棒棰島國賓館的一座小樓。沙灘不是沙而是小石子，難以光腳在上面走。

有一次，我們全家經有關單位邀請，住長沙九所（相當北京的釣魚臺）。那是一座在長沙市中心的園林，其中有多座建築，其中一座是毛澤東專用，空關在那裡。我們住主樓，我與太太住一大套間，兩位女兒住隔壁一個單間。大套間有書房、客廳、臥室及一間大浴室。我笑稱可作游泳池。我亦享受到領導如何被服務員服侍。去宴會廳晚宴，女服務員扶著領我去（不扶我太太及女兒），宴會完，又扶著我回房。到客廳裡，為我打開電視（亦就是說領導不用開關電視），調整頻道。有一位女服務員坐在房門外一個椅子上，二十四小時隨叫隨應。我們說不必，但這是規定，我也只得順從，苦了那位女服務員。這次招待是我唯一的一次受到真正的「邀請」，不必自費住店，中國的邀請都是客人自費。

長沙九所也是毛澤東寫下「為人民服務」的地方。告訴服務員如何服務，從此變成「國句」。

73 美中貿易逆差

美國尼克森總統訪華後，打開了美中貿易的大門。美國民間積極開拓對華貿易，成立了美中貿易全國委員會，由各企業加入成為會員。我司是創始會員之一。這個機構純是民間組織，辦事處在華盛頓，中方對口單位是貿促會（中國國際貿易促進委員會）。這個組織在廣交會設立辦事處，協助美商與中方交易。在華府，該組織說服政府及國會對華採取優惠政策，於是中國享有最惠國待遇，產品出口美國，享有免稅待遇。最惠國待遇是每年更新，到時，我們全部會員都會參加簽名，要求國會繼續中國的最惠國地位。那時，中方亦每年到時擔心最惠國地位是否被取消，影響出口。因為美中貿易的逆差越來越顯著，而且擴大很快。美方開始抱怨，但每年的最惠國地位卻能逢凶化吉，得到保持不變。

中方不斷強調美中貿易逆差不存在，是美方海關紀錄不對等等。

最初美中貿易總額在四億美元左右時，我司辦成了美國磷肥出口至中國，每年約六千萬美元，這樣雙方出口的差距不大。但是自從中方開始以「三來一補」方式（來料、來樣、來技術設備，補償貿易），改進出口，出口量猛增，以前中國出口產品只適合第三世界或東南亞，不合美國市場。「三來一補」政策實施，臺港商家大量湧入大陸，協助生產製造，出口商品頓時脫胎換骨，大批湧入美國等市場。接著合資法產生，中外合資企業可享「免二減三」的優惠，即獲利後，前二年免稅，後三年稅減半，並且規定合資企業必須出口，保證外匯平衡。這樣就把美中貿易逆差問題推到第一位。

過去美國總是與臺灣及香港，每年爭吵貿易不平衡之事，忽然間，臺港與美貿易紛爭之事消失了，因為他們把大部生產轉到大陸，變成美中貿易，而國內的單位又好大喜功，大包大攬吹噓「出口總值」，實際上，大塊的都付給臺港原料等費用，自己只是分到百分之十左右的加工費。

有一次，吳儀（時任外貿部部長，後升任副總理，分管外貿）帶隊訪美，爭取最惠國待遇不變，她在華府仍以老調怪美海關紀錄不準，導致中美貿易順差巨大。我剛好要出差中國，在紐約至東京的班機上，與吳儀同坐一起。她與其代表團訪美完畢回國。我倆坐在一起暢談達十多個小時，大談美中貿易逆差問題，以及一系列外貿問題，兩人充分交換了意見。她的跟班孫振宇（外貿部美大司，後來升任外貿部副部長）是我的老朋友，坐在後面的經濟艙。

我向她建議有關中美貿易順差（即美中貿易逆差）是的確存在，不能推說美國海關不準確，這個說法沒有說服力，因為美國完全是由電腦記錄，準確無誤，關鍵是中方把臺港或其他方參與的出口貿易，全部包下，成為自己的出口總值。如果能設法將「來料」、「來樣」等費用劃歸投資方（即臺港方面），則美臺、美港的逆差將再次出現，而美中貿易逆差很可能消失。吳儀認同我的看法。在機上我還向她提出一個問題，即中國各地的商務代表團到紐約這樣如此大城市參訪，應該調高他們每日的差旅費標準等等。我將我的手信中，抽出一盒瑞士巧克力糖送給吳儀。我每次總是帶十幾盒巧克力去中國，作為手信。美國有明文規定不准賄賂，我司也按公司法，任何人不得有賄賂行為，一旦被發現立即開除，不作研究。按法律，不超過二十五美元的禮品可以通過，不算賄賂。所以我總是贈送巧克力，有時也送德州的牛肉乾，以及圓珠筆等小禮物。到了東京後，她與孫振宇轉機去香港出席華潤三十五週年大會，我則停下過夜，第二天轉機去北京。

後來中方在中美貿易順差問題上，改成強調只有加工費，其他支付給第三方。所以中國出口強大成為世界工廠，臺灣、香港的企業，立下了汗馬功勞。

如今，中國出口美國的規模已達驚人的數字，差距亦大，導致貿易戰。

中國亦看到加入世貿組織（World Trade Organization，縮寫為WTO）的好處，開始長期談判加入世貿組織。我有幸認識大部分中方世貿組織談判代表，包括石廣生、佟志廣、谷永江及最後的龍永圖。最後由朱鎔基親自出馬在北京與美方談判，拍板定局，美方亦就同意中國加入世貿組織，從此為中國出口貿易增加了更多動力及機遇，並獲優惠。

想當初，一切為了賺外匯，基本上是「只進不出」。「三來一補」就是不花一文，只是收取外匯，以勞力來補償支付，合資企業也是規定起碼外匯平衡。

外賓在華花費，使用外匯券，換下美金等外匯入庫。外匯券是一聰明的辦法，因為不需印發人民幣來對應進入中國市場的外匯，外賓以外匯換成外匯券而不是人民幣進行消費，理論上，他們離開中國後，外匯券回籠，人民幣數量不變。如無外匯券而是人民幣，一旦外賓離去，人民幣留在市場變成「多頭」，會造成通貨膨脹。但是中國人聰明，不久外匯券流入民間，民間搜尋外匯券，黑市在馬路上找外賓換外匯券，直到最後取消外匯券，因這時已經聚集了很多外匯。

出口轉內銷一直是吸引顧客的大招牌，以前是出口品質有問題時，改為內銷處理。政府一貫不重視內需，出口萬歲，外匯萬歲，民眾難得見有出口轉內銷的「優質品」，更是趨之若鶩。中方則一貫堅持是發展中國家，要求維持美國賜予的最惠國待遇，在世貿組織中亦堅持是發展中國家、非市場經濟，而取得優惠待遇，在韜光養晦下迅速發展，聚集了大量財富，一下子變成大國，到處撒幣，風光得很。樹大招風，引人注目，因而招致現今局面。如能繼續韜光養晦，則仍然可發大財，開發內需，老百姓可享優質貨品。想當初，號稱中國市場巨大，有十億雙鞋的市場，笑話說只是十億隻鞋，而非雙，意即零，表示進口中國的困難。

很高興能有出口轉內銷普遍出現，對老百姓實為好事。

74 國酒茅台

一九七二美國總統尼克森訪華，打開中美交流之大門。周恩來總理在宴會上安排了茅台酒，並向尼克森介紹其特點：是中國貴州省茅台鎮用高粱釀造的優質烈酒，於是賓主皆用茅台酒不斷互相祝酒。事後，周總理贈送了兩瓶給尼克森。他帶回後，在空軍一號專機上，向眾人演示茅台酒能點燃，從此中國茅台酒，在美國聲名大噪。

尼克森訪華也打開了中美貿易的大門，美商開始可訪華開拓業務，茅台酒也成為中方在招待宴會上的必備品。美商也因尼克森之宣傳而久聞茅台大名，如今能親見及親嘗而興奮不已。中方也每次必然將茅台酒倒入小盤將其點燃。這個節目是早期中方宴會中，必定表演的一項。我們與中國民航總局洽談業務時，民航在其宴會上招待茅台，並表演點燃，美商戲稱：「可作噴射機燃料，用來提速客機飛行。」眾人大笑。於是茅台有了花名「噴射機燃料」。圍繞茅台的故事，也是中方在宴會中的餘興交談的內容。

新聞報導尼克森在中國國宴上享用茅台酒後，我在香港與一日商晚宴，也向酒家要了一瓶茅台試嘗，果然強烈，但味醇，兩人分享完一瓶。我素不飲酒，但由此知道，我能有至少半瓶茅台之酒量，為以後在眾多貿易宴會上打下「沒問題」的心理基礎。因為在華進行商務活動，宴會是不可避免的「常規」，而且「乾杯」不斷，一定盡興而散。

我開始中美貿易後，與中國國際貿易促進會接觸，有機會與首任王耀庭主任在美國及北京見面。在北京宴會時，他說有三瓶茅台酒的酒量。那時中國有「茅台三王」之稱，即貿促會的王耀庭主任、國家體委的王猛主任，以及商業部的王磊部長。三人均已能喝茅台而出名。

外貿公司向我介紹，在外貿公司裡有三位女將能以茅台將男士們喝倒。她們都是機械公司的幹部，即主理船舶業務的韓穎如、主理農機業務的范貴霞，以及主理儀表業務的耿玉琢。三位與我都有業務來往，每次宴會時，我總是向她們詢問有關茅台酒的故事，因為宴會時，總是有茅台，這樣的交談變成佐酒之餘興資料。

我司林總裁訪華，在北京人民大會堂舉行招待會（見〈總裁代表團訪華〉一文），大會堂宴會工作人員安排敬酒時，沒有給我倒白水，而是真正的茅台，以致我在四十小桌敬酒時，喝了大量茅台，最後在宴會完全結束後才醉倒，足見我身體隱藏了很大的酒量。

我在貴州輪胎廠進行工程輪胎技術轉讓的業務談判時，最後成交慶祝宴會上，貴州輪胎廠的馬廠長親自去茅台酒廠，要了幾瓶茅台酒，分贈給我們。那是一九八五年的產品，我始終保存紀念。近期見到佳士得拍賣公司在香港舉行茅台酒專場拍賣會，拍賣各年份之老茅台酒，其中有兩瓶一九八五年生產的，與我的一樣。拍賣底價是約一萬美元一瓶，而我所有的一瓶是馬廠長親自去茅台酒廠廠長處取來的，其「身價」自然不同於市面的出售品。

茅台酒的好處是，喝醉了不上頭，酒醒後，一切正常。

如今，據稱假茅台充塞市場，真茅台已不容易找到了。

Do歷史91　PC1100

改革開放後的中美貿易新格局

——平德成回憶錄

作　　者／平德成
責任編輯／邱意珺、尹懷君
圖文排版／陳彥妏
封面設計／王嵩賀

出版策劃／獨立作家
發 行 人／宋政坤
法律顧問／毛國樑　律師
製作發行／秀威資訊科技股份有限公司
地址：114 台北市內湖區瑞光路76巷65號1樓
電話：+886-2-2796-3638　傳真：+886-2-2796-1377
服務信箱：service@showwe.com.tw
展售門市／國家書店【松江門市】
地址：104 台北市中山區松江路209號1樓
電話：+886-2-2518-0207　傳真：+886-2-2518-0778
網路訂購／秀威網路書店：https://store.showwe.tw
國家網路書店：https://www.govbooks.com.tw

出版日期／2024年10月　BOD一版　**定價**／550元

獨立作家 Independent Author
寫自己的故事，唱自己的歌

改革開放後的中美貿易新格局——平德成回憶錄/
平德成著. -- 一版. -- 臺北市 : 獨立作家, 2024.10
面； 公分. -- (Do歷史 ; 91)
BOD版
ISBN 978-626-97999-5-4(平裝)

1.CST: 中美經貿關係 2.CST: 貿易史

558.092 113008928

國家圖書館出版品預行編目